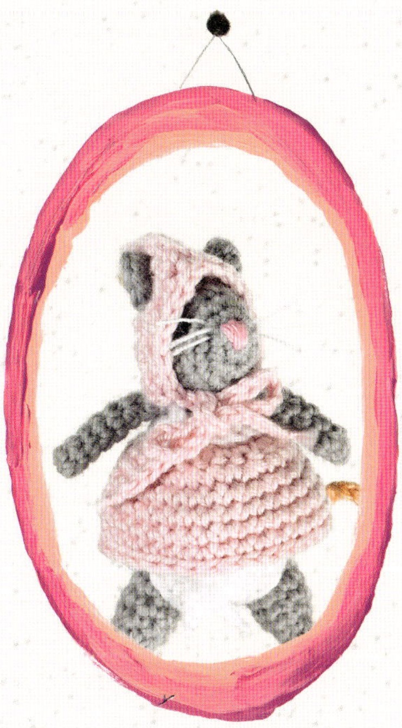

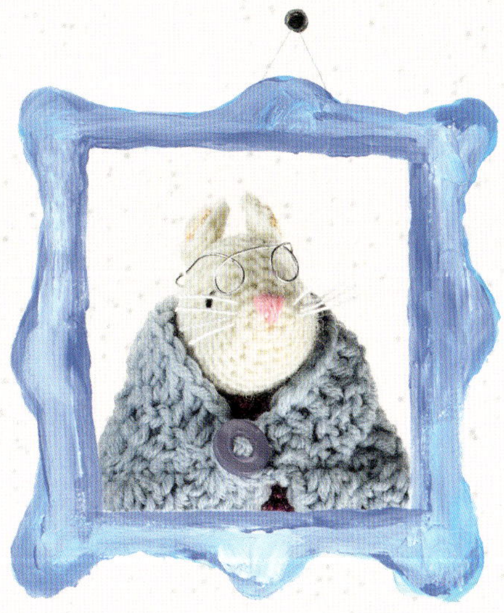

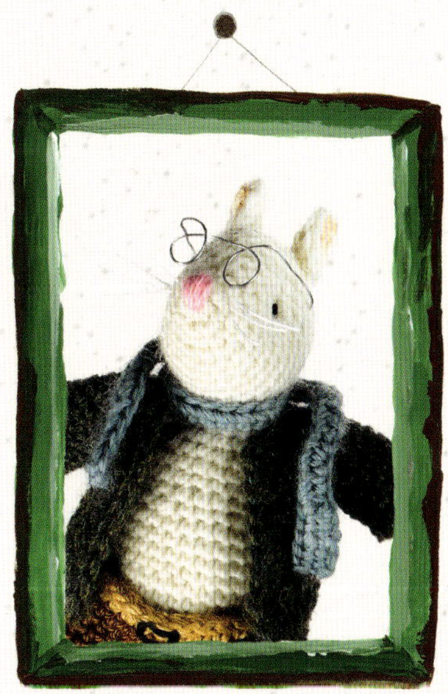

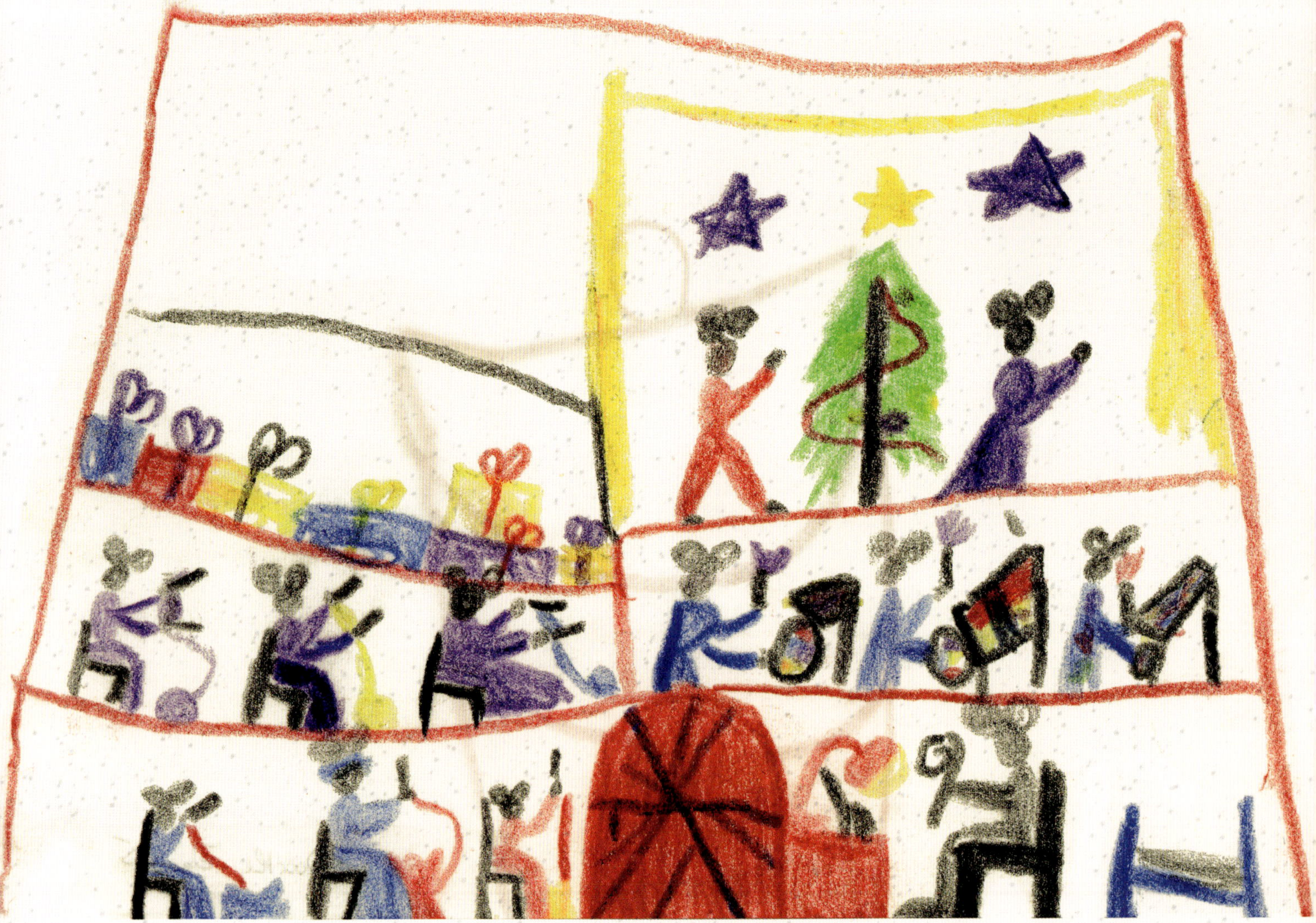

Ein Mäusehaus zur Weihnachtszeit das ich mit ungefähr 6 Jahren gezeichnet habe.
Eine Horde Weihnachtsmäuse-Wichtel strickt, näht und malt bergeweise Geschenke. Und oben im Wohnzimmer bereiten Mama und Papa das Wohnzimmer für die Bescherung vor …

# Zuhaus' bei Familie Maus

Doerthe Eisterlehner
frau_apfelkern

# Zuhaus' bei Familie Maus

## Das mäusestarke VorleseHäkelWimmelBastel-Buch

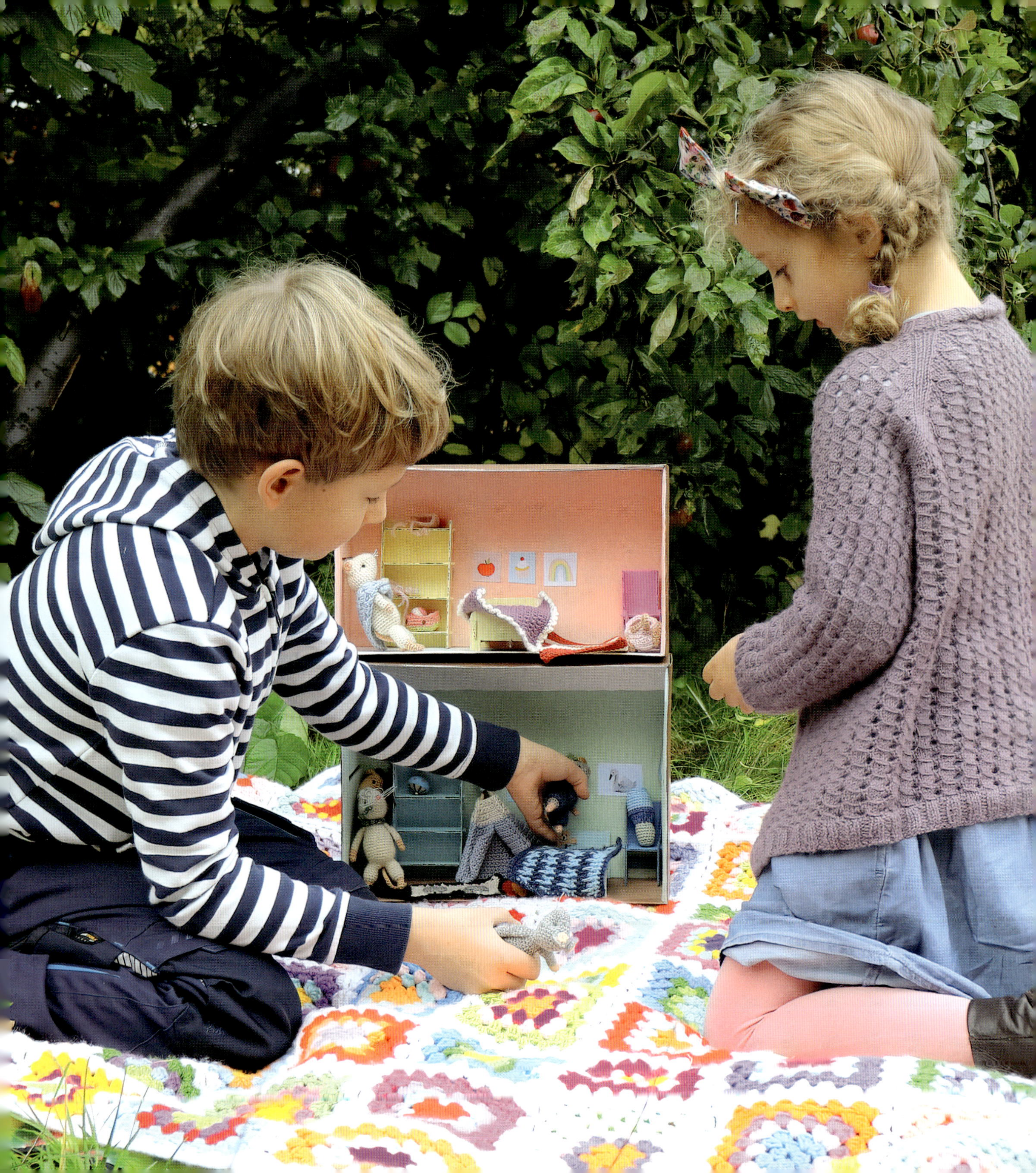

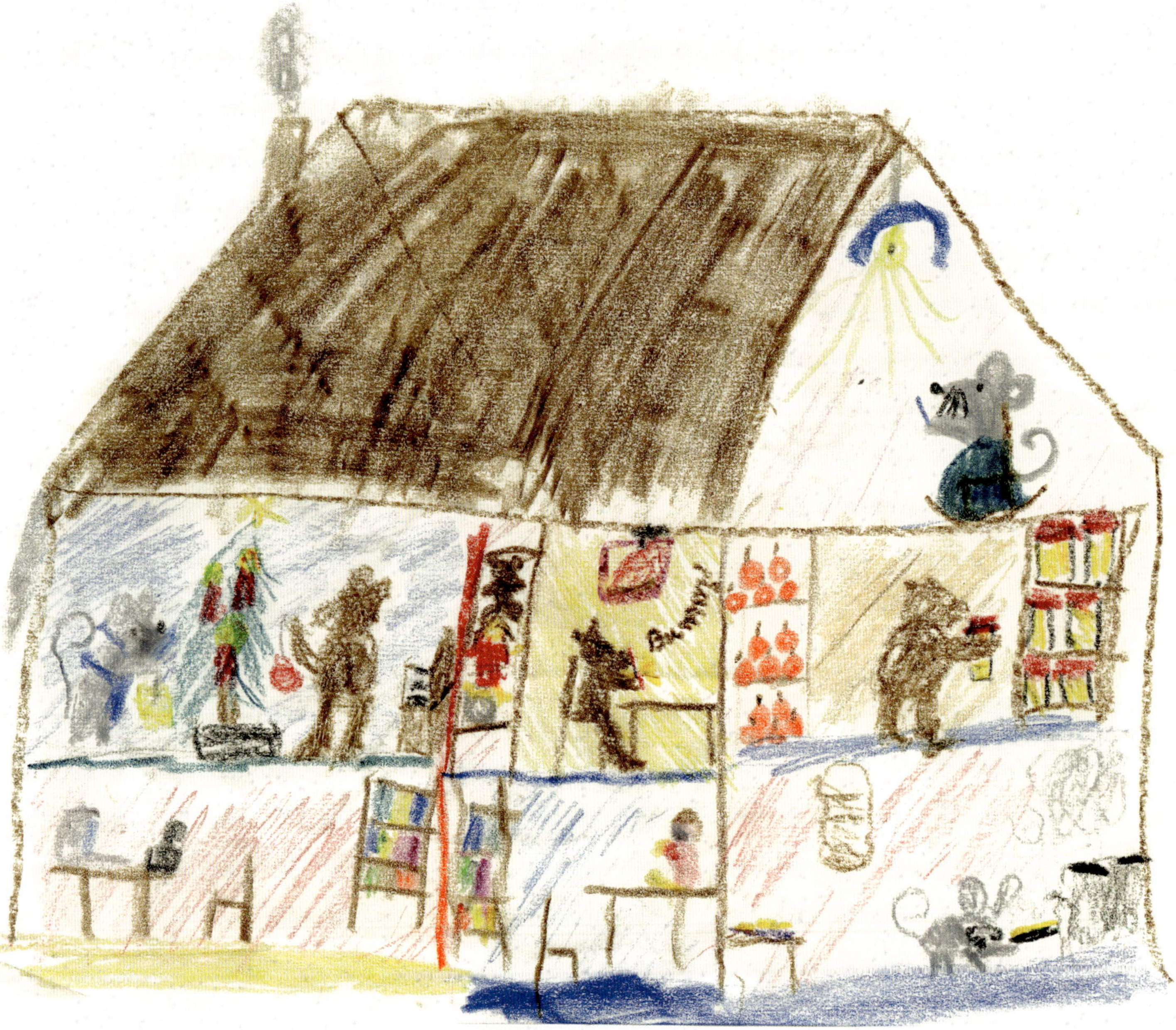

Eines meiner vielen Mäusehäuser. Dieses habe ich mit ungefähr sieben Jahren im Waldhaus meiner kanadischen Großeltern gezeichnet. Deswegen bekommt die Familie Maus auch Besuch von Familie Braunbär.

Mäuse habe ich schon immer geliebt. Ich habe sie gehäkelt, gestrickt und gezeichnet. Schon als Kind habe ich ganze Mäusewelten erschaffen. Stundenlang habe ich Mäuse und Mäusehäuser gezeichnet und dabei ihre Geschichten erzählt. Noch bevor meine Tochter geboren wurde, habe ich ihr als erstes Kuscheltier ein kleines Mäuschen gestrickt und mit ins Krankenhaus genommen. Ihr wurde damit die Mäuseliebe in die Wiege gelegt.

So hat sich die ganze Familie gefreut, als ich mit der Arbeit an diesem Buch begonnen habe. Die Mäusefamilie ist ein Teil unserer Familie geworden. Sie ist mit uns in die Sommerferien gefahren und schon in der Entstehung wuselten die Mäusekinder durch unser Haus. Sie fuhren mit der Eisenbahn, saßen im Auto und haben so manches Fest gefeiert.

Es hat unendlich viel Spaß gebracht, dieses Buch zu machen. Mit diesem Buch ist ein lang gehegter Traum in Erfüllung gegangen: die Mäusefamilie von der Kinderzeichnung in ein Buch zu verwandeln.

Ich hoffe, es bringt Ihnen genau so viel Spaß wie uns, die Mäuse zu häkeln und das Haus der Familie Maus zu basteln.

Ihre

Doerthe Eisterlehner

Frau Apfelkern

# ZUHAUS' BEI FAMILIE MAUS

Für meine allerliebsten Lieblingsmäuse
Thies und Leevke

# Familie Maus stellt sich vor

## Mama Maus

Mama Maus liebt Papa Maus. Und Fanny, Fritz und Fridolin und Flora. Und Oma und Opa Maus.
Mama Maus liebt es, zu tanzen. Und zu singen.
Mama Maus liebt Blumen. Und den Sommer.
Mama Maus liebt Rot. Und Gelb.
Und Mama Maus liebt Sonnenschein.
Mama Maus liebt es, am Morgen in aller Ruhe, bevor irgendein anderes Mäuslein aufgestanden ist, ihren Kaffee zu trinken.
Am allerliebsten nascht sie dazu von Omas Apfelkuchen.

## Papa Maus

Papa Maus liebt Mama Maus. Und Fanny, Fritz und Fridolin und Flora. Und Oma und Opa Maus.
Papa Maus liebt es, vorzulesen. Und zu lesen. Und zu pfeifen.
Papa Maus liebt es, wenn der Herbst kommt. Er liebt Kerzenschein und den Duft von Kürbissuppe und Zimtschnecken.
Papa Maus liebt Blau und Grün.
Papa Maus liebt es, sich Wolken anzusehen und darin Tiere zu entdecken. Am liebsten macht er das mit Fanny, Fritz und Fridolin.
Papa Maus liebt es, ein klitzekleines bisschen länger wachzubleiben als alle anderen Mäuschen, in Ruhe ein Buch zu lesen und dabei ein bisschen von Omas Apfelkuchen zu naschen.

## Fanny

Das ist Fanny. Fanny ist sieben Jahre alt. Sie ist in diesem Sommer in die Mäuseschule gekommen.
Fanny geht gerne in die Schule. Am liebsten mag sie dort Schreiben und Sport.
Fanny liiiiebt Feen. Am allerliebsten verkleidet sie sich als Fee und spielt, dass sie eine Feenmama ist und gaaaanz viele Feengeschwister hat.
Fanny malt gerne. Am liebsten malt sie Einhörner, Wolken und Regenbögen.
Fannys Lieblingsfarbe ist Lila. Und ein bisschen auch Rosa und Rot. Aber nur ein ganz kleines bisschen.
Fanny liebt es, mit ihrer Oma Apfelkuchen zu backen. Und von Opa Geschichten erzählt zu bekommen, wie es war, als Opa noch ein ganz kleiner Mäusejunge gewesen ist.

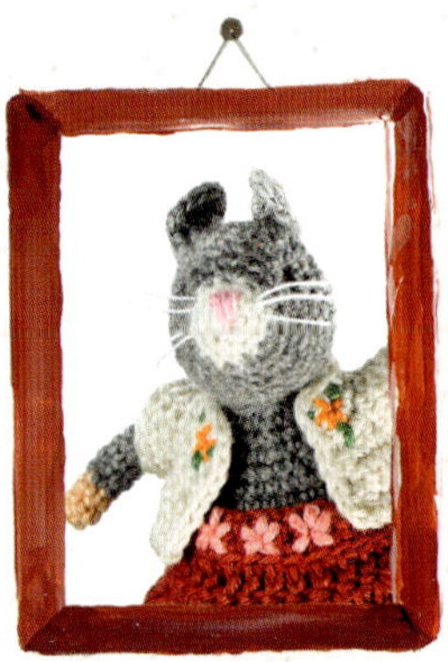

Mama Maus

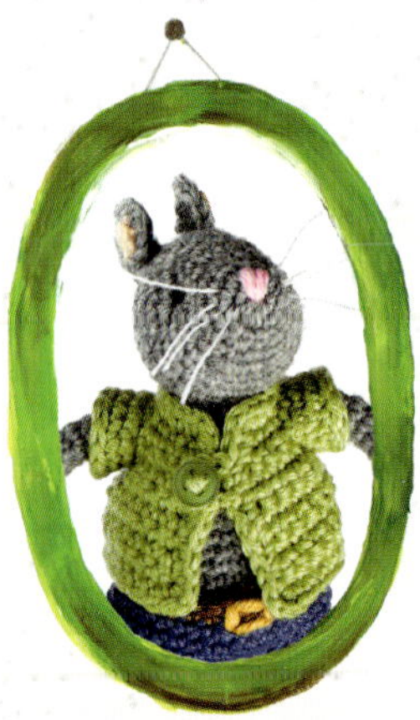

Papa Maus

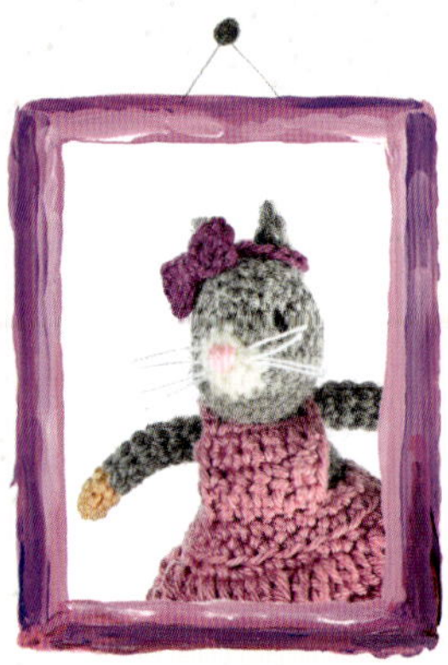

Fanny

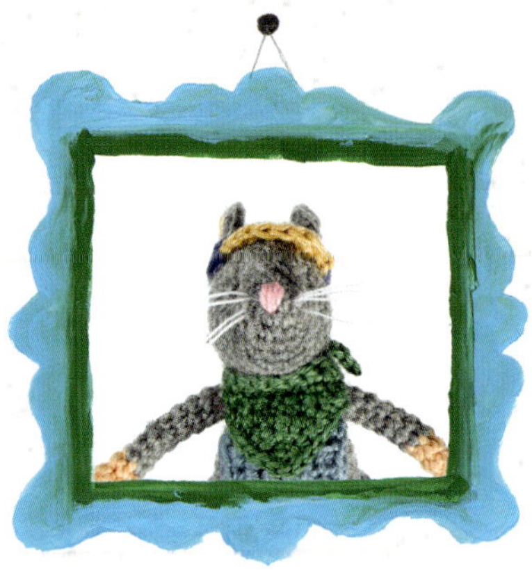

Fritz

## Fritz und Fridolin

Fritz und Fridolin sind Zwillinge.
Sie sind fünf Jahre alt und können es überhaupt nicht erwarten, endlich auch in die Mäuseschule zu kommen.
Fritz und Fridolin liiiiieben Dinosaurier. Und Autos. Und Eisenbahnen. Und gefährliche Tiger.
Fritz und Fridolin lieben Blau und Grün. Aber Fritz ein bisschen mehr Blau und Fridolin ein bisschen mehr Grün.
Fritz und Fridolin bauen gerne Höhlen. Und sie spielen, dass sie in ihrem Zelt einen Geheimclub haben.
Auch Fritz und Fridolin lieben es, mit Oma Apfelkuchen zu backen und von Opa Geschichten über die Zeit zu hören, als er noch ein ganz kleiner Mäusejunge war.

## Flora

Flora ist fast ein Jahr alt.
Flora liebt es, auf Papas Schoß zu sitzen und mit ihm Bilderbücher anzuschauen.
Flora liebt es, eingekuschelt zwischen Mama und Papa Maus zu schlafen.
Flora liebt ihren Ball.
Und Flora liebt es, wenn sie ganz ausnahmsweise ein Stück von Omas Apfelkuchen haben darf.

## Oma Maus

Oma Maus liebt Opa Maus. Und Fanny, Fritz und Fridolin und Flora. Und Mama und Papa Maus.
Oma Maus liebt es, zu häkeln. Und manchmal auch zu stricken.
Oma Maus liebt kuschelige Wolle. Und ein knisterndes Feuer im Kamin.
Oma Maus liebt den Winter. Und den Duft von Bratäpfeln und Marzipan.
Oma Maus liebt alte Fotos. Und neue Fotos. Vor allem wenn da ganz viel Mäusefamilie drauf ist.
Oma Maus liebt es, Tee zu trinken. Vor allem, wenn Fanny, Fritz und Fridolin und Flora dabei sitzen und heißen Kakao trinken.
Oma Maus liebt Hellblau. Und Lila und Rosa.
Oma Maus liebt es, Apfelkuchen zu backen. Am liebsten mit Fanny, Fritz und Fridolin und Flora.

## Opa Maus

Opa Maus liebt Oma Maus. Und Fanny, Fritz und Fridolin und Flora. Und Mama und Papa Maus.
Opa Maus liebt es, Geschichten über die Zeit zu erzählen, als er noch ein kleiner Mäusejunge war.
Opa Maus liebt es, spazieren zu gehen. In aller Ruhe. Noch lieber aber mit Fanny, Fritz und Fridolin.
Opa Maus mag alle Farben. Und den Frühling, wenn die Blumen wieder so schön blühen.
Opa Maus liest gerne Zeitung. Und er baut gerne Möbel. Und eigentlich noch lieber vergrößert er das Mäusehaus. Er kann nämlich sehr gut bauen.
Opa Maus liebt den Apfelkuchen von Oma Maus.

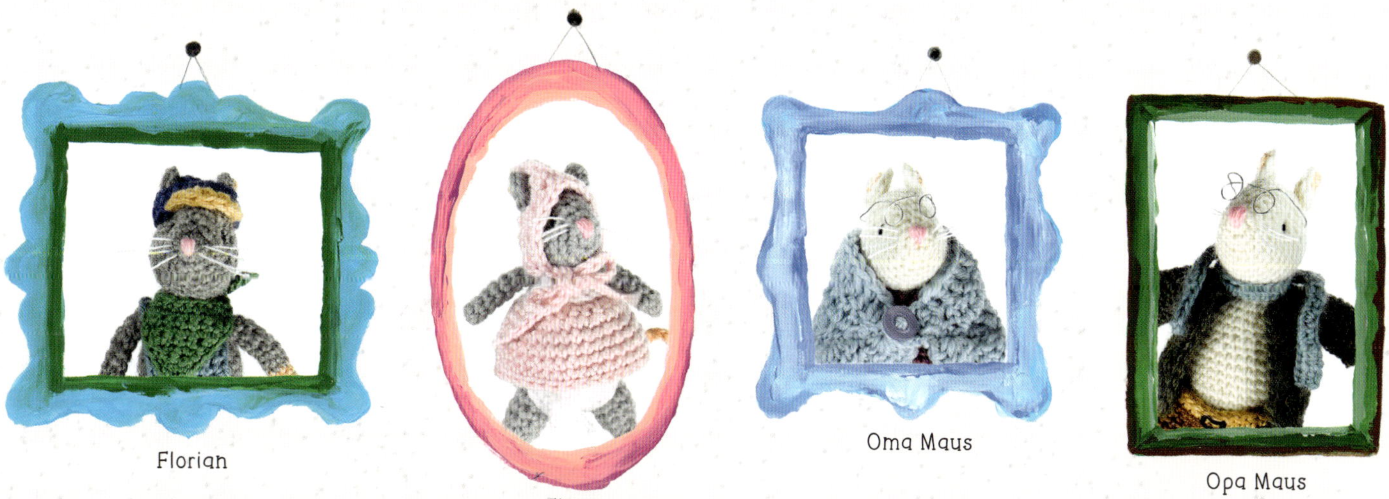

Florian

Flora

Oma Maus

Opa Maus

# So wohnt Familie Maus

Kurz vorm Ende des kleinen Weges, da wo der Wald beginnt, steht das Mäusehaus. Haselnussweg 8 heißt die Straße. Im kleinen Garten der Familie Maus stehen allerdings nur ein Walnussbaum und zwei Apfelbäume und jede Menge Johannisbeersträucher. Und es wachsen dort viele, viele Blumen, die vom Frühling bis zum Herbst kunterbunt blühen.

Das Haus hat schon Uropa Maus gebaut. Aber am Anfang war es nur eine kleine Hütte. Es war Opa Maus, der nach und nach ein Zimmer nach dem anderen angebaut hat. Jetzt ist das Haus so groß, dass die ganze Mäusefamilie darin Platz hat. Und darauf ist Opa Maus mächtig stolz.

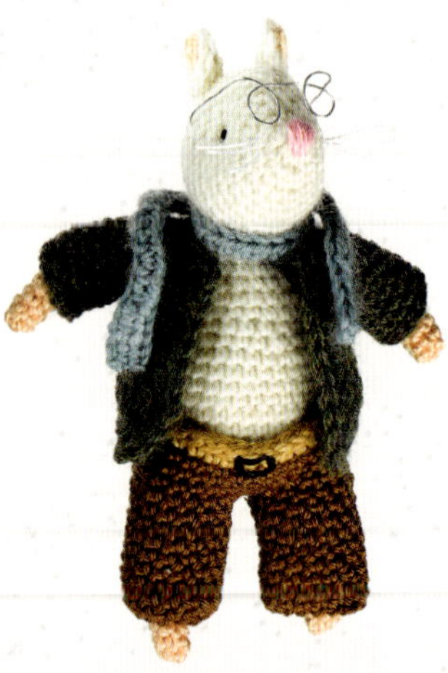

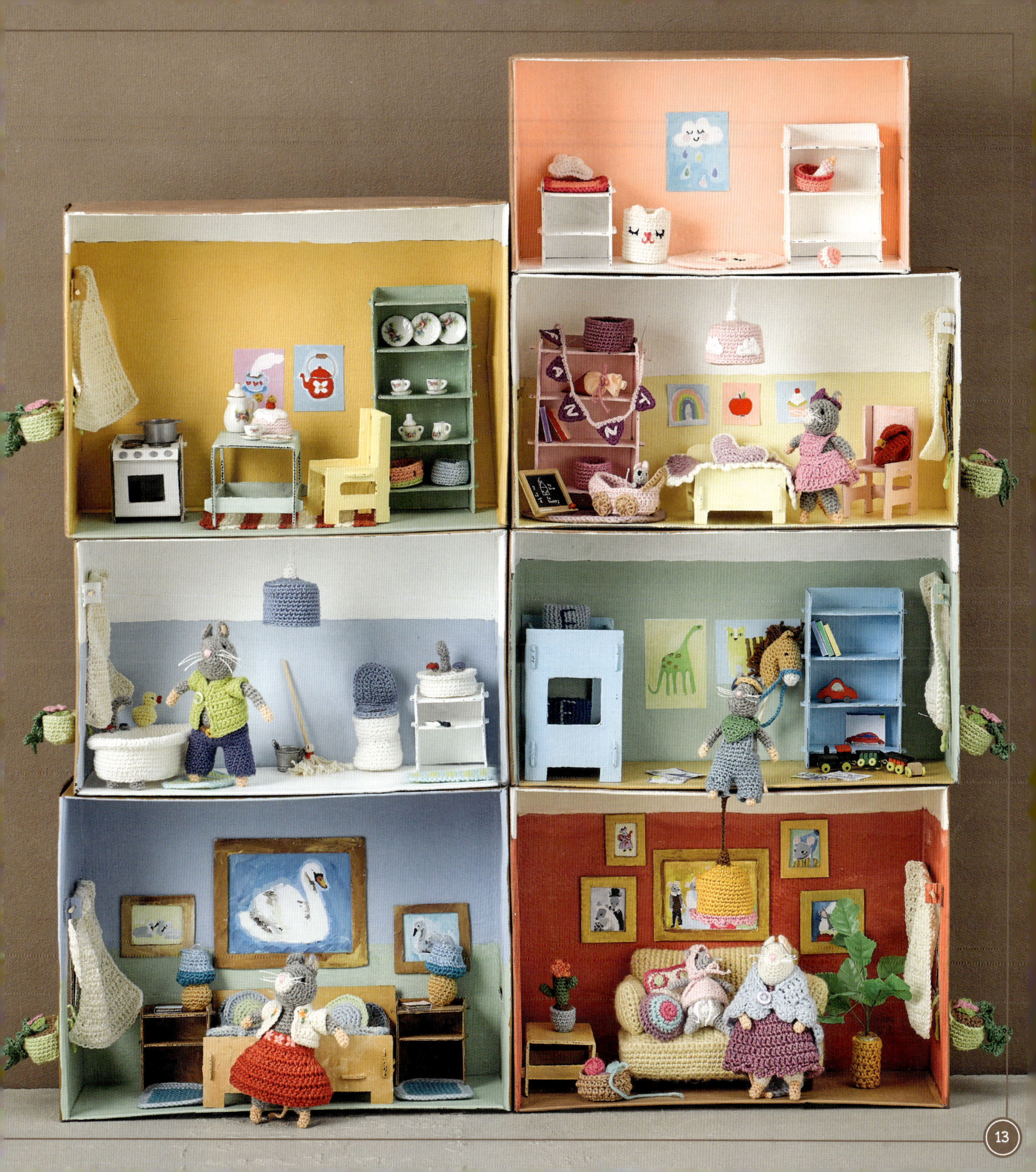

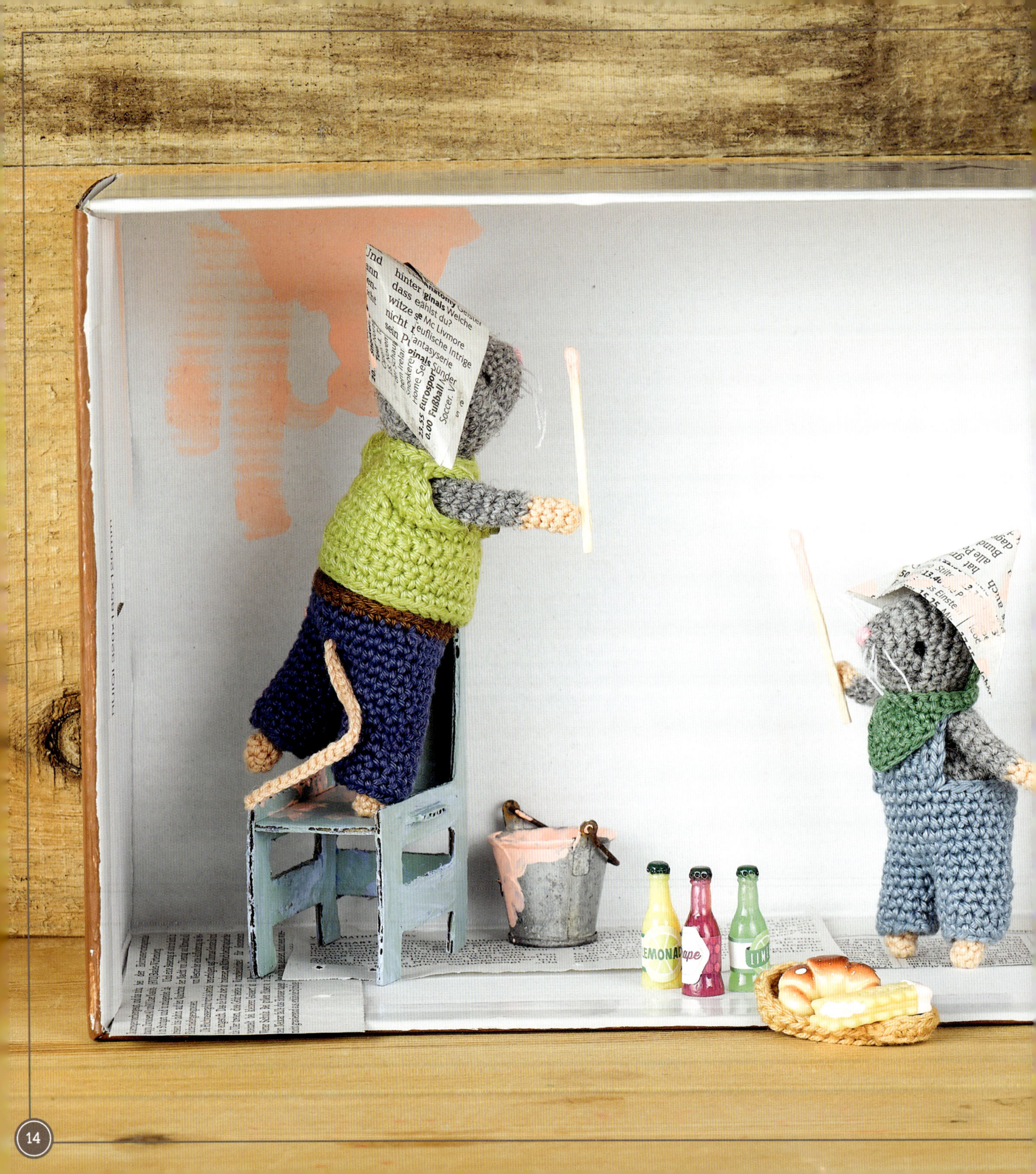

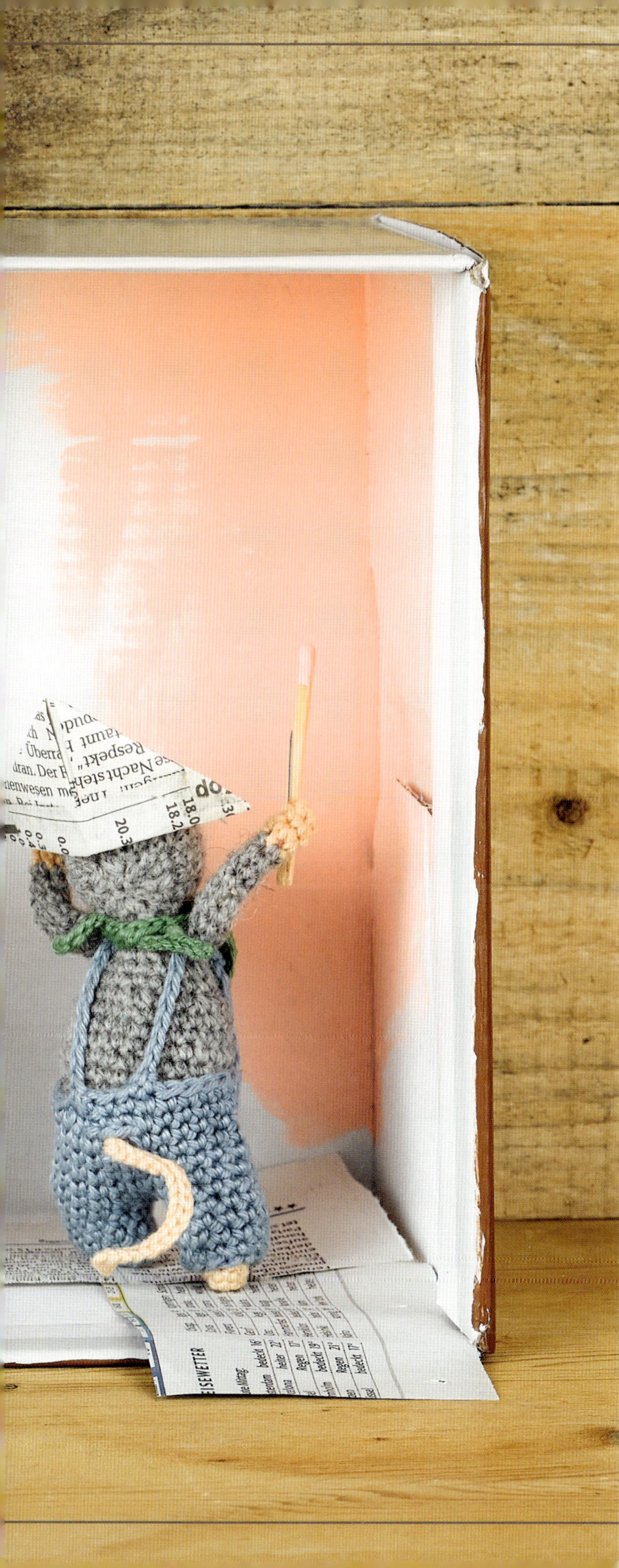

# Flora bekommt ein eigenes Zimmer

Lange Zeit hat Floras kleines Schlafkörbchen im Zimmer der Eltern gestanden. Doch jetzt soll auch Flora endlich ihr eigenes Zimmer bekommen. Deshalb haben sich Mama und Papa Maus überlegt, das kleine Stübchen auf dem Dach für Flora herzurichten. Bislang war es vollgestopft mit allerlei Dingen, die im Haus der Familie Maus keinen Platz hatten.

„So, jetzt wird aber ausgemistet!“ Mama Maus krempelt die Ärmel hoch. Zusammen mit Papa Maus verbringt sie einen ganzen Tag in dem kleinen Stübchen und sortiert aus. Kartons werden gepackt und „Flohmarkt“ draufgeschrieben. Der Rest wird weggeschmissen. Leer sieht das Zimmer jetzt aus. Und überhaupt nicht schön.

Fritz und Fridolin sind ganz aus dem Häuschen. Sie dürfen beim Wände anmalen helfen, das hat ihnen Papa Maus versprochen. Papa Maus faltet sich und den beiden Mäusejungen Hüte aus Zeitungspapier. Nun kann es losgehen!

Papa Maus hat einen Topf mit rosa Farbe gemischt. Fröhlich fangen die Mäusejungen an, ihrem Vater beim Streichen zu helfen. Sie brauchen einen ganzen Tag. Dann ist das Zimmer fertig gestrichen. Papa Maus ist sehr zufrieden mit dem Ergebnis.

Ein paar Tage später ist Floras Zimmer fertig. Mit neuem Fußboden und neuen Gardinen. Sogar ein paar Möbel haben Papa und Opa Maus für Flora gezimmert. Schön ist es geworden. Das findet auch Flora, die fröhlich auf ihrem neuen Teppich herumkrabbelt.

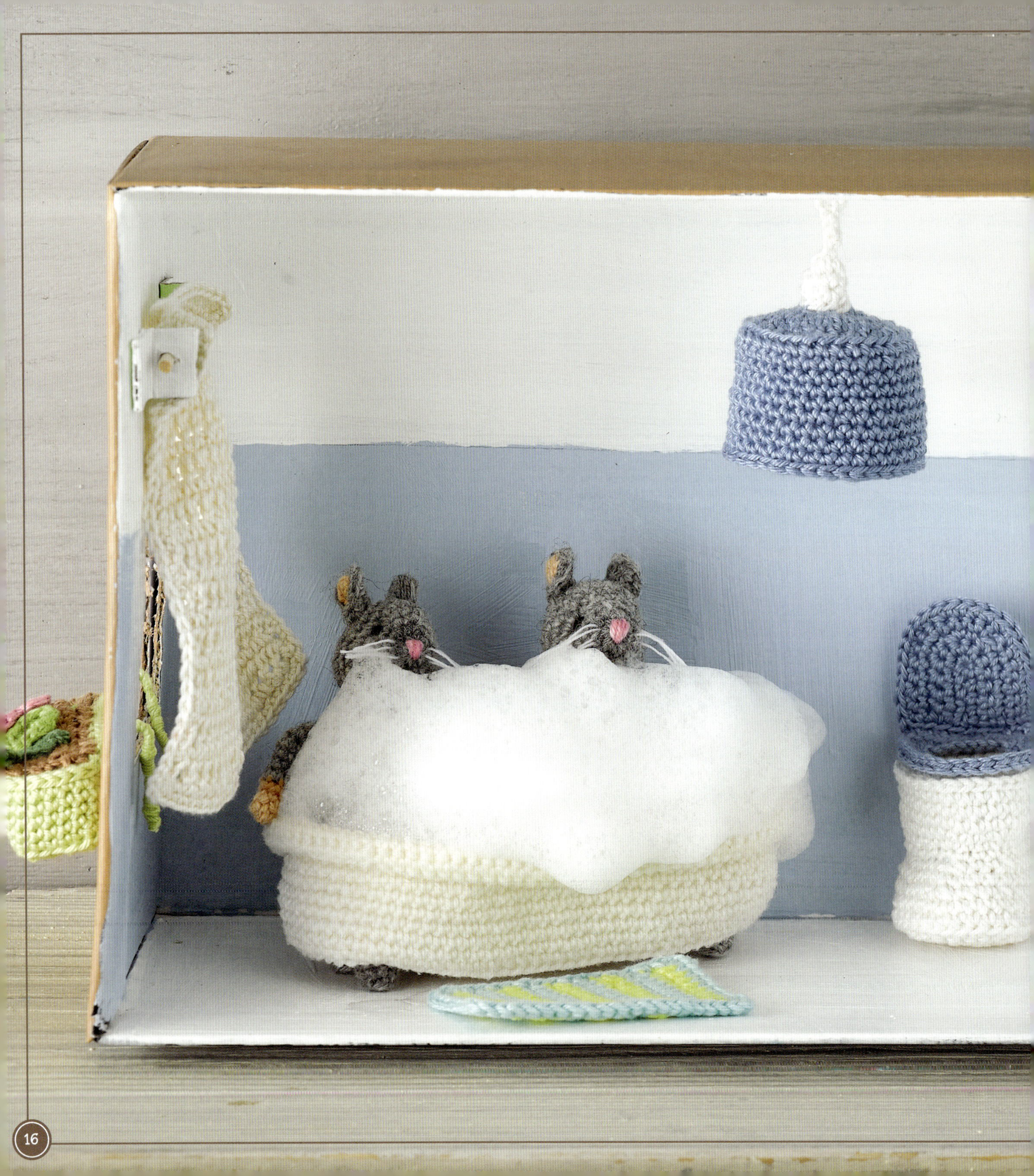

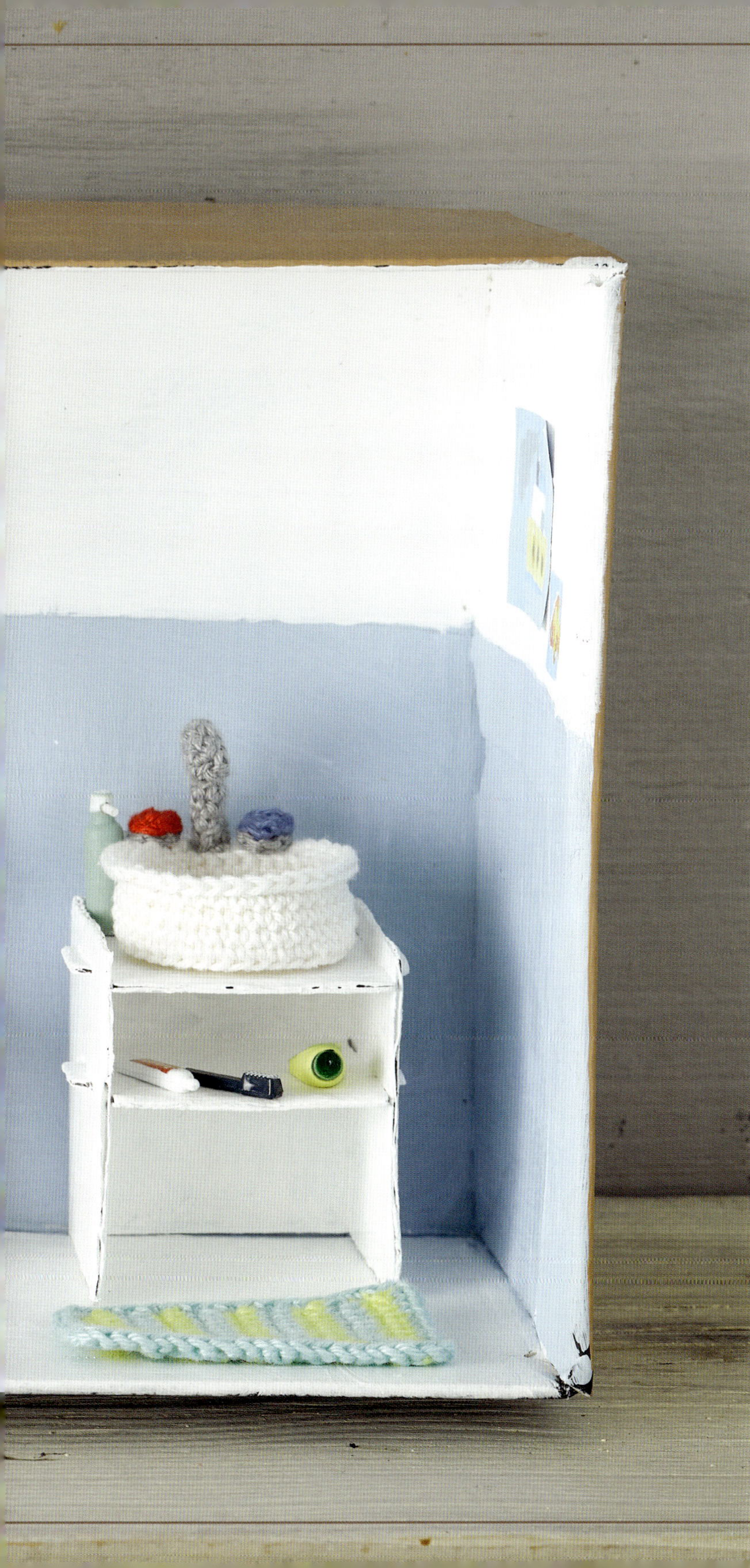

# Heute ist Badetag

Am Sonntag wird bei Familie Maus gebadet. Mama Maus lässt warmes Wasser ein. Ein bisschen Seife kommt ins Wasser. Die beiden Mäusejungs können sich nicht schnell genug ausziehen.

„Findest Du nicht, dass es viel zu wenig Schaum ist?“ Fridolin greift nach der Flasche mit dem Badeschaum. „Nur noch einen klitzekleinen Schwups, damit unsere Ente Wellenreiten spielen kann....“ Fridolin lässt noch ein wenig aus der Flasche ins Wasser tröpfeln. Es schäumt jetzt schon ordentlich. “Das reicht doch noch nicht!“ Fritz will sich einen schönen Schaumbart machen. Er greift nach der Flasche. „Nur noch ein klitzekleines bisschen...“ Aus dem bisschen wird ein großer Schwups.

„Guck mal, ich bin der Weihnachtsmann!“ Lachend schaut Fritz seinen Bruder Fridolin an. Er trägt einen ordentlichen Schaumbart. „Fehlt nur noch eine Mütze“. Und wieder kommt ein Schwups Badezusatz ins Wasser. Uiuiui... ob das nicht ein bisschen viel war?

Als Papa Maus ins Badezimmer kommt, um die beiden abzutrocknen, schlägt er die Hände über dem Kopf zusammen. Aus der ganzen Badeschaum-Schwupserei ist ein großer Schaumberg geworden, aus dem ihm fröhlich zwei Augenpaare entgegen blinzeln.

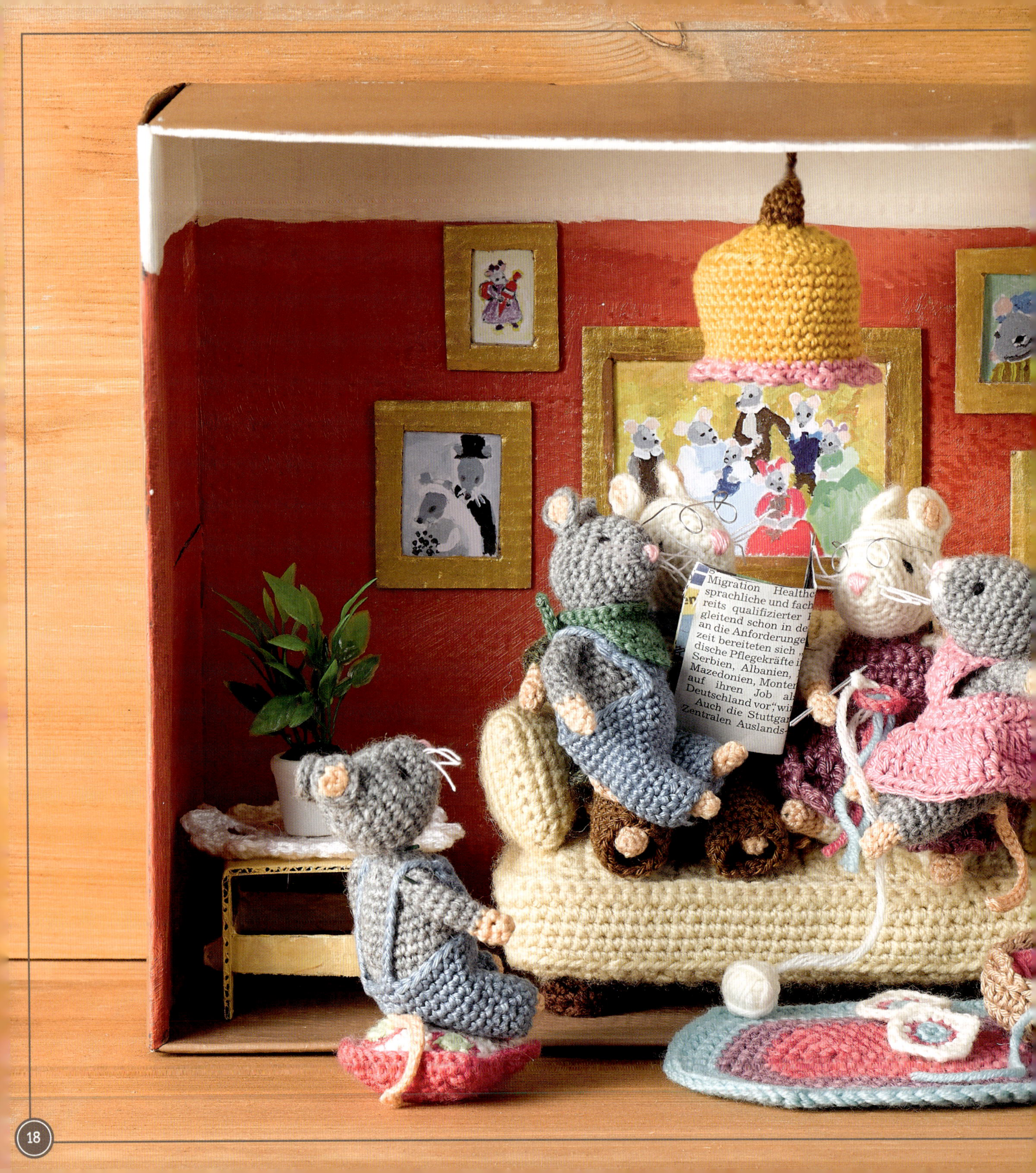
Migration
sprachliche und
reits qualifizierter
gleitend schon in
an die
zeit bereiteten sich
dische
Serbien, Albanien,
Mazedonien,
auf ihren Job
Deutschland vor
Auch die
Zentralen

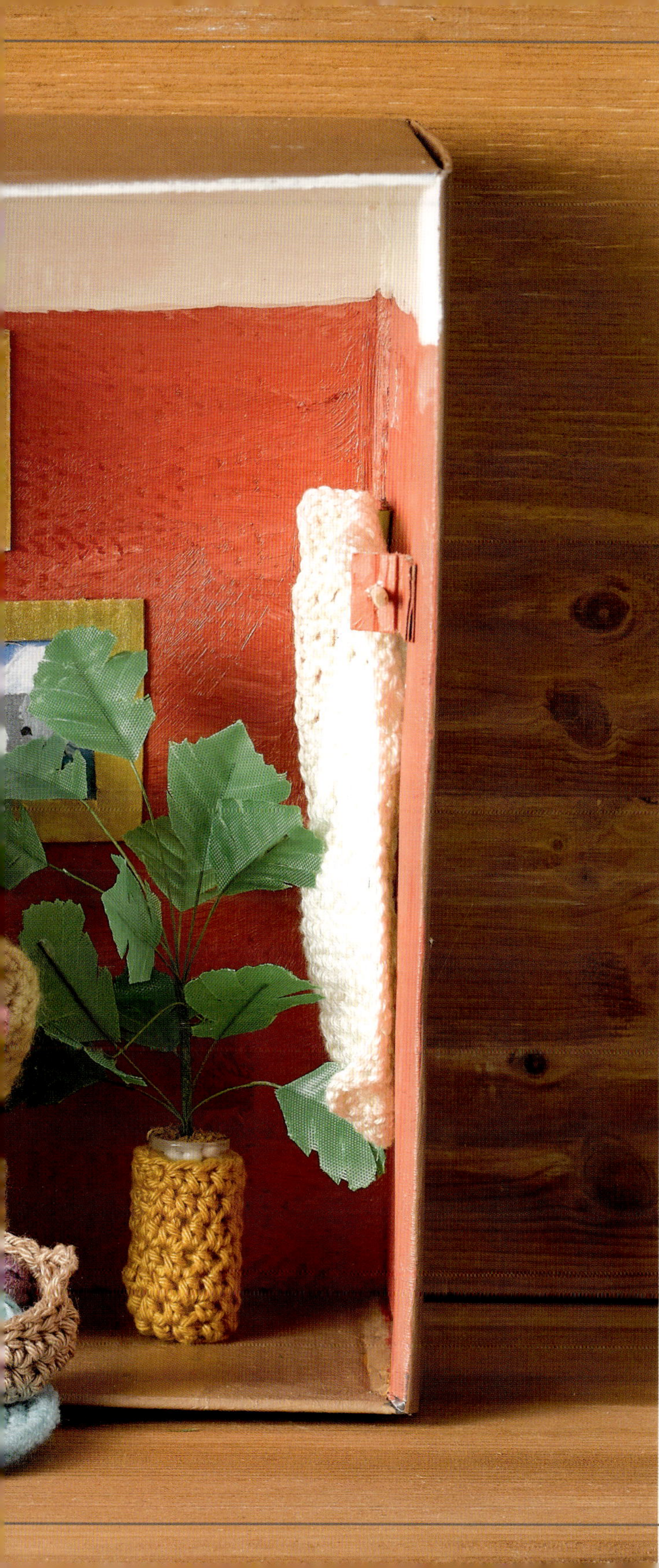

# Märchenstunde

Einer der allerliebsten Lieblingsplätze der Mäusekinder ist das Sofa, auf dem Oma und Opa Maus im Wohnzimmer sitzen.

„Opa, erzählst du uns noch einmal die Geschichte von Schneewittchen und den sieben Mäusen?“ Fridolin sitzt eingekuschelt auf Opas Schoß. „Bitte, bitte!“ „Nein! Bitte das Märchen von Aschenputtel und der guten Mäusefee. Biiittteeee!“ Fanny liebt Feen. „Neeeeiiiieeein! Erzähl bitte von der Zeit, als du noch ein kleiner Mäusejunge warst“, bettelt Fritz.

Es gibt Omas weltbesten Apfelkuchen und dampfenden Kakao. Sogar mit einem dicken Klacks Sahne oben drauf. „Weil heute Sonntag ist“, sagt Oma. Sie häkelt an einer neuen Decke für die kalten Wintertage.

Opa wollte eigentlich die Zeitung lesen. „Bitte Opa!“ Auch Fanny und Fridolin lieben die Mäusegeschichten aus Opas Kindheit. Lächelnd legt Opa seine Zeitung beiseite. „In Ordnung, dann erzähle ich euch die Geschichte, wie ich der frechen Katze einen Streich gespielt habe.“ Ganz gebannt lauschen die Mäusekinder Opas Geschichte.

Als die Geschichte zu Ende ist, wollen die Mäusekinder aber unbedingt noch mehr hören. Denn eine Geschichte ist viiiiieeeel zu wenig, finden sie. „Mmmmhh. In Ordnung. Aber erst möchte ich noch ein Stück von Omas Apfelkuchen. Bevor ihr mir alles weggegessen habt.“

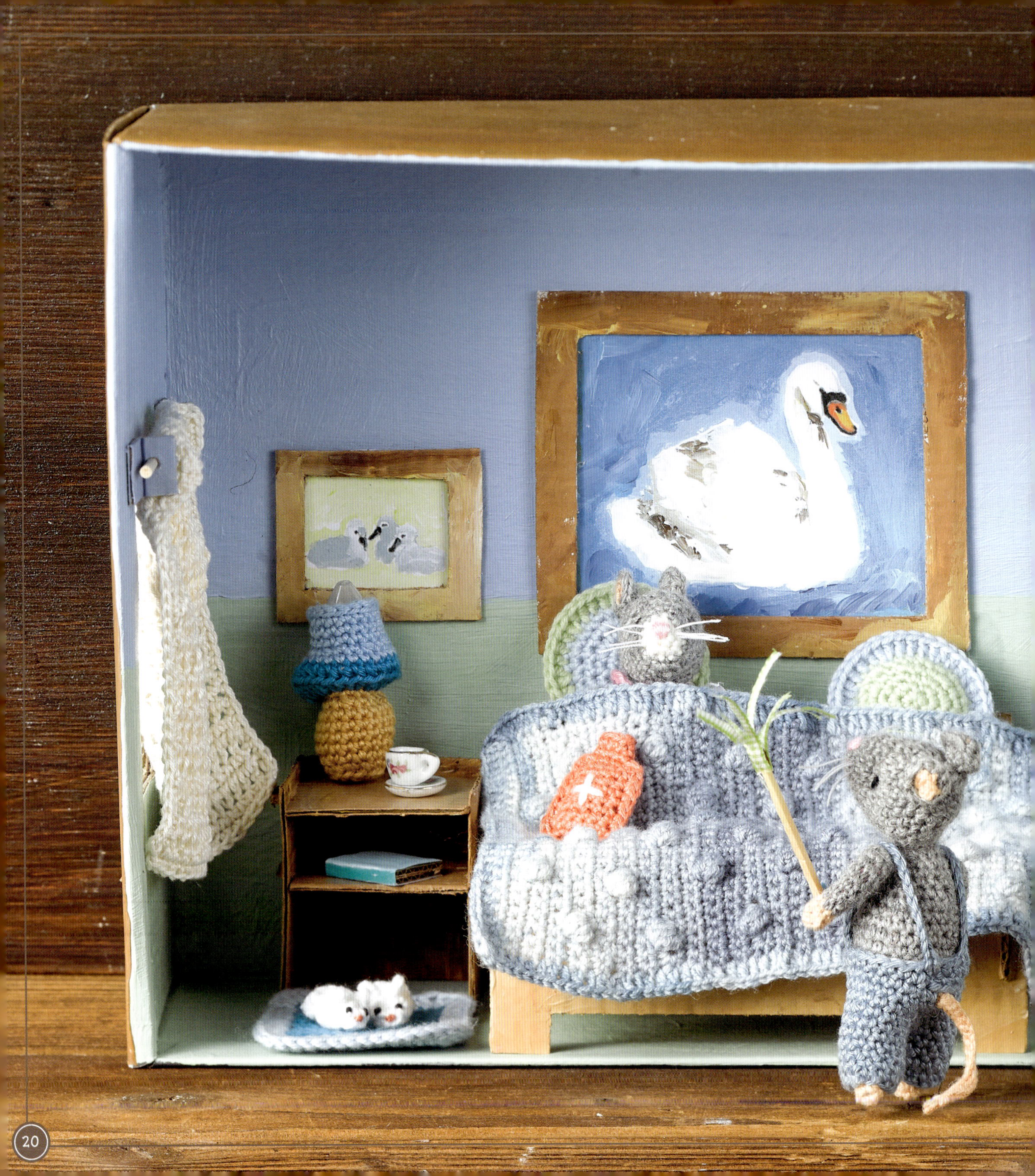

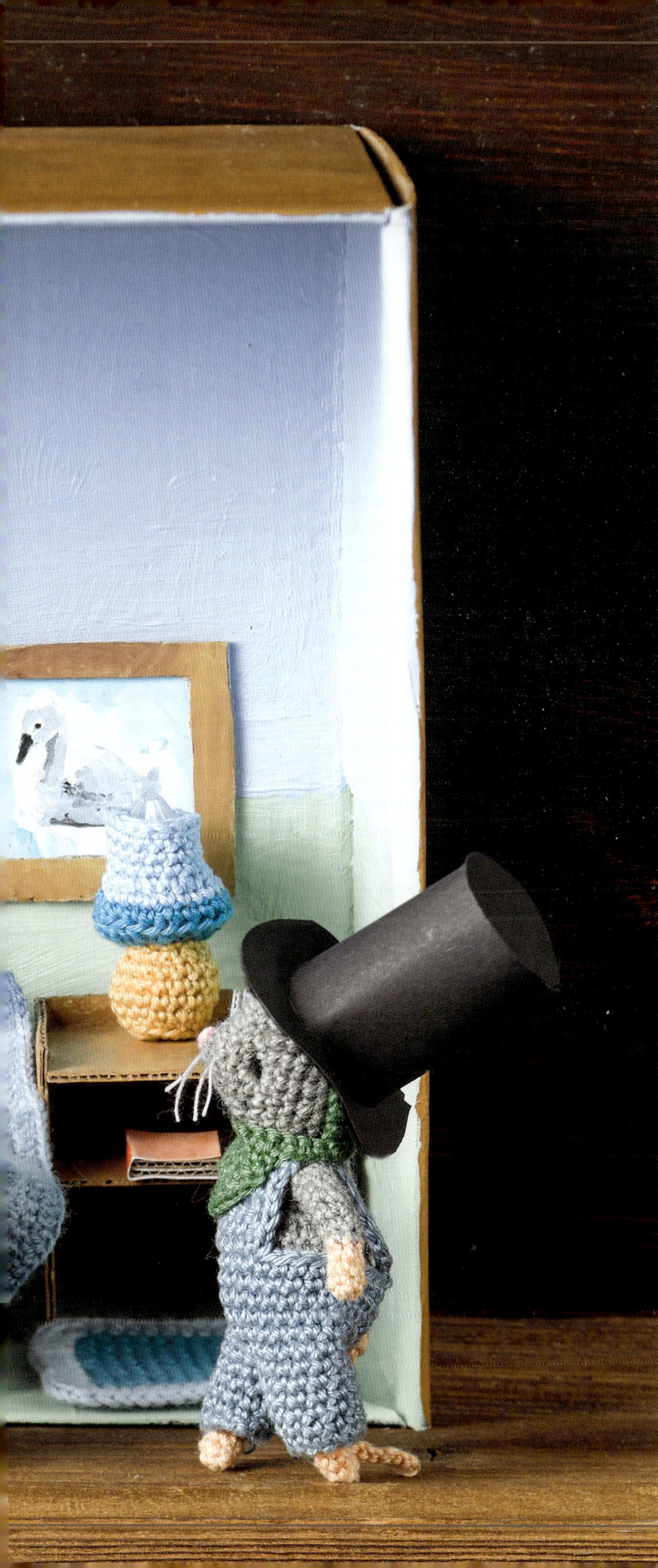

# Fanny ist krank

Schon am Abend fühlt Fanny sich nicht so gut. Ihr Hals tut weh, und sie muss husten. In der Nacht kriecht sie zu ihren Eltern ins Bett.

Als Papa Maus sie am nächsten Morgen für die Schule weckt, geht es ihr noch schlechter. „Mein Schatz, du glühst ja richtig. So kannst du aber nicht in die Schule gehen." Ohne Murren bleibt Fanny im Bett liegen. Sie hat keinen Hunger und keinen Durst. „Du musst aber etwas trinken, Fanny." Mama Maus hat Fanny heißen Salbeitee mit Honig gebracht. Der soll gegen die Halsschmerzen helfen. „Mir ist sooooo kalt." Fanny friert, obwohl sie unter der Bettdecke liegt.

Am Nachmittag besuchen Fritz und Fridolin Fanny im Schlafzimmer der Eltern. Sie haben ein kleines Stück für Fanny eingeübt, damit sie ganz schnell wieder gesund wird. „Ich bin der grrrroße Zauberer Kuniberrrt. Und ich kann diesen Mäusejungen in einen Frosch verzaubern. Simsalabim, Froschlaich und Entengrütze, du bist jetzt ein Frosch in einer Pfütze!" Fritz schwingt einen Zauberstab und Fridolin fängt an, wie ein Frosch durch das Zimmer zu hüpfen. „Quak, quak ...." „Und jetzt, Simsalabim, Wüstensand und Sonnenschein, sollst du ein Löwe sein!" Fritz schwingt erneut den Zauberstab. „Roarrrrrrrr!!!" Fridolin brüllt wie ein wilder Löwe.

Erst am Abend, als Oma Maus ihr eine Schüssel mit Kürbissuppe bringt, geht es Fanny wieder etwas besser. Und als Fritz und Fridolin kommen, um ihr eine gute Nacht zu wünschen, sagt sie: „Soooo schlecht ist Kranksein ja doch nicht. Ich durfte den ganzen Tag in Mamas und Papas Bett bleiben."

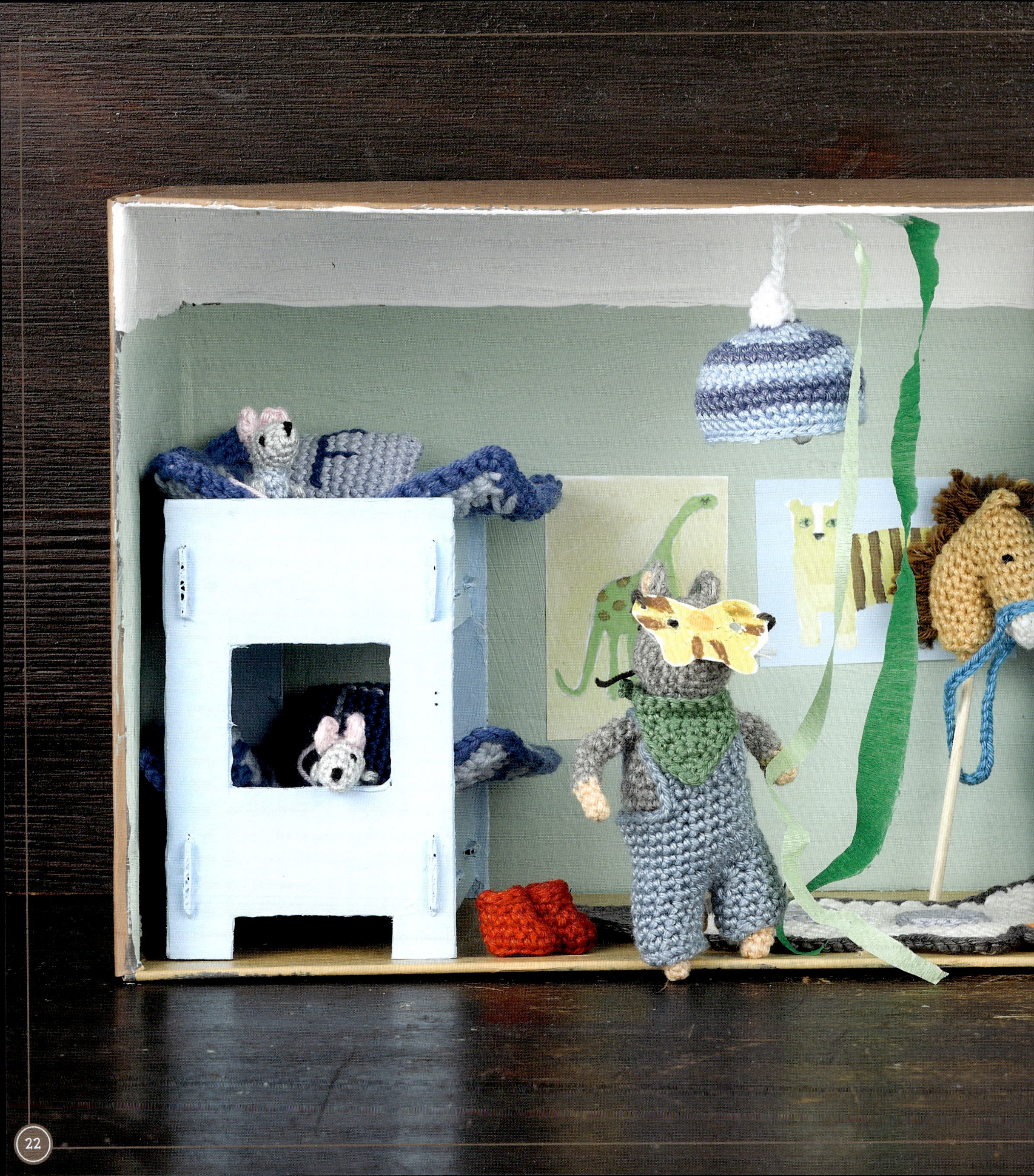

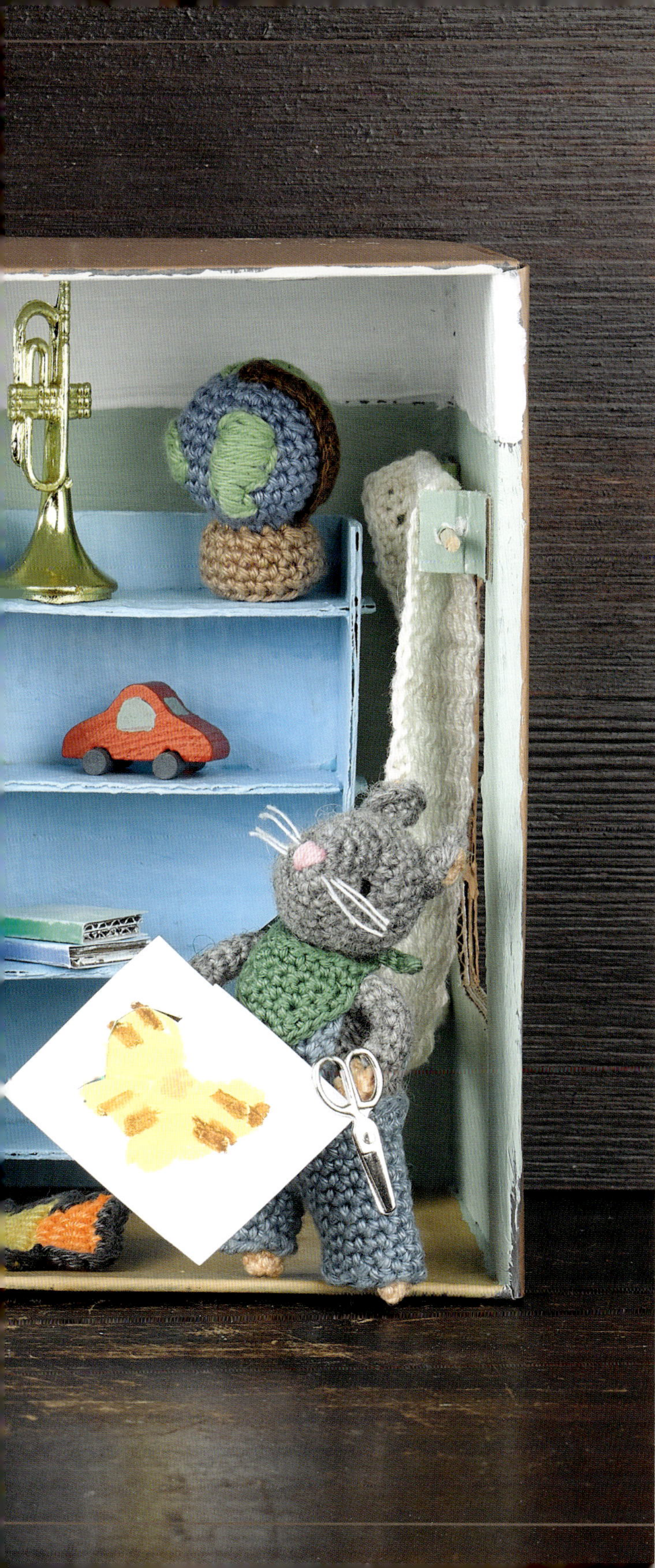

# Regentag

Pock, pock, pock... Schon seit Stunden prasselt der Regen gegen die Fensterscheiben. Fritz und Fridolin sitzen schlecht gelaunt in ihrem Zimmer. Eigentlich hatte Familie Maus einen Ausflug geplant. Mit Pfannkuchen und bergeweise Käsebroten. Doch beim Blick aus dem Fenster ist klar: Der Ausflug fällt aus.

„Mir ist soooooo langweilig!" Missmutig stößt Fridolin die Holzeisenbahn um. „Blöder Regen!" findet auch Fritz. Schlecht gelaunt stampfen die Jungs in Fannys Zimmer. Fanny hat sich in ihre Decke eingemummelt und liest. Sie hat keine Lust mit ihren Brüdern zu spielen. Da können die beiden noch so sehr betteln.

Es bleibt ihnen wohl nichts anderes übrig, als doch in ihrem Zimmer zu spielen. Dort fällt Fridolins Blick auf das Tiger-Poster an der Wand. „Du, ich weiß was. Wir verkleiden uns als wilde Tiere."

Schnell suchen sich die beiden Buntstifte, Schere und Pappe und fangen an, sich Tiger-Masken zu basteln. Schnipp und schnapp und noch ein wenig Bindfaden – fertig ist die Verkleidung und zwei wilde Tiger machen sich auf in die Wildnis. Aus etwas grünem Krepppapier entsteht ein toller Lianen-Wald. Der Ausflug ist schnell vergessen.

Als Papa Maus an die Tür klopft, um den beiden Saft zu bringen, fauchen sie nur. „Grrrrrrr ... wilde Tiere! Betreten des Zimmers auf eigene Gefahr!"

Erst als Mama Maus zum Abendessen ruft, kehren sie aus dem wilden Dschungel zurück.

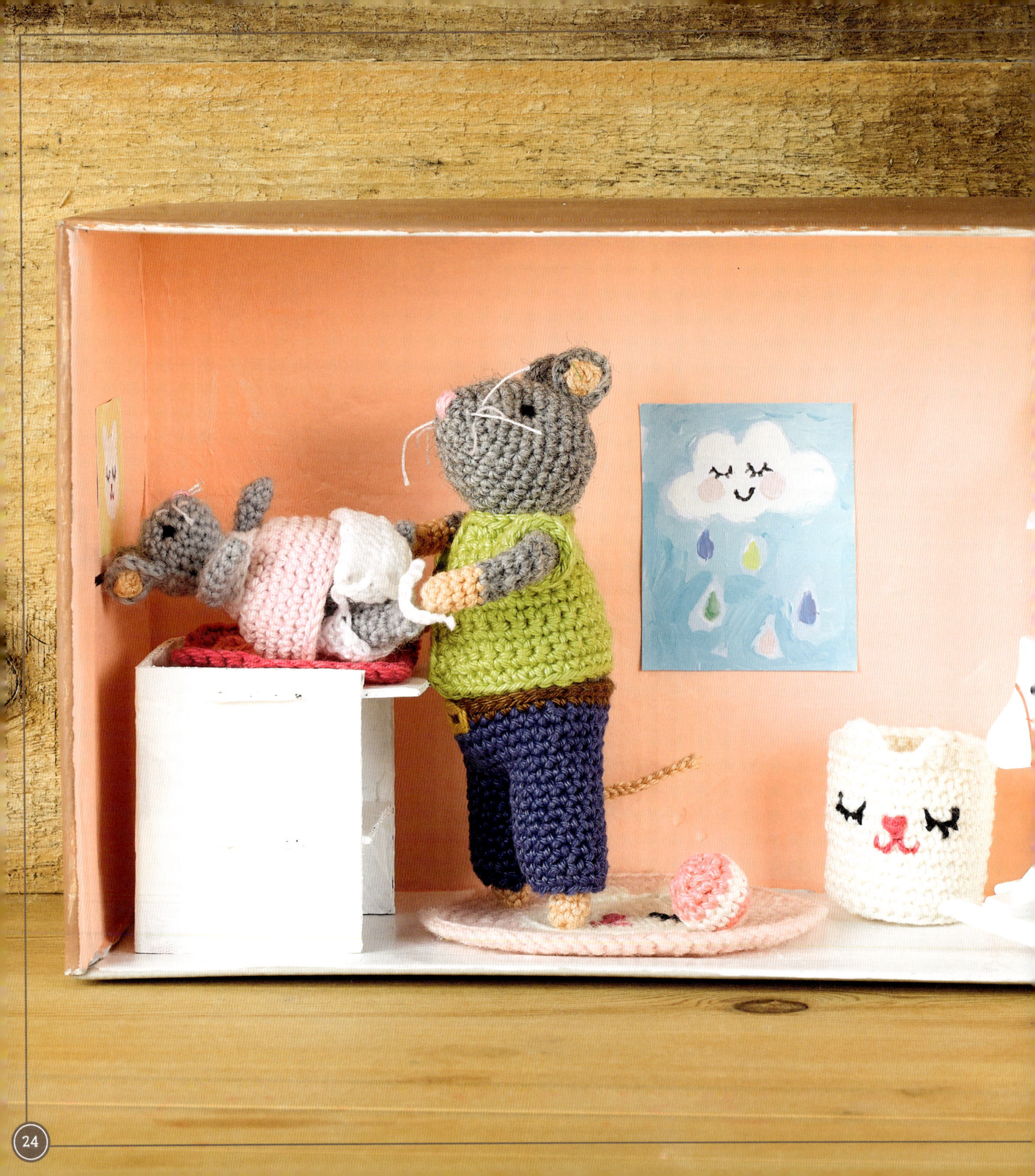

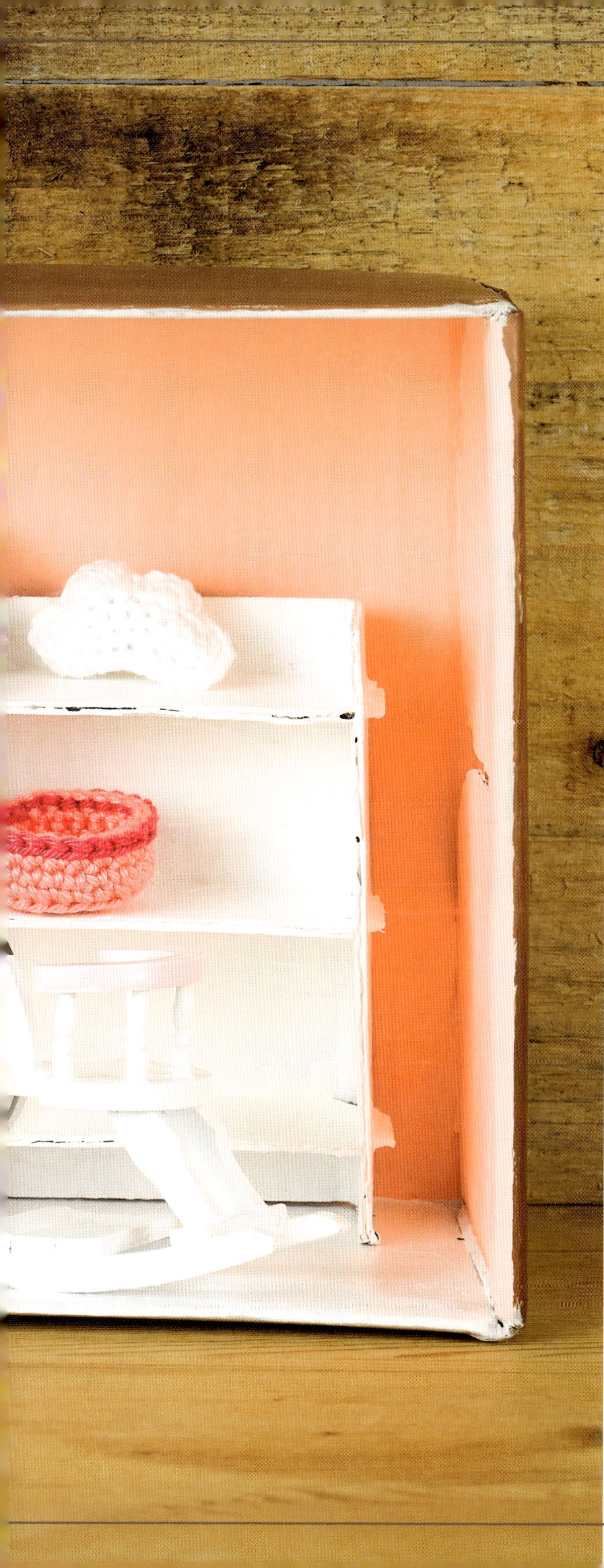

# Floras Gute-Nacht-Geschichte

Es ist Zeit für einen kleinen Mittagsschlaf. Flora mag aber nicht einschlafen. Papa Maus wickelt sie, nimmt sie wieder auf den Arm, streicht ihr über das Köpfchen und gibt ihr nochmal das Fläschchen. Flora schaut ihn mit großen Augen an.

Papa Maus holt eines ihrer liebsten Bilderbücher. Gemeinsam schauen sie sich die Bilder an. Aber Flora mag immer noch nicht schlafen. Papa spielt mit ihrem Ball: „Hier Flora ... !“ Flora jauchzt, als der Ball zu ihr rollt. Papa Maus gähnt. Flora strahlt.

Papa Maus holt ein anderes Buch. Flora kuschelt sich auf den Schoß von Papa Maus. Er liest ihr die Geschichte von der kleinen Prinzessin vor. Beim Vorlesen fallen Papa Maus die Augen zu. Floras Augen aber nicht. Wieder singt Papa Maus Flora ein Lied vor. Er legt sie in ihr Körbchen, deckt sie mit ihrem Deckchen zu. Flora schaut ihn mit großen Augen an.

Flora setzt sich wieder hin. Jetzt spielen Flora und Papa, dass das Körbchen ein Auto ist. „Brumm, brumm“ macht Papa. Flora quietscht. Papa Maus gähnt schon wieder. Aber das Auto muss noch weiter fahren. Bis zu Tante und Onkel Maus. Und noch weiter ... bis zum Mond. „Uiiiiiii!“ macht Flora.

Als Mama Maus auf Zehenspitzen kommt, um Papa Maus zum Mittagessen zu holen, liegt Papa Maus vor dem Körbchen und schläft. Flora sitzt im Körbchen und strahlt. Mama Maus lächelt: „Na mein Schatz, hast du Papa ins Bettchen gebracht?“

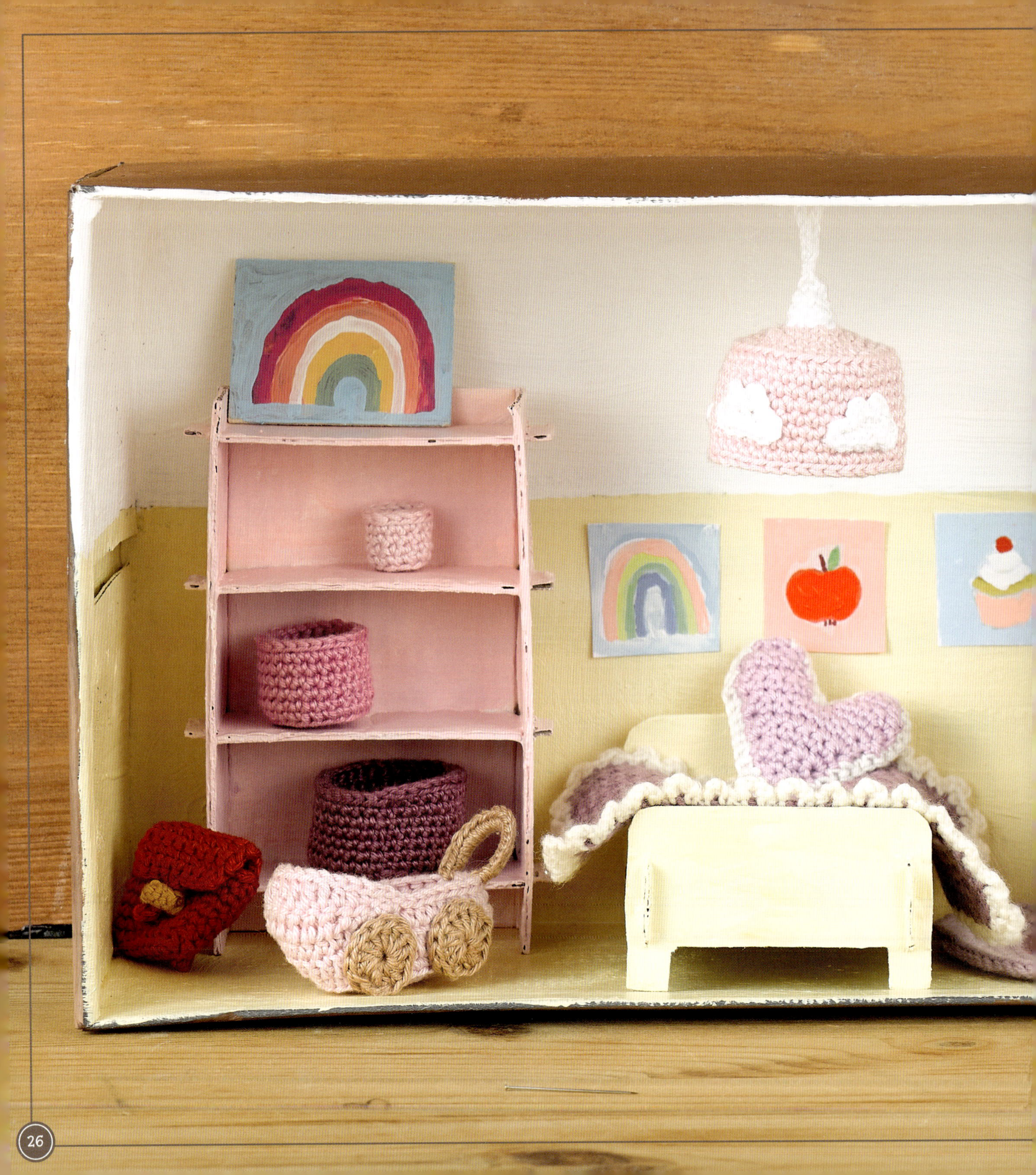

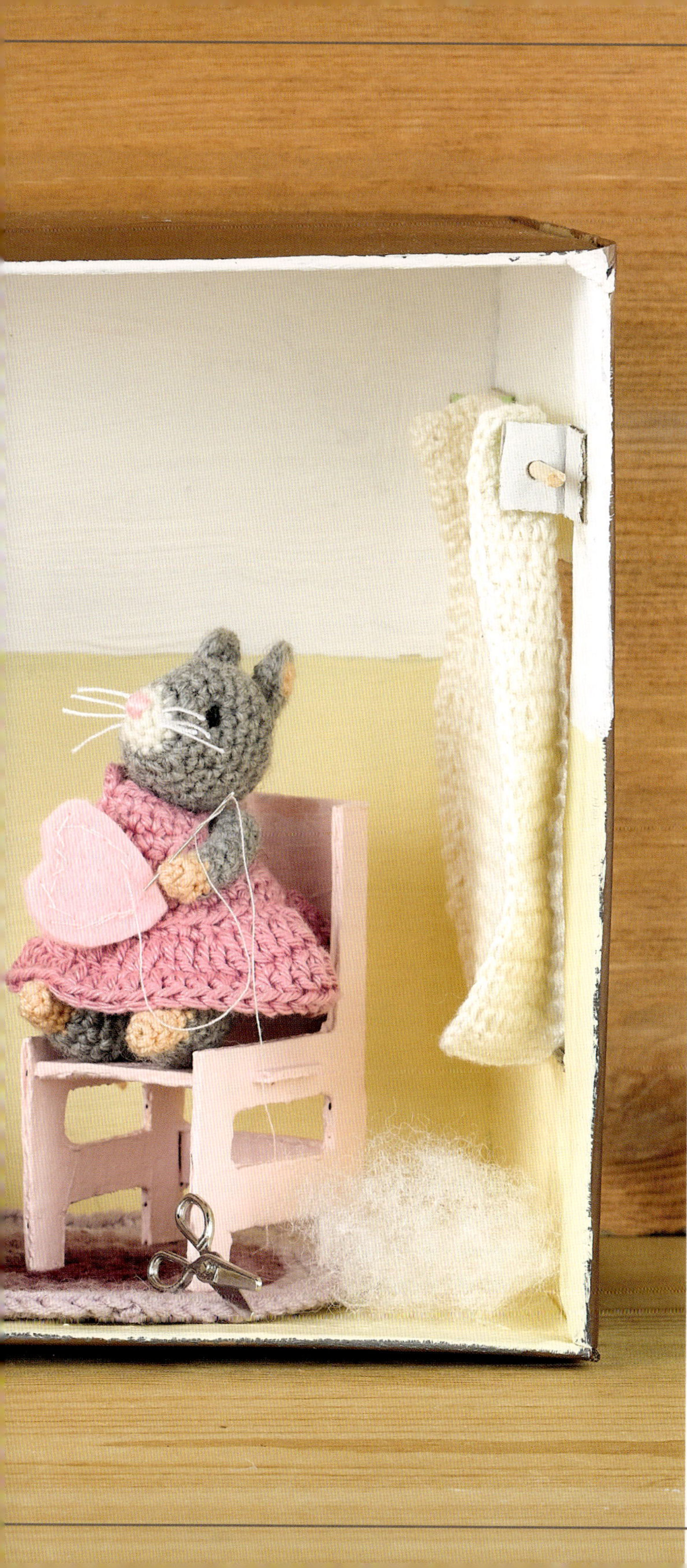

# Heimlichkeiten

Es ist Mittagszeit. Mama Maus steht am Herd und kocht Nudeln mit Tomatensoße. Mit einem lauten Rumms geht die Tür auf und Fanny stürmt in die Küche. Sie schmeißt ihren Ranzen auf den Boden. „Wie war die Schule, mein Schatz?" „Sooo toll! Wir haben angefangen, ein Nadelkissen zu nähen. Ein Herz. In Rosa. Ich will es Oma zum Geburtstag schenken. Deswegen durfte ich es mit nach Hause nehmen und hier zu Ende machen."

Jetzt kommen auch Fritz und Fridolin in die Küche gerannt. Zu gut duftet es im ganzen Mäusehaus. „Wir haben Hunger", sagt Fritz und schnuppert an dem Topf mit der Tomatensoße. „Ganz dollen Hunger", sagt Fridolin, der eine Nudel aus dem Topf stibitzt. „Dann deckt bitte den Tisch, das Essen ist gleich fertig."

Nachdem Familie Maus fertig mit dem Essen ist, geht Fanny in ihr Zimmer. Aus ihrem Ranzen nimmt sie das Nadelkissen. Schon lange wird im Haus der Familie Maus getuschelt, gemalt und gebastelt. Am Sonntag hat Oma Maus Geburtstag und die Mäusekinder sind schon ganz aufgeregt.

„BÄtrÄTn VABtn" steht an dem Zimmer der Mäusejungen, „Geheim" an der Tür zu Fannys Zimmer. Das Herz ist schon fast fertig. Fanny muss nur noch etwas Watte hineinstopfen und dann das Herz zunähen. Stolz zeigt sie es ihrer Mutter. „Das ist wunderschön geworden. Brauchst du noch etwas Geschenkpapier?" Fanny darf sich aus dem Geschenkpapiervorrat von Mama Maus das schönste aussuchen.

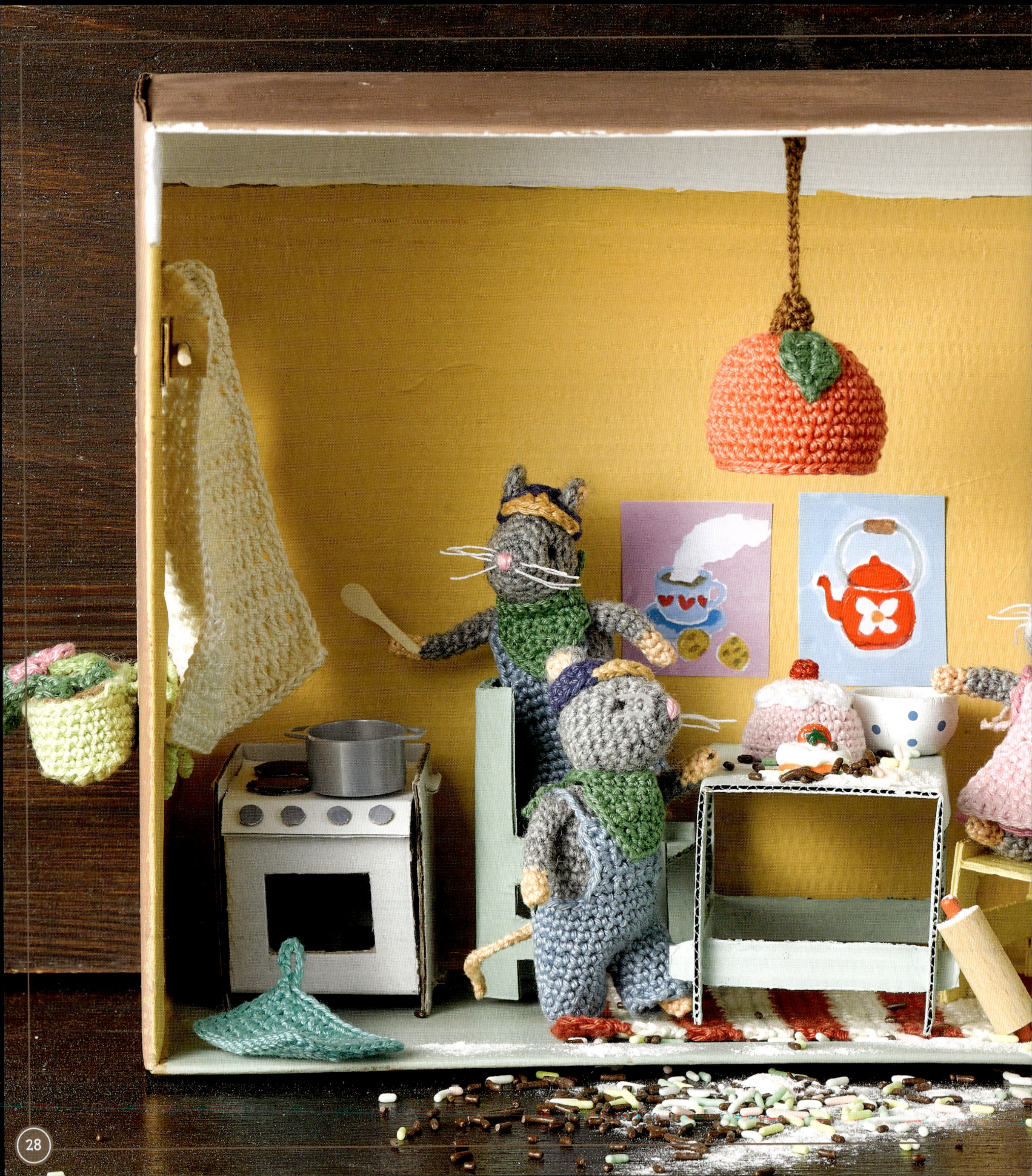

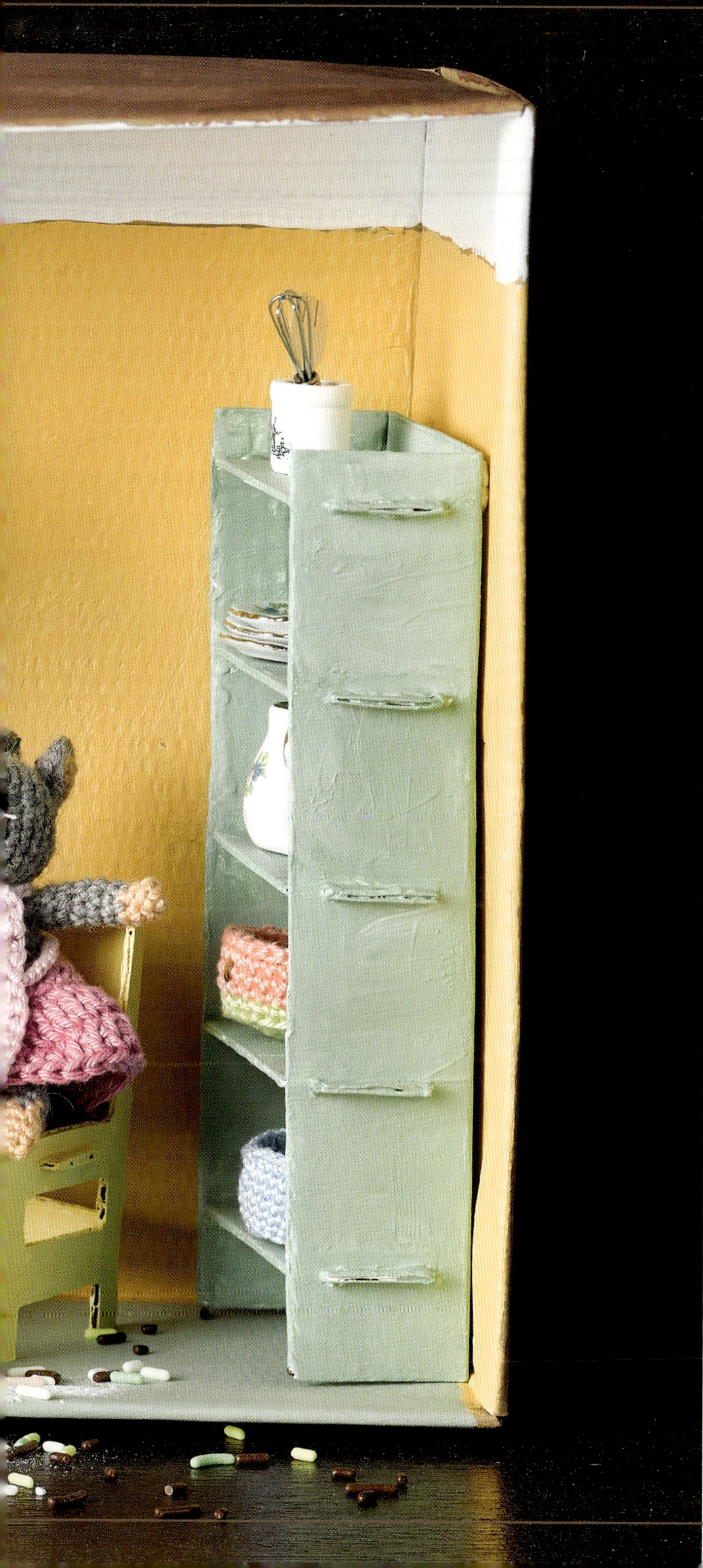

# Geburtstags-kuchen

Morgen hat Oma Maus Geburtstag. Schon seit Tagen überlegen Fanny, Fritz und Fridolin, welchen Kuchen sie ihr zum Geburtstag backen wollen. „Einen mit ganz viel Streuseln. Und Äpfeln." findet Fanny. „Einen mit extra viel Schokoladenstückchen!" ruft Fritz. „Einen mit Zuckerguss und Zuckerperlen!" fordert Fridolin.

Mama Maus steht mit den Mäusekindern in der Küche. Flora sitzt unter dem Küchentisch und spielt mit einem Apfel. „Oma mag am liebsten Nusskuchen. Da passen ganz prima Schokoladenstückchen rein. Und wir können ja einen zweiten Kuchen backen. Mit Äpfeln und Zuckerguss." „Au ja!" Die Kinder sind begeistert. Denn in der gemütlichen Küche zu backen, lieben sie über alles.

Mama Maus will gerade anfangen, mit den Kindern zu backen, da gähnt Flora laut. Sie muss dringend ins Bett, es ist Zeit für ihren Mittagsschlaf. „Wir können das auch alleine!" Die drei Mäuse wollen jetzt unbedingt alleine Kuchen backen. „In Ordnung!" Mama Maus sucht die Rezepte heraus. „Kein Problem, das kann ich alles lesen", sagt Fanny.

Mama Maus bringt Flora ins Bett, Fanny liest die Zutaten laut vor, Fritz und Fridolin suchen alles zusammen. Und los geht es. Es werden Eier aufgeschlagen, Schokolade gerieben, Äpfel geschält und Zucker abgewogen. Nur noch die Backformen einfetten und der Kuchen kommt in den Ofen. Mmmmmhh, wie das duftet!

Mama Maus kommt gerade richtig, um den ersten Kuchen aus dem Ofen zu holen. Wie stolz ist sie auf ihre Mäusekinder!

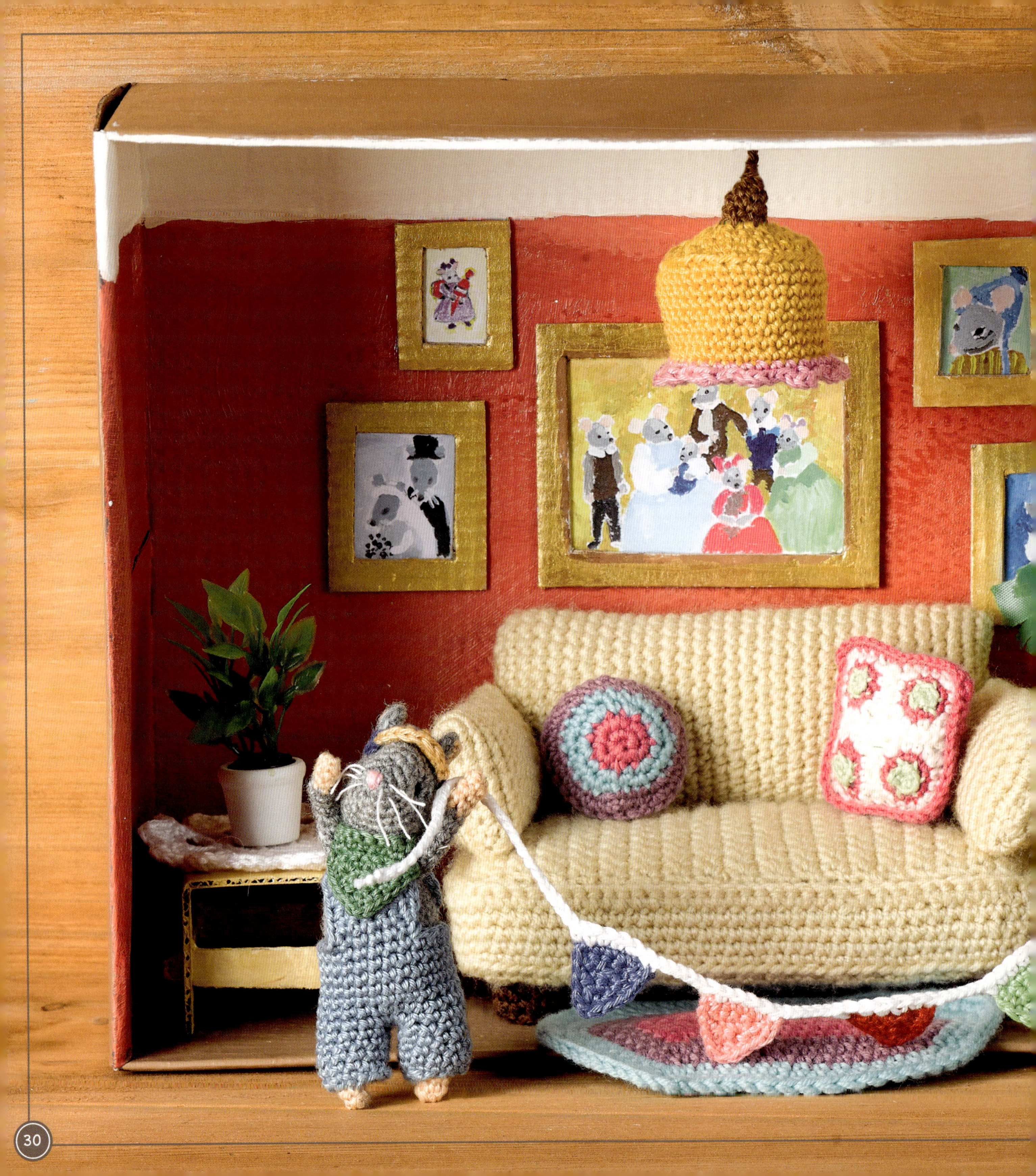

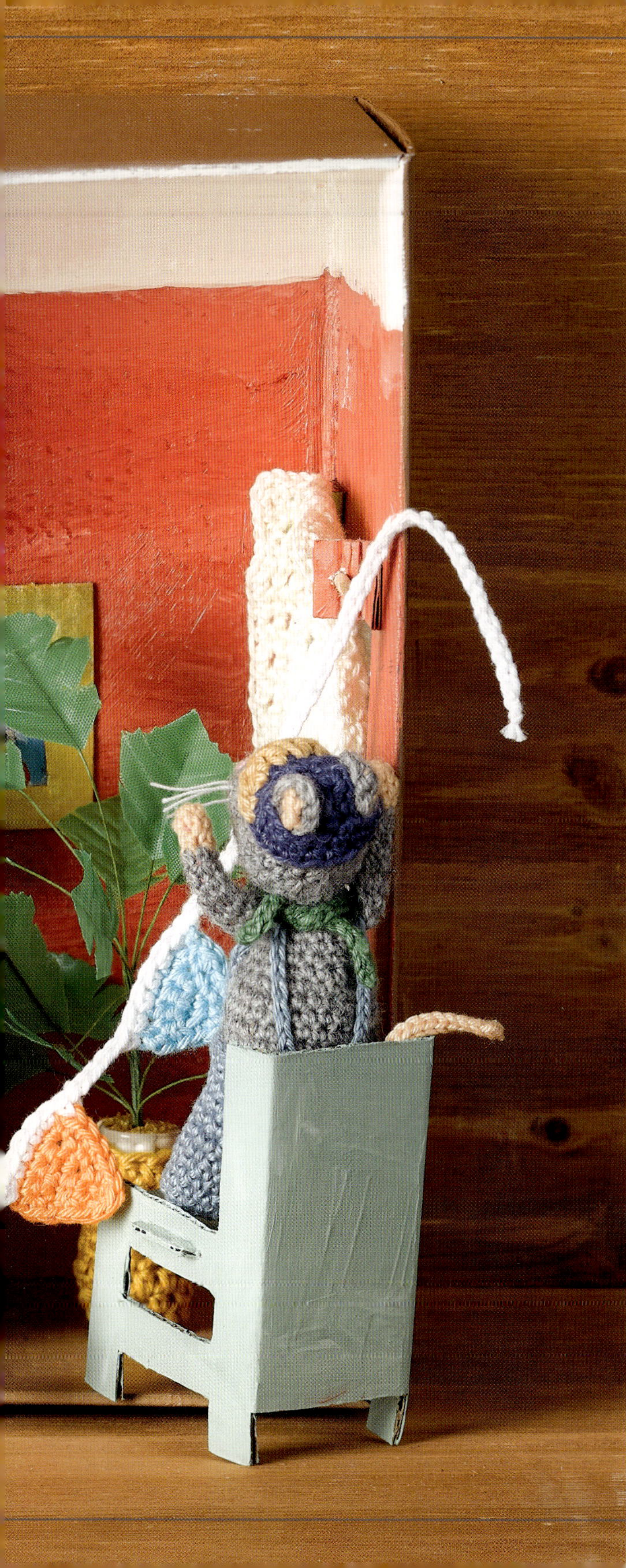

# Der Geburtstag

Schon ganz früh am Morgen sind Fanny, Fritz und Fridolin aufgestanden. Auf Zehenspitzen schleichen sie ins Wohnzimmer, um es geburtstagsfein zu machen. Mama Maus hat ihnen schon gestern Abend die Geburtstags-Wimpelkette gegeben. Die Kuchen stehen versteckt in der Vorratskammer und die Geschenke sind verpackt. Jetzt müssen die Mäusekinder nur noch einen Blumenstrauß pflücken. „Das mache ich“, sagt Fanny und huscht leise in den Garten.

Fritz und Fridolin hängen währenddessen die Wimpelkette auf. „Mhhh..., irgendwie reicht das noch nicht.“ Fridolin blickt auf Geschenke und Wimpelkette. „Wir brauchen unbedingt Konfetti!!!“

Schnell schleicht Fridolin zu seinen Eltern ins Schlafzimmer. „Konfeeettttiii!!!“ Fridolin springt in das Bett seiner Eltern. „Oh nein, es ist doch viel zu früh“, sagt Mama Maus nach einem Blick auf den Wecker. Aber nach ein paar Küsschen und etwas Gekuschel kommt sie mit.

„Sieht das aber schön aus!“ Eifrig verteilen Fritz und Fridolin das Konfetti. Jetzt ist das Zimmer fertig, die drei Mäusekinder sind zufrieden. Mittlerweile ist auch Papa Maus da. Er trägt Flora auf dem Arm.

In diesem Augenblick kommen Oma und Opa Maus zur Tür herein. „Hoch soll sie leben, hoch soll sie leben...“ Laut singen die Mäuse das Geburtstagslied. Oma Maus strahlt. „Vielen, vielen Dank!“ Sie drückt ihre Mäuse-Familie ganz fest an sich. „Jetzt musst du aber die Kerzen auspusten“, sagt Fanny. „Und die Geschenke auspacken!“, rufen Fritz und Fridolin, der glücklich hinzufügt: „Geburtstag sollte jeden Tag sein!“

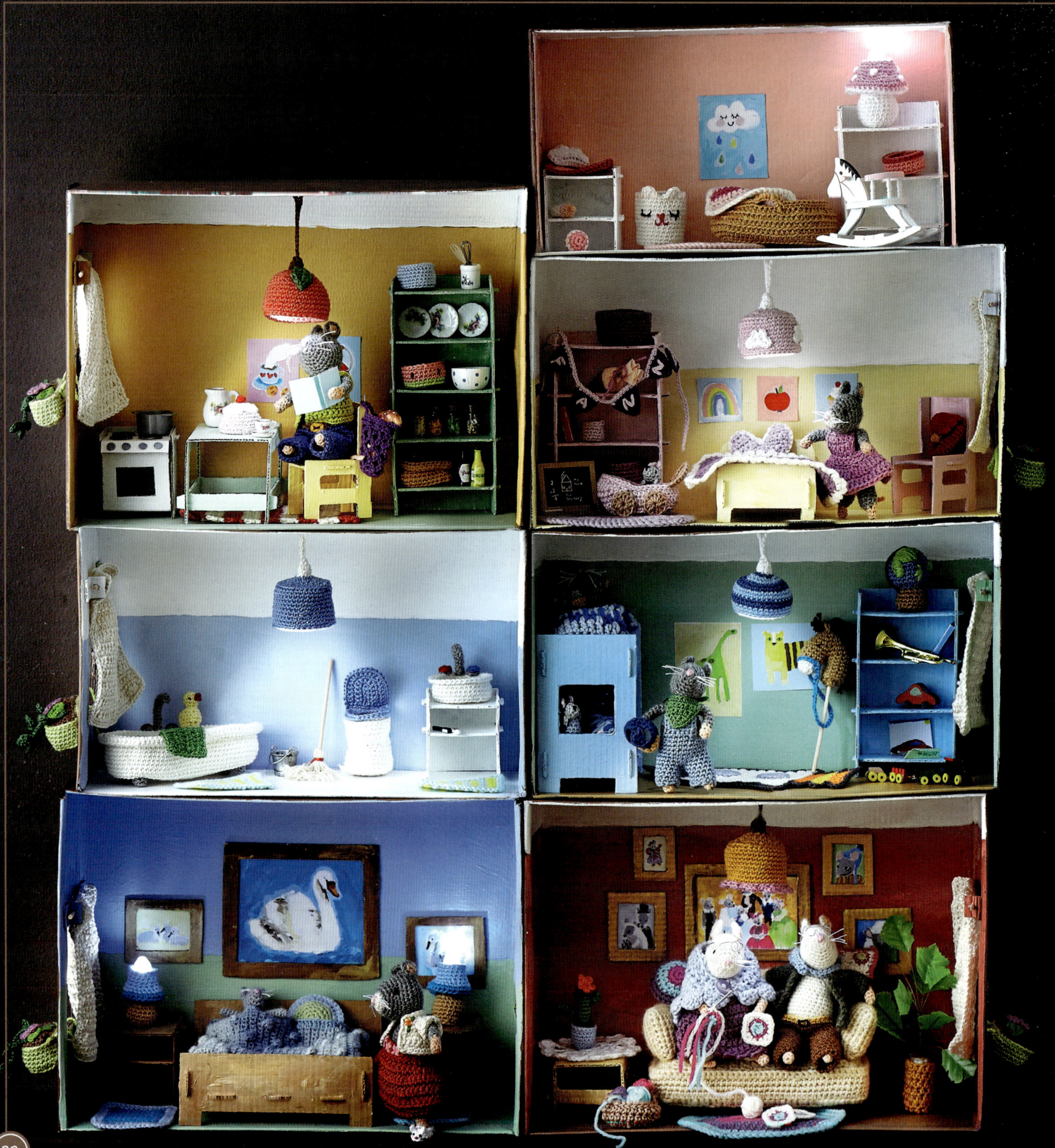

# Gute Nacht, Familie Maus!

Es ist Abend geworden. Nach dem Abendessen bekommen alle Mäusekinder von Opa Maus noch eine Gute-Nacht-Geschichte vorgelesen. Danach werden die Zähne geputzt und alle Mäusekinder sollen ins Bett gehen. Fanny freut sich schon darauf, schön eingemummelt im Bett ihr neues Buch zu lesen. Fritz und Fridolin haben allerdings gar keine Lust, schon ins Bett zu gehen. Erst als ihnen Opa noch eine Extra-Dino-Gute-Nacht-Geschichte vorgelesen hat, gehen sie schlafen.

Mama Maus und Flora kuscheln sich ins Elternbett. Mama Maus summt Flora noch ein Gute-Nacht-Lied vor. Eigentlich will sie noch ein wenig mit Papa Maus über den Tag plaudern, aber da ist sie schon eingeschlafen.

Oma und Opa Maus haben es sich auf dem Sofa gemütlich gemacht. Oma Maus häkelt, während Opa Maus Pläne schmiedet, wie er zusammen mit Papa Maus den Mäusekindern ein Baumhaus bauen kann.

Und Papa Maus? Der sitzt noch ein Weilchen mit einer Tasse Tee und einem spannenden Buch in der Küche und genießt die Ruhe. Danach schleicht er sich auf Zehenspitzen zu Mama Maus und Flora und macht es sich neben den beiden gemütlich.

Gute Nacht, liebe Familie Maus. Träumt schön, ihr Mäuse!

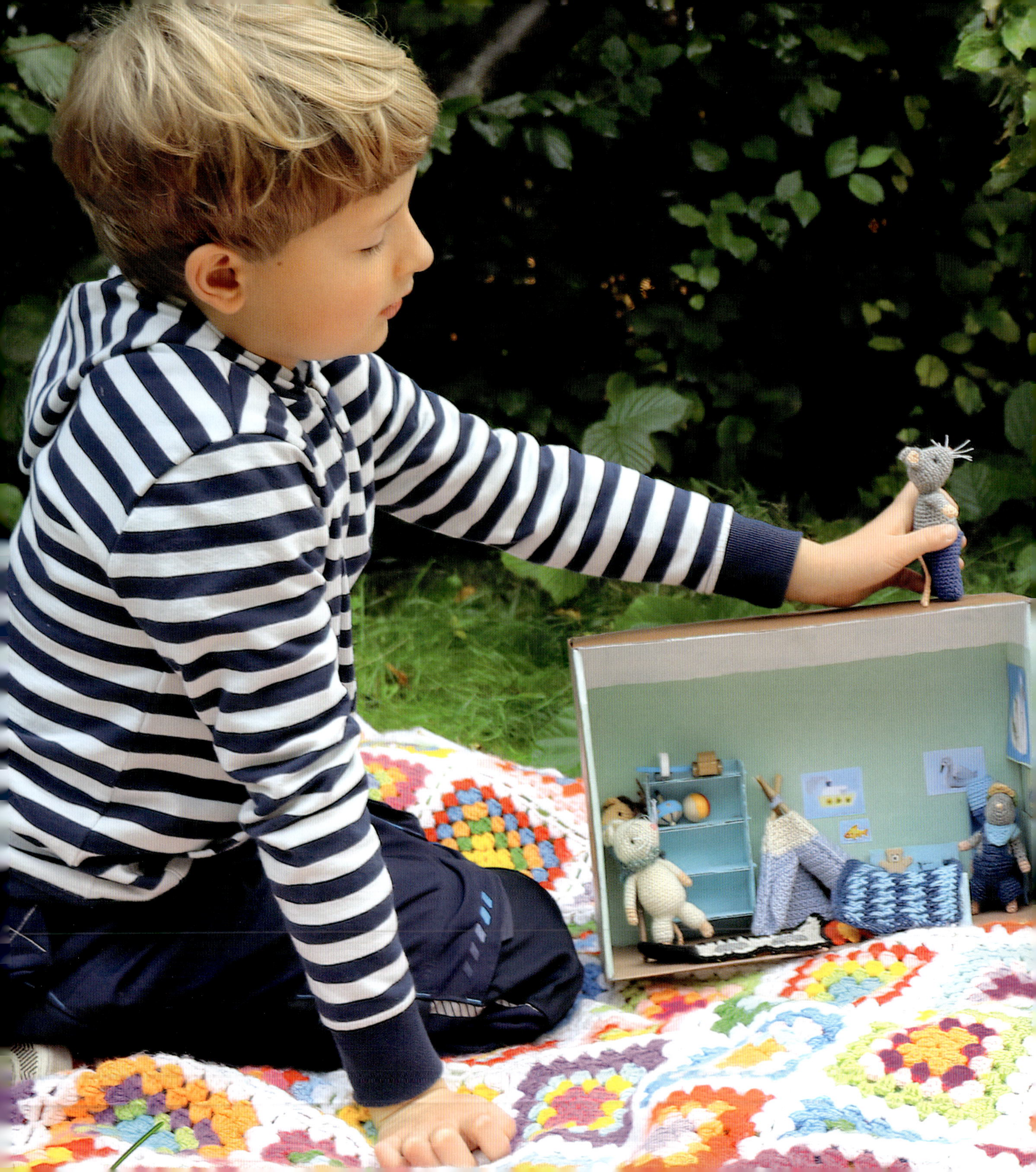

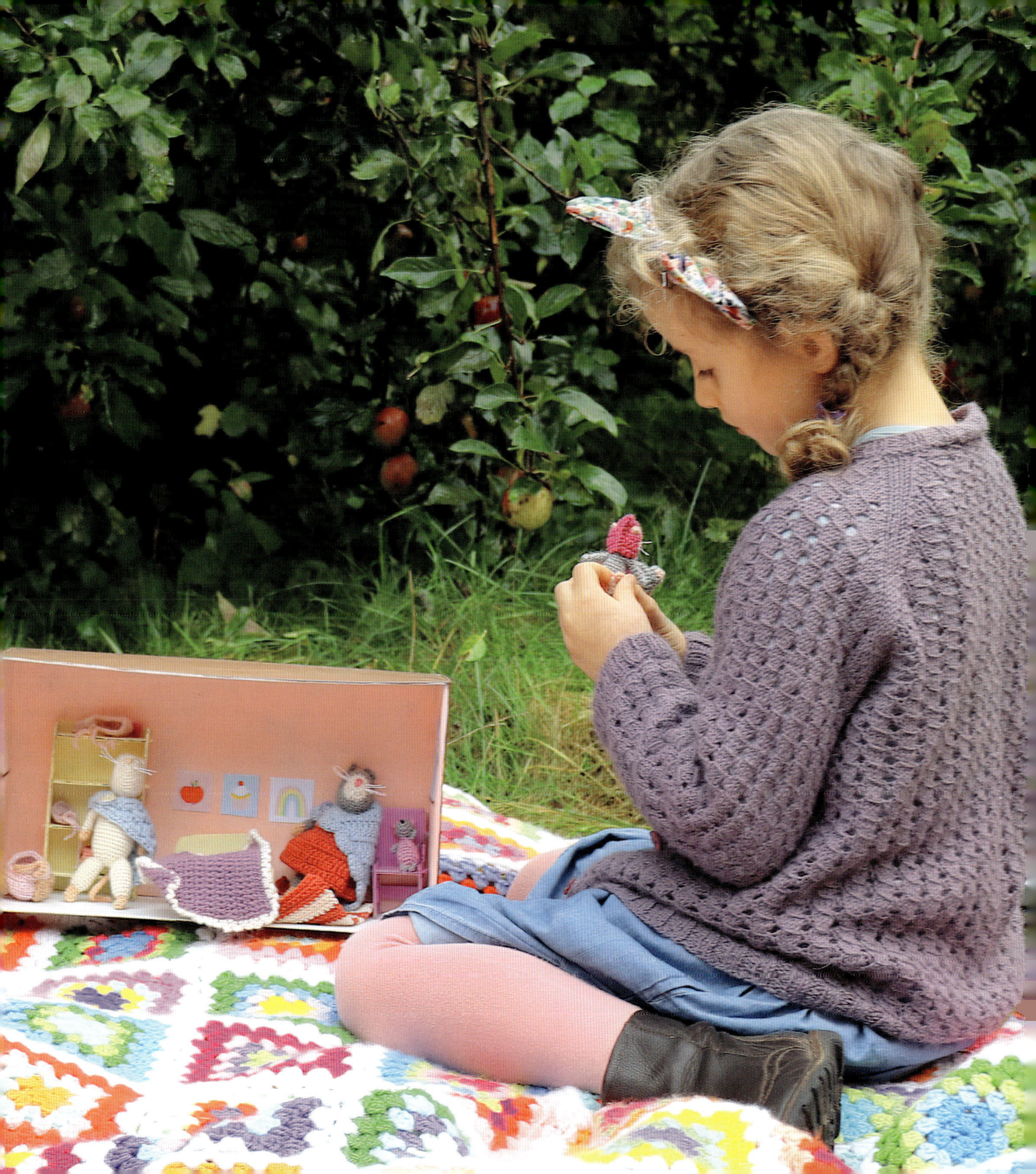

# SO WIRD'S GEMACHT

# GRUNDFORMEN MÄUSE

**SCHWIERIGKEITSGRAD 2**

**GRÖSSE**

Erwachsene Maus 13 cm
Mäusekind 10 cm
Mäusebaby 7,5 cm

**MATERIAL**

- Schachenmayr Regia 4-fädig (LL 210 m/50 g) in Flanell meliert (Fb 33) oder Natur (Fb 1992), je 50 g
- Schachenmayr Catania Fine (LL 165 m/50 g) in Aprikose (Fb 369) und Schwarz (Fb 1001), Reste
- Schachenmayr Catania (LL 125 m/50 g) in Orchidee (Fb 222), Rest
- Häkelnadel 2,0 mm
- Nähgarn in Weiß
- Füllwatte, ca. 7 g
- Chenilledraht

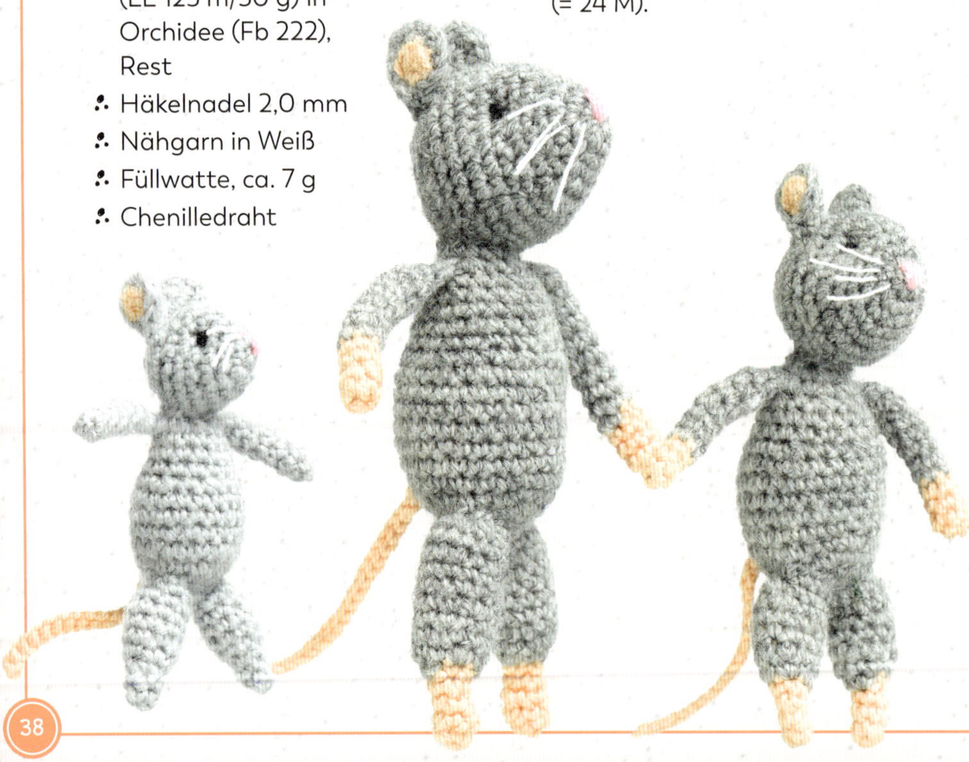

## ERWACHSENE MAUS

### Kopf

In Flanell meliert oder Natur einen Magic-Ring anfertigen und in Spiralrd weiterhäkeln.

1. Rd: 6 fM in den Ring häkeln (= 6 M).
2. Rd: Jede fM verdoppeln (= 12 M).
3. Rd: 12 fM häkeln.
4. Rd: Jede 2. fM verdoppeln (= 18 M).
5. Rd: 18 fM häkeln.
6. Rd: Jede 3. fM verdoppeln (= 24 M).
7. Rd: 24 fM häkeln.
8. Rd: Jede 4. fM verdoppeln (= 30 M).
9.-11. Rd: Jeweils 30 fM häkeln.
12. Rd: Jede 4. und 5. fM zusammen abmaschen (= 24 M).
13. Rd: 24 fM häkeln.
14. Rd: Jede 3. und 4. fM zusammen abmaschen (= 18 M).
15. Rd: Jede 2. und 3. fM zusammen abmaschen (= 12 M).

Den Kopf fest mit Füllwatte ausstopfen.

16. Rd: Immer 2 fM zusammen abmaschen (= 6 M).

Das Garn mit 25 cm Länge abschneiden, in eine Nd fädeln und damit alle 6 vorderen M-Glieder zusammenziehen und vernähen. Das Garn nicht abschneiden, sondern damit die Augen – nicht genau gegenüberliegend – mit 10 M Abstand markieren und zwischen der 7. und 8. Rd zusammenziehen. Fäden vernähen und abschneiden.

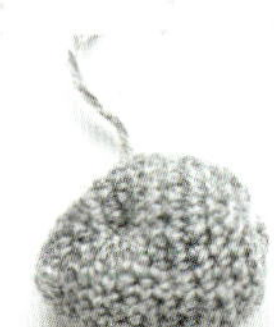

### Körper

In Flanell meliert oder Natur einen Magic-Ring anfertigen und in Spiralrd weiterhäkeln.

1. Rd: 6 fM in den Ring häkeln (= 6 M).
2. Rd: Jede fM verdoppeln (= 12 M).
3. Rd: Jede 2. fM verdoppeln (= 18 M).
4. Rd: Jede 3. fM verdoppeln (= 24 M).
5. Rd: Jede 4. fM verdoppeln (= 30 M).
6.-12. Rd: Jeweils 30 fM häkeln.
13. Rd: Jede 4. und 5. fM zusammen abmaschen (= 24 M).
14.-16. Rd: Jeweils 24 fM häkeln.
17. Rd: Jede 3. und 4. fM zusammen abmaschen (= 18 M).
18. Rd: 18 fM häkeln.
19. Rd: Jede 2. und 3. fM zusammen abmaschen (= 12 M).
20. Rd: 12 fM häkeln.
Das Garn mit 20 cm Länge abschneiden. Den Körper fest mit Füllwatte ausstopfen. Mit dem Garnende den Kopf leicht schräg annähen.

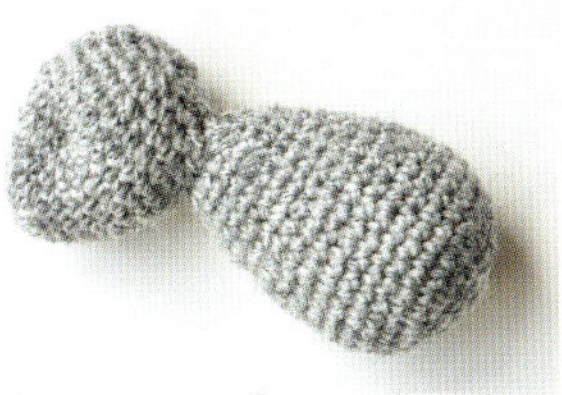

## Bein (2x)

In Aprikose einen Magic-Ring anfertigen und in Spiralrd weiterhäkeln.
1. Rd: 6 fM in den Ring häkeln (= 6 M).
2.-5. Rd: Jeweils 6 fM häkeln.
6. Rd (Flanell meliert/Natur): Jede fM verdoppeln (= 12 M).
7.-13. Rd: Jeweils 12 fM häkeln.
14. Rd: 2x 2 fM zusammen abmaschen, 3 fM, 2 fM verdoppeln, 3 fM (= 12 M).
Mit 1 Km schließen. Das Garn mit 20 cm Länge abschneiden. Das Bein fest mit Füllwatte ausstopfen und mit der Zunahme nach innen zeigend unten am Körper festnähen.
Das 2. Bein ebenso häkeln und annähen.

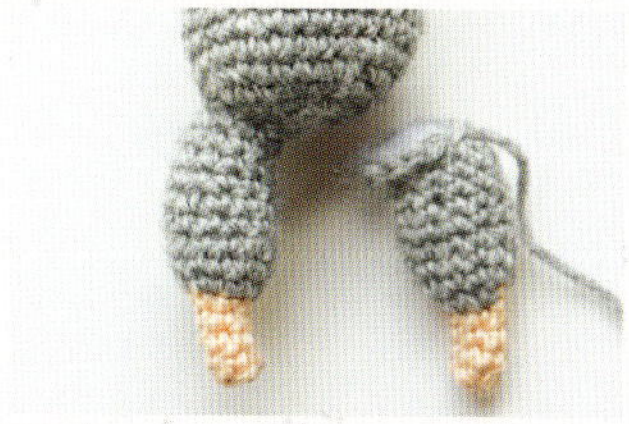

## Arm (2x)

In Aprikose einen Magic-Ring anfertigen und in Spiralrd weiterhäkeln.
1. Rd: 6 fM in den Ring häkeln (= 6 M).
2.-4. Rd: Jeweils 6 fM häkeln.
5. Rd (Flanell meliert/Natur): 1 fM verdoppeln, 5 fM (= 7 M).
6.-14. Rd: Jeweils 7 fM häkeln (= 7 M).
Ein ca. 7 cm langes Stück Chenilledraht in der Mitte knicken, verdrehen und in den Arm stecken. Die Öffnung zusammendrücken und mit 3 fM zusammenhäkeln. Das Garn mit 20 cm Länge abschneiden und den Arm auf Höhe der 19. Rd am Körper festnähen.
Den 2. Arm ebenso häkeln und annähen.

## Ohr (2x)

Für das Innenohr in Aprikose einen Magic-Ring anfertigen und 8 fM in den Ring häkeln (= 8 M). Mit 1 Km schließen, das Garn abschneiden und vernähen.
Für das Außenohr in Flanell meliert oder Natur einen Magic-Ring anfertigen und 8 fM in den Ring häkeln (= 8 M). Mit 1 Km schließen.
Das Garn nicht abschneiden, sondern das Innenohr gegengleich auf das Außenohr legen und beide Teile zusammenhäkeln, dabei aber nur in die vorderen M-Glieder des Innenohrs stechen und jede fM verdoppeln (= 16 M). Mit 1 Km schließen. Das Garn mit 20 cm Länge abschneiden. Das Ohr unten leicht zusammendrücken, mit ein paar Stichen zusammennähen und am Kopf auf Höhe der 11. Rd festnähen.
Das 2. Ohr ebenso häkeln und annähen.

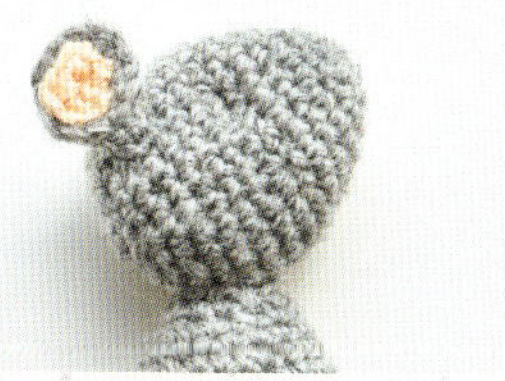

## Fertigstellen

Für den Schwanz in Aprikose am Hinterteil auf Höhe der 6. Rd des Körpers anschlingen und 26 Lm anschl, ab der 2. M von Nd aus 25 Km zurückhäkeln. Das Garn abschneiden und vernähen. In Schwarz in die Markierungen am Kopf Augen, in Orchidee eine Nase aufsticken und mit dem weißen Nähgarn ein paar Barthaare einziehen.

# MÄUSEKIND

## Kopf

In Flanell meliert oder Natur einen Magic-Ring anfertigen und in Spiralrd weiterhäkeln.

1. Rd: 6 fM in den Ring häkeln (= 6 M).
2. Rd: Jede fM verdoppeln (= 12 M).
3. Rd: 12 fM häkeln.
4. Rd: Jede 2. fM verdoppeln (= 18 M).
5. Rd: 18 fM häkeln.
6. Rd: Jede 3. fM verdoppeln (= 24 M).

7.-9. Rd: Jeweils 24 fM häkeln.

10. Rd: Jede 3. und 4. fM zusammen abmaschen (= 18 M).
11. Rd: 18 fM häkeln.
12. Rd: Jede 2. und 3. fM zusammen abmaschen (= 12 M).

Den Kopf fest mit Füllwatte ausstopfen.

13. Rd: Immer 2 fM zusammen abmaschen (= 6 M).

Das Garn mit 25 cm Länge abschneiden, in eine Nd fädeln und damit alle 6 vorderen M-Glieder zusammenziehen und vernähen. Das Garn nicht abschneiden, sondern damit die Augen

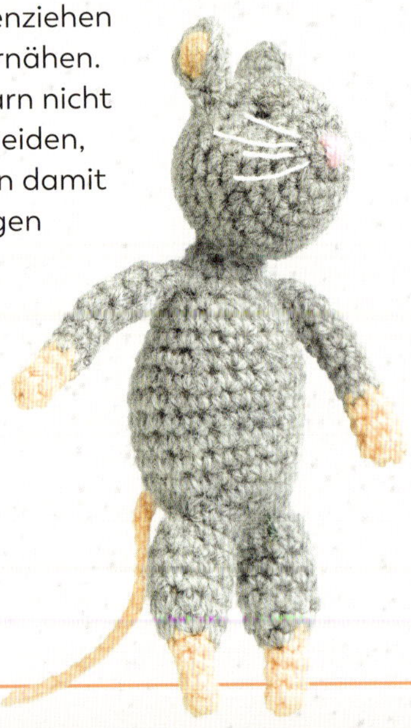

auf Höhe der 6. Rd markieren, zusammenziehen, das Garn abschneiden und vernähen.

## Körper

In Flanell meliert einen Magic-Ring anfertigen und in Spiralrd weiterhäkeln.

1. Rd: 6 fM in den Ring häkeln (= 6 M).
2. Rd: Jede fM verdoppeln (= 12 M).
3. Rd: Jede 2. fM verdoppeln (= 18 M).
4. Rd: Jede 3. fM verdoppeln (= 24 M).

5.-10 Rd: Jeweils 24 fM häkeln.

11. Rd: Jede 3. und 4. fM zusammen abmaschen (= 18 M).

12.+13. Rd: Jeweils 18 fM häkeln.

14. Rd: Jede 2. und 3. fM zusammen abmaschen (= 12 M).
15. Rd: 12 fM häkeln.

Den Körper fest mit Füllwatte ausstopfen.

16. Rd: Immer 2 fM zusammen abmaschen (= 6 M).

Mit 1 Km schließen. Das Garn mit 20 cm Länge abschneiden und den Kopf leicht schräg auf dem Körper festnähen.

## Bein (2x)

In Aprikose einen Magic-Ring anfertigen und in Spiralrd weiterhäkeln.

1. Rd: 5 fM in den Ring häkeln (= 5 M).

2.-4. Rd: Jeweils 5 fM häkeln.

5. Rd (Flanell meliert): Jede fM verdoppeln (= 10 M).

6.-10. Rd: Jeweils 10 fM häkeln.

11. Rd: 2x 2 fM zusammen abmaschen, 2 fM, 2 fM verdoppeln, 2 fM (= 10 M).

Mit 1 Km schließen. Das Garn mit 20 cm Länge abschneiden. Das Bein fest mit Füllwatte ausstopfen. Mit den Zunahmen nach innen zeigend unten am Körper festnähen.
Das 2. Bein ebenso häkeln und annähen.

## Arm (2x)

In Aprikose einen Magic-Ring anfertigen und in Spiralrd weiterhäkeln.

1. Rd: 5 fM in den Ring häkeln (= 5 M).

2.+3. Rd: Jeweils 5 fM häkeln.

4. Rd (Flanell meliert): 1 fM verdoppeln, 4 fM (= 6 M).

5.-11. Rd: Jeweils 6 fM häkeln.

Ein ca. 5 cm langes Stück Chenilledraht in der Mitte knicken, leicht verdrehen und in den Arm stecken. Die Öffnung zusammendrücken und mit 2 fM zusammenhäkeln. Das Garn abschneiden und den Arm auf Höhe der 15. Rd am Körper festnähen.
Den 2. Arm ebenso häkeln und annähen.

## Ohr (2x)

Die Ohren wie die Ohren der erwachsenen Maus häkeln, allerdings nur 6 fM in den Magic-Ring für Innen- und Außenohr häkeln und beide Teile mit 12 fM zusammenhäkeln.

## Fertigstellen

Die Augen wie bei der erwachsenen Maus markieren, zwischen der 5. und 6. Rd mit ca. 7 M Abstand. Für den Schwanz in Aprikose auf Höhe der 4. Rd des Korpers 21 Lm

anschl. Ab der 2. M von Nd aus 20 Km zurückhäkeln. Das Garn abschneiden und vernähen.
In Schwarz die Augen, in Orchidee die Nase aufsticken und mit dem weißen Nähgarn ein paar Barthaare einziehen.

# MÄUSEBABY

## Kopf

In Hellgrau einen Magic-Ring anfertigen und in Spiralrd weiterhäkeln.
**1. Rd:** 6 fM in den Ring häkeln (= 6 M).
**2. Rd:** Jede fM verdoppeln (= 12 M).
**3. Rd:** 12 fM häkeln.
**4. Rd:** Jede 2. fM verdoppeln (= 18 M).
**5.+6. Rd:** Jeweils 18 fM häkeln.
**7. Rd:** Jede 2. und 3. fM zusammen abmaschen (= 12 M).
**8. Rd:** 12 fM häkeln.
Den Kopf fest mit Füllwatte ausstopfen.
**9. Rd:** Immer 2 fM zusammen abmaschen (= 6 M).
Das Garn mit 25 cm Länge abschneiden, in eine Nd fädeln und damit alle 6 vorderen M-Glieder zusammenziehen und vernähen.

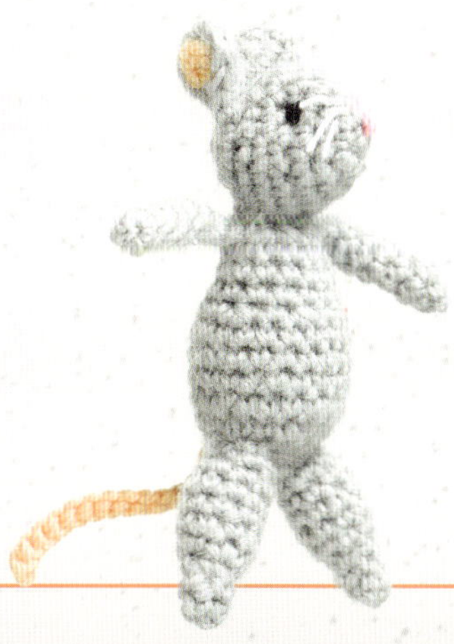

## Körper

In Hellgrau einen Magic-Ring anfertigen und in Spiralrd weiterhäkeln.
**1. Rd:** 6 fM in den Ring häkeln (= 6 M).
**2. Rd:** Jede fM verdoppeln (= 12 M).
**3. Rd:** Jede 2. fM verdoppeln (= 18 M).
**4.-8. Rd:** Jeweils 18 fM häkeln.
**9. Rd:** Jede 2. und 3. fM zusammen abmaschen (= 12 M).
**10.-12. Rd:** Jeweils 12 fM häkeln.
Den Körper fest mit Füllwatte ausstopfen.
**13. Rd:** Immer 2 fM zusammen abmaschen (= 6 M).
Mit 1 Km schließen. Das Garn mit 20 cm Länge abschneiden und den Kopf leicht schräg am Körper festnähen.

## Bein (2x)

In Hellgrau einen Magic-Ring anfertigen und in Spiralrd weiterhäkeln.
**1. Rd:** 4 fM in den Ring häkeln (= 4 M).
**2.+3. Rd:** Jeweils 4 fM häkeln.
**4. Rd:** Jede fM verdoppeln (= 8 M).
**5.-8. Rd:** Jeweils 8 fM häkeln.
**9. Rd:** 2 fM zusammen abmaschen, 2 fM, 2 fM verdoppeln, 2 fM (= 9 M).
Mit 1 Km schließen. Das Garn mit 20 cm Länge abschneiden. Das Bein fest mit Füllwatte ausstopfen. Mit den Zunahmen nach innen zeigend unten am Körper festnähen.
Das 2. Bein ebenso häkeln und annähen.

## Arm (2x)

In Hellgrau einen Magic-Ring anfertigen und in Spiralrd weiterhäkeln.
**1. Rd:** 5 fM in den Ring häkeln (= 5 M).
**2.-7. Rd:** Jeweils 5 fM häkeln.
Die Öffnung zusammendrücken und mit 2 fM zusammenhäkeln. Das Garn mit 20 cm Länge abschneiden und den Arm auf Höhe der 12. Rd am Körper festnähen.
Den 2. Arm ebenso häkeln und annähen.

## Ohr (2x)

Die Ohren wie die Ohren der erwachsenen Maus in Aprikose und Hellgrau häkeln, allerdings nur 5 fM in den Magic-Ring für Innen- und Außenohr häkeln und beide Teile mit 10 fM zusammenhäkeln.

## Fertigstellen

Die Augen wie bei der erwachsenen Maus markieren, zwischen der 4. und 5. Rd mit ca. 5 M Abstand.
Für den Schwanz in Aprikose auf Höhe der 3. Rd des Körpers 16 Lm anschl. Ab der 2. M von der Nd aus 15 Km zurückhäkeln. Das Garn abschneiden und vernähen.
In Schwarz die Augen, in Orchidee die Nase aufsticken und mit dem weißen Nähgarn ein paar Barthaare einziehen.

# MÄUSEFAMILIE

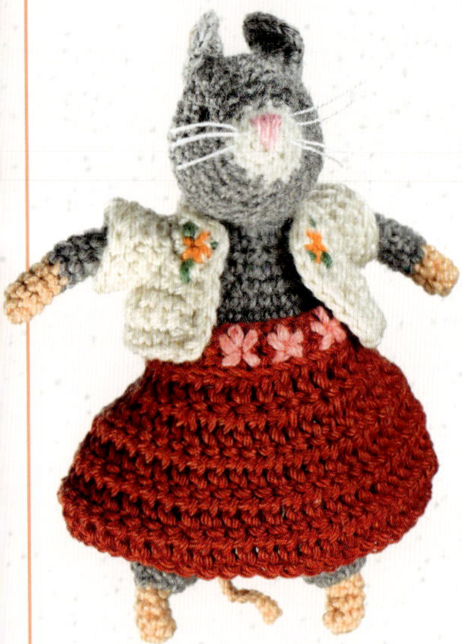

## MAMA

**SCHWIERIGKEITSGRAD 2**

**GRÖSSE**

Maus 13 cm
Bluse 2,5 cm
Rock 5 cm

**MATERIAL**

- Häkelnadel 2,0 mm

**MAUS**

- Schachenmayr Regia 4-fädig (LL 210 m/50 g) in Flanell meliert (Fb 33), 50 g, in Natur (Fb 1992), Rest
- Schachenmayr Catania Fine (LL 165 m/50 g) in Aprikose (Fb 369) und Schwarz (Fb 1001), Reste
- Schachenmayr Catania (LL 125 m/ 50 g) in Orchidee (Fb 222), Rest
- Füllwatte, ca. 7 g
- Chenilledraht
- Nähgarn in Weiß

**BLUSE**

- Schachenmayr Catania (LL 125 m/ 50 g) in Natur (Fb 105) und Orange (Fb 281), Reste
- Schachenmayr Catania Fine (LL 165 m/50 g) in Moos (Fb 371), Rest

**ROCK**

- Schachenmayr Catania (LL 125 m/ 50 g) in Weinrot (Fb 192), 50 g und in Pink (Fb 225), Rest
- Knopf in Rot, ø 9 mm

### Maus

Mama nach der Grundanleitung Erwachsene Maus (siehe Seite 38) häkeln. Dabei am Kopf für die Schnauze die 1.-3. Rd in Natur arb und den restlichen Körper sowie Arme und Beine in Flanell meliert und Aprikose häkeln.

### Bluse

In Natur 17 Lm anschl, weiter in R häkeln. Am Ende jeder R 1 Wende-Lm arb, dann die Arbeit wenden. Nach der letzten R keine Wende-Lm mehr arb.

1. R: Ab der 2. M von der Nd aus 16 fM häkeln (= 16 M).

2. R: 1 fM verdoppeln, 1 fM, 6 Lm, 3 M überspringen, 6 fM, 6 Lm, 3 M überspringen, 1 fM, 1 fM verdoppeln (= 24 M).

3.+4. R: Jeweils 24 fM häkeln.

Mit 1 Steige Lm beginnend die Bluse mit fM umhäkeln, dabei an den Ecken 3 fM in 1 M arb. Mit 1 Km schließen, das Garn abschneiden und vernähen.
Für die Ärmel an der Armöffnung jeweils mit 1 Lm anschlingen und weiter in Spiralrd arb.

1.-3. Rd: Jeweils 12 fM häkeln.

4. Rd: 12 Km häkeln.

Das Garn abschneiden und vernähen. In Orange an den Kragenrändern eine Blüte und in Moos um die Blüten herum 3 kleine Blätter aufsticken.

### Rock

In Weinrot 31 Lm anschl, zunächst in R häkeln und am Ende jeder R die angegebenen Wende-Lm arb.

1. R: Ab der 2. M von der Nd aus 30 fM häkeln, 1 Wende-Lm (= 30 M).

2. R: 30 fM häkeln, 3 Wende-Lm (= 30 M).

3. R: Nur in die vorderen M-Glieder 30 Stb häkeln, mit 1 Km zur Rd schließen (= 30 M).

Weiter in geschlossenen Rd häkeln, dabei immer mit 1 Km die Rd schließen.

1. Rd: 3 Lm (= 1 Stb), dann Stb häkeln, dabei jede 2. M verdoppeln (= 45 M).

2.+3. Rd: 3 Lm (= 1 Stb), 44 Stb häkeln (= 45 M).

Mit 1 Km die Rd schließen, das Garn abschneiden und vernähen. Auf der

Rückseite des Rockes ein Knopfloch aus 7 Lm häkeln und festnähen. Auf der gegenüberliegenden Seite den Knopf annähen. In Pink vorne 3 Blüten auf das Bündchen sticken.

# PAPA

**SCHWIERIGKEITSGRAD 2**

**GRÖSSE**

Maus 13 cm
Hemd 3,5 cm
Hose 4,5 cm

**MATERIAL**

- Häkelnadel 2,0 mm

**MAUS**

- Schachenmayr Regia 4-fädig (LL 210 m/50 g) in Flanell meliert (Fb 33), 50 g
- Schachenmayr Catania Fine (LL 165 m/50 g) in Aprikose (Fb 369) und Schwarz (Fb 1001), Reste
- Schachenmayr Catania (LL 125 m/50 g) in Orchidee (Fb 222), Rest
- Füllwatte, ca. 7 g
- Nähgarn in Weiß
- Chenilledraht

**HEMD**

- Schachenmayr Catania (LL 125 m/50 g) in Anis (Fb 245), 50 g
- Knopf in Grün, ø 9 mm

**HOSE**

- Schachenmayr Catania (LL 125 m/50 g) in Monaco (Fb 420), 50 g, in Marone (Fb 157) und Gold (Fb 249), Reste

## Maus

Papa nach der Grundanleitung Erwachsene Maus (siehe Seite 38) in Flanell meliert und Aprikose häkeln.

## Hemd

In Anis 19 Lm anschl, weiter in R häkeln. Am Ende jeder R 1 Wende-Lm arb, dann die Arbeit wenden. Nach der letzten R keine Wende-Lm mehr arb.
1. R: Ab der 2. M von der Nd aus 18 fM häkeln (= 18 M).
2. R: 1 fM verdoppeln, 2 fM, 6 Lm, 3 M überspringen, 6 fM, 6 Lm, 3 M überspringen, 2 fM, 1 fM verdoppeln (= 26 M).
3.-6. R: Jeweils 26 fM häkeln.
7. R: 1 fM verdoppeln, 24 fM, 1 fM verdoppeln (= 28 M).
8. R: 28 fM häkeln.
Mit 1 Lm beginnend das Hemd mit fM umhäkeln, dabei an den Ecken 3 fM in 1 M arb. Das Garn abschneiden und vernähen.
Für die Ärmel an der Armöffnung jeweils mit 1 Lm anschlingen und weiter in Spiralrd arb.
1.-3. Rd: Jeweils 12 fM häkeln (= 12 M).
4. Rd: 12 Km häkeln.
Das Garn abschneiden und vernähen. Auf Höhe der 3. und 4. R aus 7 Lm ein Knopfloch häkeln und festnähen, auf der gegenüberliegenden Seite den Knopf annähen.

## Hose

Für das 1. Hosenbein in Monaco 15 Lm anschl und mit 1 Km zum Ring schließen. Weiter in Spiralrd häkeln.
1.-7. Rd: Jeweils 15 fM häkeln (= 15 M).
Mit 1 Km enden, das Garn abschneiden und vernähen.
Das 2. Hosenbein ebenso häkeln, das Garn jedoch nicht abschneiden, sondern die beiden Hosenbeine wie folgt zusammenhäkeln.
1. Rd: Vom 2. Hosenbein ausgehend 2 Lm anschl. Über die M des 1. Hosenbeins 15 fM häkeln. Jetzt auf den Verbindungs-Lm 2 fM, dann über die M des 2. Hosenbeines 15 fM und auf der anderen Seite auf den Verbindungs-Lm 2 fM häkeln (= 34 M).
2.+3. Rd: Jeweils 34 fM häkeln.
4. Rd: 32 fM, 2 Lm, 2 M überspringen (= Loch für den Mäuseschwanz), 1 fM in die 1. M der nächsten Rd (= 34 M).
5. Rd: 34 fM häkeln.
6. Rd: Die 8. und 9., 17. und 18., 25. und 26. sowie 33. und 34. fM zusammen abmaschen (= 30 M).
7. Rd (Marone): 30 fM häkeln.
8. Rd: 30 Km häkeln.
Das Garn abschneiden und vernähen. In Gold eine Gürtelschnalle auf den Gürtel sticken.

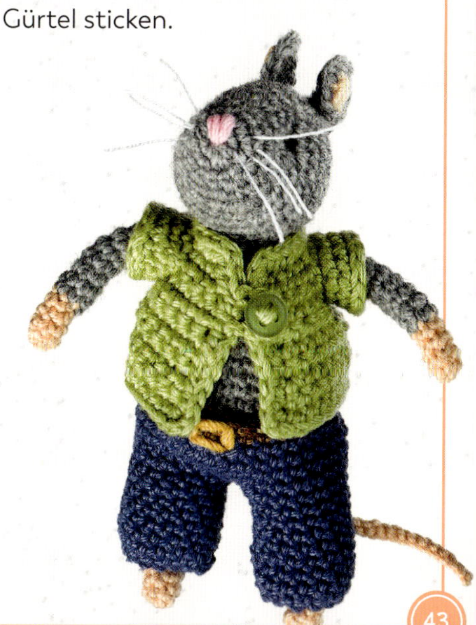

# FANNY

**SCHWIERIGKEITSGRAD 2**

**GRÖSSE**

Maus 10 cm
Kleid 7 cm
Stirnband 0,5 cm
Flügel 5 cm
Regenmantel 8 cm
Gummistiefel 1,5 cm

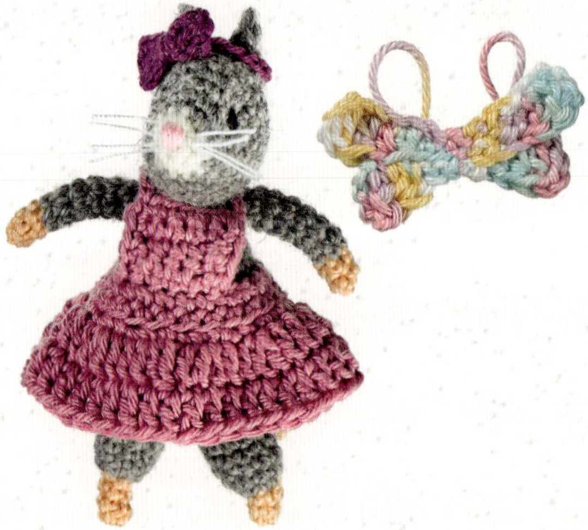

**MATERIAL**

- Häkelnadeln 1,75 mm und 2,0 mm

**MAUS**

- Schachenmayr Regia 4-fädig (LL 210 m/50 g) in Flanell meliert (Fb 33), 50 g, in Natur (Fb 1992), Rest
- Schachenmayr Catania Fine (LL 165 m/50 g) in Aprikose (Fb 369) und Schwarz (Fb 1001), Reste
- Schachenmayr Catania (LL 125 m/ 50 g) in Orchidee (Fb 222), Rest
- Füllwatte, ca. 6 g
- Nähgarn in Weiß
- Chenilledraht

**KLEID**

- Schachenmayr Catania (LL 125 m/ 50 g) in Azalee (Fb 398), 50 g

**STIRNBAND**

- Schachenmayr Catania Fine (LL 165 m/50 g) in Phlox (Fb 366), Rest

**FLÜGEL**

- Schachenmayr Catania Color (LL 125 m/50 g) in Einhorn Color (Fb 231), Rest

**REGENMANTEL**

- Schachenmayr Catania (LL 125 m/ 50 g) in Sonne (Fb 208), 50 g

**GUMMISTIEFEL**

- Schachenmayr Catania (LL 125 m/ 50 g) in Signalrot (Fb 115), Rest

## Maus

Fanny nach der Grundanleitung Mäusekind (siehe Seite 40) mit Häkelnd 2,0 mm häkeln. Dabei am Kopf für die Schnauze die 1. und 2. Rd in Natur arb, den restlichen Körper sowie Arme und Beine in Flanell meliert und Aprikose häkeln.

## Kleid

In Azalee mit Häkelnd 2,0 mm 24 Lm anschl, mit 1 Km zum Ring schließen.
1. Rd: 24 fM häkeln (= 24 M).
2. Rd: Nur in die hinteren M-Glieder häkeln und dabei jede 2. fM verdoppeln (= 36 M).
3. Rd: 3 Lm (= 1 Stb), weiter Stb häkeln, dabei jede 3. M verdoppeln, mit 1 Km die Rd schließen (= 48 M).
4. Rd: 3 Lm (= 1 Stb), 47 Stb häkeln, mit 1 Km schließen (= 48 M).
Das Garn abschneiden und vernähen.
Für den Latz über die mittleren 4 M der 1. R des Kleids in R häkeln. Am Ende jeder R 1 Wende-Lm arb. Nach der letzten R keine Wende-Lm mehr arb.
1.-4. R: Jeweils 4 fM häkeln (= 4 M).
Das Garn abschneiden und vernähen.
Am Rock anschlingen und den Latz mit fM umhäkeln, dabei an den Ecken 3 fM in 1 M arb. Das Garn abschneiden und vernähen.
Für die Träger auf beiden Seiten des Latzes 12 Lm anhäkeln und am Rücken über Kreuz festnähen.

## Stirnband

Für das Band mit Häkelnd 1,75 mm in Phlox 20 Lm anschl und mit 1 Km zum Ring schließen. Das Garn abschneiden und vernähen.
Für die Schleife mit Häkelnd 1,75 mm in Phlox 7 Lm anschl.
1. R: Ab der 3. M von der Nd aus 5 hStb, 2 Wende-Lm häkeln (= 5 M).
2. R: 5 hStb häkeln.
Das Garn abschneiden und vernähen. Ein ca. 30 cm langes Garnstück ein paar Mal um die Mitte der Schleife wickeln, mit wenigen Stichen fixieren, am Band festnähen und das Garn vernähen.

## Flügel (2x)

In Einhorn Color mit Häkelnd 2,0 mm 9 Lm anschl.
1. R: Ab der 4. M von der Nd aus 2 Stb, 2 hStb, 1 fM, 1 Km häkeln (= 6 M).
2. R: Nur in die hinteren M-Glieder 1 Km, 1 fM, 1 hStb, 1 Stb, 3 Lm, 1 Km in gleiche M.
Das Garn abschneiden und vernähen.
Den 2. Flügel wie den 1. Flügel häkeln, allerdings gegengleich. Das Garn mit 20 cm Länge abschneiden und die beiden Flügel an den schmalen Seiten zusammennähen. Für die Träger aus einem ca. 15 cm langen Faden in Natur Schlaufen auf der Rückseite aufnähen.

## Regenmantel

In Sonne mit Häkelnd 2,0 mm 17 Lm anschl, weiter in R häkeln. Am Ende jeder R 1 Wende-Lm arb. Nach der letzten R keine Wende-Lm mehr arb.
1. R: Ab der 2. M von der Nd 16 fM häkeln (= 16 M).
2. R: 1 fM verdoppeln, 1 fM, 5 Lm, 3 M überspringen, 6 fM, 5 Lm, 3 M überspringen, 1 fM, 1 fM verdoppeln (= 22 M).
3. R: 22 fM häkeln.
4. R: 1 fM verdoppeln, 20 fM, 1 fM verdoppeln (= 24 M).
5. R: 24 fM häkeln.
6. R: 1 fM verdoppeln, 22 fM, 1 fM verdoppeln (= 26 M).
7.-12. R: Jeweils 26 fM häkeln.
Das Garn abschneiden und vernähen.

Für die Kapuze über die mittleren 12 M der 1. R des Mantels häkeln. Am Ende jeder R 1 Wende-Lm arb, dann die Arbeit wenden. Nach der letzten R keine Wende-Lm mehr arb.
1. R: 12 fM häkeln (= 12 M).
2. R: 5 fM, 2 fM verdoppeln, 5 fM (= 14 M).
3. R: 14 fM häkeln.
4. R: 2 fM, 5 Lm, 4 M überspringen, 2 fM, 5 Lm, 4 M überspringen, 2 fM (= 16 M).
5.+6. R: Jeweils 16 fM häkeln.
Das Garn nicht abschneiden.
Die Kapuze in der Mitte falten und durch beide M-Glieder mit 8 fM zusammenhäkeln. Das Garn abschneiden und vernähen.
Für die Ärmel an der Armöffnung jeweils mit 1 Lm anschlingen und weiter in Spiralrd arb.
1.-5. Rd: Jeweils 12 fM häkeln (= 12 M).
6. Rd: 12 Km häkeln.
Mit 1 Steige-Lm beginnend den ganzen Mantel mit fM umhäkeln, dabei an den Ecken 3 fM in 1 M arb. Das Garn abschneiden und vernähen.

### TASCHE (2x)

In Sonne mit Häkelnd 2,0 mm 6 Lm anschl, weiter in R häkeln. Am Ende jeder R 1 Wende-Lm arb, dann die Arbeit wenden. Nach der letzten R keine Wende-Lm mehr arb.
1. R: Ab der 2. M von der Nd aus 5 fM häkeln (= 5 M).
2.-4. R: Jeweils 5 fM häkeln.
5. R: 5 Km häkeln.
Das Garn mit 20 cm Länge abschneiden und die Tasche mit jeweils 1 M Abstand von der Seiten- und der Unterkante am Mantel festnähen.
Die 2. Tasche ebenso häkeln und festnähen.

## Gummistiefel (2x)

In Signalrot mit Häkelnd 2,0 mm 5 Lm anschl.
1. Rd: Ab der 2. M von Nd aus 3 fM, 3 fM in 1 M. Weiter die Lm-Kette von unten behäkeln: 3 fM, 3 fM in 1 M (= 12 M).
Weiter in Spiralrd arb.
2. Rd: Nur in die hinteren M-Glieder 12 fM häkeln.
3. Rd: 3 fM, 2x 2 fM zusammen abmaschen, 5 fM (= 10 M).
4. Rd: 3 fM, 3 fM zusammen abmaschen, 4 fM (= 8 M).
5. Rd: 8 fM häkeln.
6. Rd: 8 Km häkeln.
Das Garn abschneiden und vernähen.
Den 2. Stiefel ebenso häkeln.

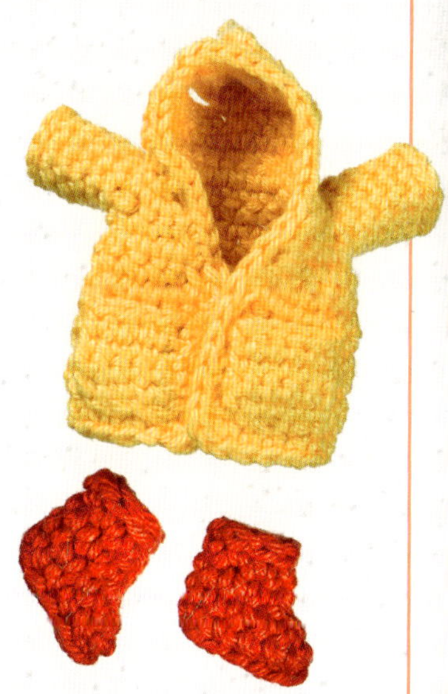

# FRITZ UND FRIDOLIN

**SCHWIERIGKEITSGRAD 2**

**GRÖSSE**

Maus 10 cm
Latzhose 6 cm
Regenmantel 8 cm
Gummistiefel 1,5 cm
Schirmmütze 3,5 cm
Halstuch 2 cm

**MATERIAL**

- Häkelnadeln 1,75 mm und 2,0 mm

**MAUS**

- Schachenmayr Regia 4-fädig (LL 210 m/50 g) in Flanell meliert (Fb 33), 50 g
- Schachenmayr Catania Fine (LL 165 m/50 g) in Aprikose (Fb 369) und Schwarz (Fb 1001), Reste
- Schachenmayr Catania (LL 125 m/50 g) in Orchidee (Fb 222), Rest
- Füllwatte, ca. 6 g
- Nähgarn in Weiß
- Chenilledraht

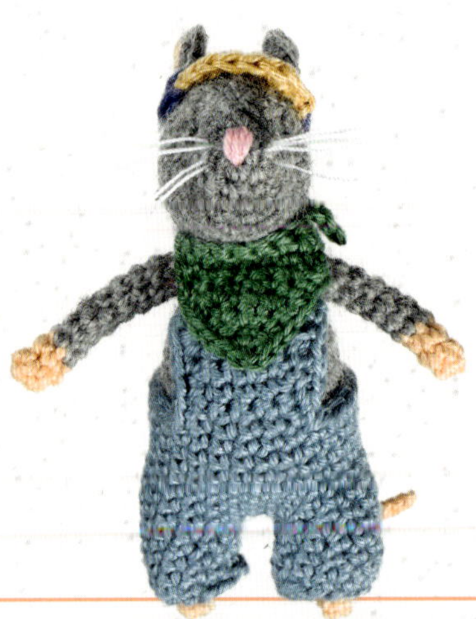

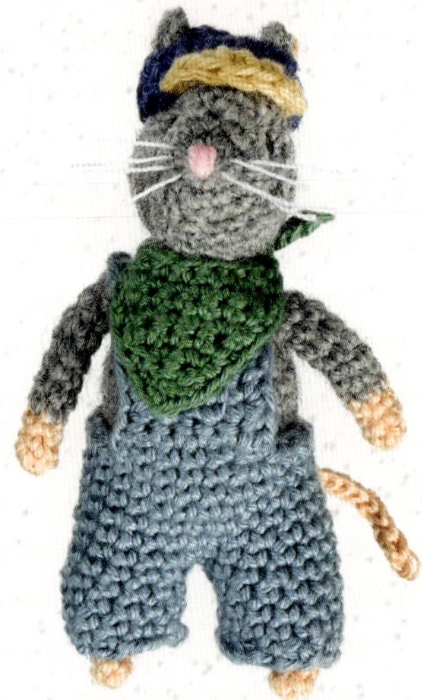

**LATZHOSE**

- Schachenmayr Catania (LL 125 m/50 g) in Denim (Fb 421), 50 g

**SCHIRMMÜTZE**

- Schachenmayr Catania (LL 125 m/50 g) in Regatta (Fb 261) und Camel (Fb 179), Reste

**TUCH**

- Schachenmayr Catania Fine (LL 165 m/50 g) in Moos (Fb 371), Rest

**REGENMANTEL**

- Schachenmayr Catania (LL 125 m/50 g) in Sonne (Fb 208), 50 g

**GUMMISTIEFEL**

- Schachenmayr Catania (LL 125 m/50 g) in Signalrot (Fb 115), Rest

**ACHTUNG!** Fritz und Fridolin sind Zwillinge, deshalb das Mäusekind und die Kleidung jeweils 2x anfertigen.

## Maus

Fritz und Fridolin mit Häkelnd 2,0 mm nach der Grundanleitung Mäusekind (siehe Seite 40) in Flanell meliert und Aprikose häkeln.

## Latzhose

Für das 1. Hosenbein in Denim mit Häkelnd 2,0 mm 12 Lm anschl und mit 1 Km zum Ring schließen (= 12 M).

1.-4. Rd: Jeweils 12 fM häkeln.

Mit 1 Km schließen, das Garn abschneiden und vernähen.

Das 2. Hosenbein ebenso häkeln, das Garn jedoch nicht abschneiden, sondern beide Hosenbeine wie folgt zusammenhäkeln.

1. Rd: Vom 2. Hosenbein ausgehend 1 Lm anschl. Über die M des 1. Hosenbeines 12 fM häkeln. Jetzt auf der Verbindungs-Lm 1 fM, dann über die M des 2. Hosenbeines 12 fM, auf der anderen Seite auf der Verbindungs-Lm 1 fM häkeln (= 26 M).

2.-4. Rd: Jeweils 26 fM häkeln.

5. Rd: 24 fM, 2 Lm, 2 M überspringen (= Loch für den Mäuseschwanz), 1 fM in die 1. M der 6. Rd (= 26 M)

6.+7. Rd: Jeweils 26 fM häkeln (= 26 M).

Mit 1 Km schließen, Garn abschneiden und vernähen.

Für den Latz ab der 10. M der Hose über die mittleren 5 M in R mit Wende-Lm häkeln.

1.-5. R: Jeweils 5 fM häkeln (= 5 M).

Das Garn abschneiden und vernähen.

Mit 1 Steige-Lm beginnend den Latz mit fM umhäkeln, dabei an den Ecken 3 fM in 1 M arb.

Für die Träger an beiden Seiten des Latzes anschlingen, jeweils 12 Lm häkeln und an der gegenüberliegenden Seite festnähen.

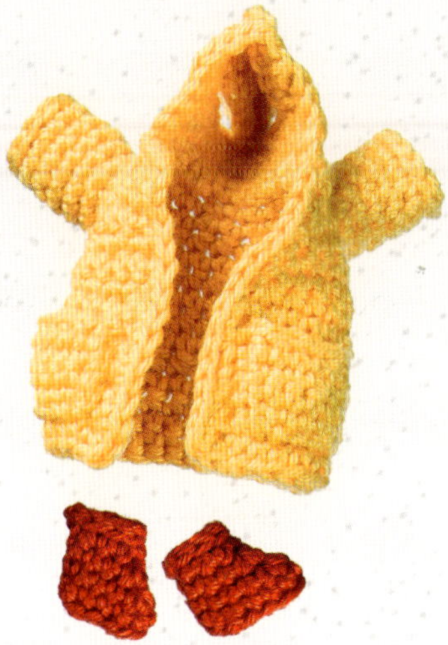

## Regenmantel

Den Regenmantel wie Fannys Regenmantel häkeln (siehe Seite 45).

## Gummistiefel

Die Gummistiefel wie Fannys Gummistiefel häkeln (siehe Seite 45).

## Schirmmütze

In Regatta einen Magic-Ring anfertigen und mit Häkelnd 2,0 mm in Spiralrd weiterhäkeln.

1. Rd: 8 fM in den Ring häkeln (= 8 M).
2. Rd: 1 fM, 7 Lm, 3 M überspringen, 1 fM, 7 Lm, 3 M überspringen, 1 fM in 1. M der Rd (= 16 M).
3. Rd: 16 fM häkeln.

Mit 1 Km schließen.

Das Garn abschneiden und vernähen.

Für den Schirm in Camel über die mittleren 7 M arb: 1 Km, 1 fM, (1 hStb, 1 Stb) in 1 M, 1 Stb, (1 Stb, 1 hStb) in 1 M, 1 fM, 1 Km häkeln. Das Garn abschneiden und vernähen.

## Halstuch

In Moos mit Häkelnd 1,75 mm 2 Lm anschl, weiter in R häkeln. Am Ende jeder R 1 Wende-Lm arb, dann die Arbeit wenden. Nach der letzten R keine Wende-Lm mehr arb.

1. R: In die 2. M von Nd aus 1 fM häkeln (= 1 M).
2. R: 1 fM verdoppeln (= 2 M).
3. R: 2 fM verdoppeln (= 4 M).
4. R: 1 fM verdoppeln, 3 fM (= 5 M).
5. R: 1 fM verdoppeln, 4 fM (= 6 M).
6. R: 1 fM verdoppeln, 5 fM (= 7 M).

Mit 1 Steige-Lm beginnend das Tuch mit fM umhäkeln, dabei an der Spitze 3 fM in 1 M arb. Das Garn abschneiden und vernähen.

Für das Band in Moos 14 Lm anschl, weiter entlang der Oberkante des Tuches 7 fM häkeln, 15 Lm anschl. Wenden und ab der 2. M von der Nd 14 fM, 7 fM über dem Tuch und 14 fM häkeln. Das Garn abschneiden und vernähen.

# FLORA

**SCHWIERIGKEITSGRAD 2**

**GRÖSSE**

Maus 7,5 cm
Kleid 3 cm
Häubchen 2,5 cm
Windel 5 cm
Lätzchen 2 cm

**MATERIAL**

- Häkelnadel 1,75 mm

**MAUS**

- Schachenmayr Regia 4-fädig (LL 210 m/50 g) in Hellgrau (Fb 1968), Rest
- Schachenmayr Catania Fine (LL 165 m/50 g) in Aprikose (Fb 369) und Schwarz (Fb 1001), Reste
- Schachenmayr Catania (LL 125 m/ 50 g) in Orchidee (Fb 222), Rest
- Füllwatte, ca. 5 g
- Nähgarn in Weiß

**KLEID**

- Schachenmayr Catania Fine (LL 165 m/50 g) in Weiß (Fb 1000) und Rosé (Fb 1010), Reste
- Knopf in Rosa, ø 7 mm

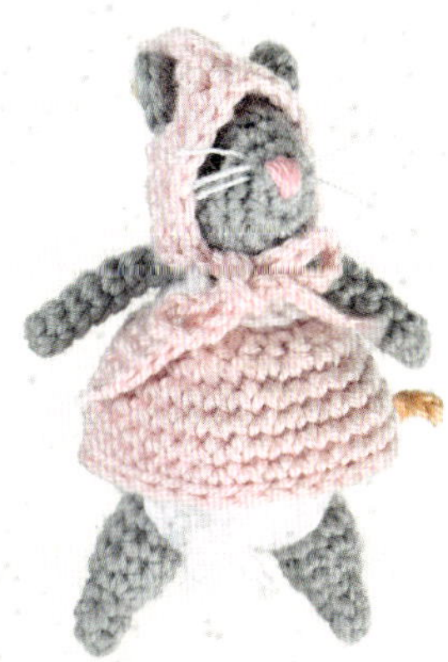

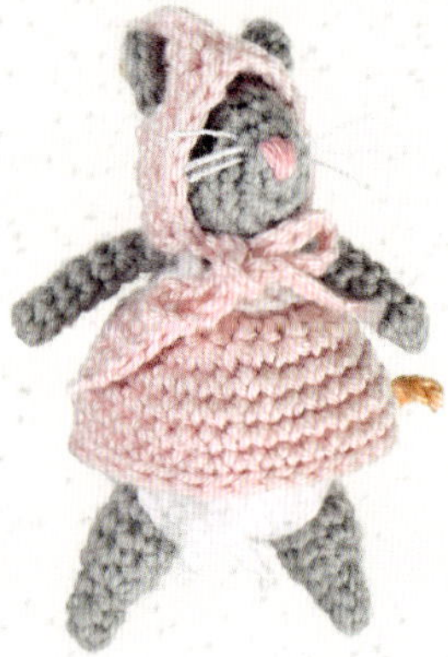

**HÄUBCHEN**

- Schachenmayr Catania Fine (LL 165 m/50 g) in Rosé (Fb 1010), Rest

**WINDEL**

- Schachenmayr Catania Fine (LL 165 m/50 g) in Weiß (Fb 1000), Rest

**LÄTZCHEN**

- Schachenmayr Catania Fine (LL 165 m/50 g) in Rosé (Fb 1010), Rest
- Schachenmayr Catania (LL 125 m/ 50 g) in Cyclam (Fb 114), Rest

## Maus

Flora nach der Grundanleitung Mäusebaby (siehe Seite 41) häkeln.

## Kleid

In Weiß 17 Lm anschl, weiter in R häkeln. Am Ende jeder R 1 Wende-Lm arb, dann die Arbeit wenden. Nach der letzten R keine Wende-Lm mehr arb.

1. R: Ab der 2. M von der Nd aus 16 fM häkeln (= 16 M).
2. R (Rosé): Nur in die hinteren M-Glieder 16 fM häkeln.
3. R: Jede 2. fM verdoppeln (= 24 M).
4. R: Jede 3. fM verdoppeln (= 32 M). Mit 1 Km zur Rd schließen. Weiter in Spiralrd arb.

1.-4. Rd: Jeweils 32 fM häkeln.
5. Rd: 32 Km häkeln.

Das Garn abschneiden und vernähen.

Für die Träger in Weiß jeweils 7 Lm anschl und an der Vorder-und Rückseite des Kleidchens festnähen. In Weiß 7 Lm für ein Knopfloch häkeln und auf der gegenüberliegenden Seite den Knopf festnähen.

## Häubchen

In Rosé 6 Lm anschl, weiter in R häkeln. Am Ende jeder R 1 Wende-Lm arb, dann die Arbeit wenden. Nach der letzten R keine Wende-Lm mehr arb.

1. R: Ab der 2. M von der Nd aus 5 fM häkeln (= 5 M).
2.-4. R: Jeweils 5 fM häkeln.
5. R: 1 fM, 3 Lm, 3 M überspringen, 1 fM.
6.-8. R: Jeweils 5 fM häkeln.
9. R: Nur in die hinteren M-Glieder 5 fM häkeln.
10.+11. R: Jeweils 5 fM häkeln.
12. R: 1 fM, 3 Lm, 3 M überspringen, 1 fM.
13.-16. R: Jeweils 5 fM häkeln.

Das Garn nicht abschneiden, sondern das Häubchen in der Mitte entlang der 9. R falten und mit 1 Steige-Lm beginnend die Rückseite mit fM zusammenhäkeln. Das Garn abschneiden und vernähen.

Für das 1. Band 25 Lm anschl. Nun entlang der Vorderseite des Häubchens fM häkeln und für das 2. Band 25 Lm anschl. Das Garn abschneiden.

## Windel

In Weiß 13 Lm anschl, weiter in R häkeln. Am Ende jeder R 1 Wende-Lm arb, dann die Arbeit wenden. Nach der letzten R keine Wende Lm mehr arb.

1. R: Ab der 2. M von der Nd aus 12 fM häkeln (= 12 M).
2. R: 2 fM zusammen abmaschen, 8 fM, 2 fM zusammen abmaschen (= 10 M).
3. R: 2 fM zusammen abmaschen, 6 fM, 2 fM zusammen abmaschen (= 8 M).
4. R: 2 fM zusammen abmaschen, 4 fM, 2 fM zusammen abmaschen (= 6 M).
5. R: 2 fM zusammen abmaschen, 2 fM, 2 fM zusammen abmaschen (= 4 M).
6. R: Immer 2 fM zusammen abmaschen (= 2 M).
7.-10. R: Jeweils 2 fM häkeln.
11. R: 2 fM verdoppeln (= 4 M).
12. R: 1 fM verdoppeln, 2 fM, 1 fM verdoppeln (= 6 M).
13. R: 1 fM verdoppeln, 4 fM, 1 fM verdoppeln (= 8 M).
14. R: 1 fM verdoppeln, 2 fM, 2 Lm, 2 M überspringen, 2 fM, 1 fM verdoppeln (= 10 M).
15. R: 1 fM verdoppeln, 8 fM, 1 fM verdoppeln (= 12 M).
16. R: 12 fM häkeln.

Mit 1 Steige-Lm beginnend die Windel mit fM umhäkeln, dabei an den Ecken 3 fM in 1 M arb. Das Garn abschneiden und vernähen.

Für das Band 25 Lm anschl, über die 16. R der Windel 12 fM häkeln und weitere 25 Lm anschl. Das Garn abschneiden und vernähen.

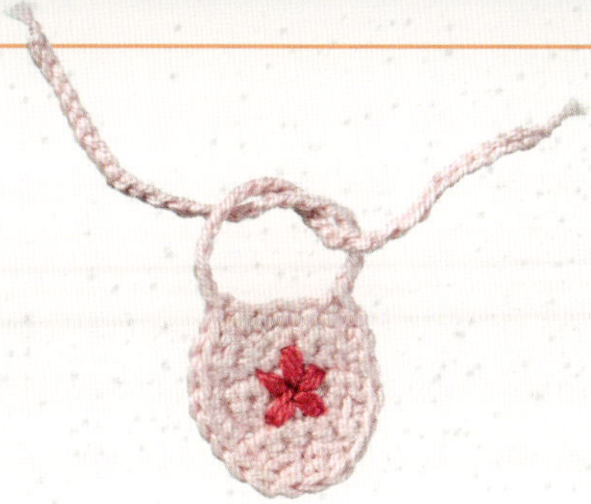

## Lätzchen

In Rosé 5 Lm anschl, weiter in R häkeln. Am Ende jeder R 1 Wende-Lm arb, dann die Arbeit wenden. Nach der letzten R keine Wende-Lm mehr arb.

1. R: Ab der 2. M von der Nd aus 4 fM häkeln (= 4 M).
2. R: 1 fM verdoppeln, 3 fM (= 5 M).
3. R: 1 fM verdoppeln, 4 fM (= 6 M).
4. R: 6 fM häkeln.
5. R: 2 fM zusammen abmaschen, 4 fM (= 5 M).
6. R: 2 fM zusammen abmaschen, 3 fM (= 4 M).
7. R: 2 fM zusammen abmaschen, 1 fM, 1 Km (= 3 M).

Das Garn abschneiden und vernähen.

Für den 1. Träger 25 Lm anschl, an einer oberen Ecke des Lätzchens anschlingen, den Latz an drei Seiten mit fM umhäkeln und für den 2. Träger 25 Lm anschl. Das Garn abschneiden. In Cyclam ein kleines Blümchen aufsticken.

# OMA

**SCHWIERIGKEITSGRAD 2**

**GRÖSSE**

Maus 13 cm
Kleid 7 cm
Tuch 9 cm

**MATERIAL**

- Häkelnadeln 2,0 mm und 2,5 mm

**MAUS**

- Schachenmayr Regia 4-fädig (LL 210 m/50 g) in Natur (Fb 1992), 50 g
- Schachenmayr Catania Fine (LL 165 m/50 g) in Aprikose (Fb 369) und Schwarz (Fb 1001), Reste
- Schachenmayr Catania (LL 125 m/50 g) in Orchidee (Fb 222), Rest
- Füllwatte, a. 7 g
- Nähgarn in Weiß
- Chenilledraht
- Blumendraht in Silber, 8 cm

**KLEID**

- Schachenmayr Catania (LL 125 m/50 g) in Hyazinth (Fb 240), 50 g
- Knopf, ø 7 mm

**TUCH**

- Schachenmayr Merino Extrafine 120 (LL 120 m/50 g) in Hellblau (Fb 152), 50 g
- Knopf, ø 12 mm

## Maus

Oma nach der Grundanleitung Erwachsene Maus (siehe Seite 38) in Natur und Aprikose häkeln. Aus dem Blumendraht eine kleine Brille biegen und der Maus auf die Nase setzen, die Enden werden in den Kopf gesteckt.

## Kleid

In Hyazinth mit Häkelnd 2,0 mm 15 Lm anschl, weiter in R häkeln. Am Ende jeder R 1 Wende-Lm arb, dann die Arbeit wenden. Nach der letzten R keine Wende-Lm mehr arb.

1. R: Ab der 2. M von der Nd aus 14 fM häkeln (= 14 M).
2. R: 1 fM verdoppeln, 1 fM, 6 Lm, 3 M überspringen, 4 fM, 6 Lm, 3 M überspringen, 1 fM, 1 fM verdoppeln (= 22 M).
3.+4. R: Jeweils 22 fM häkeln.
5. R: 1 fM verdoppeln, 20 fM, 1 fM verdoppeln (= 24 M).

Mit 1 Km zur Rd schließen.

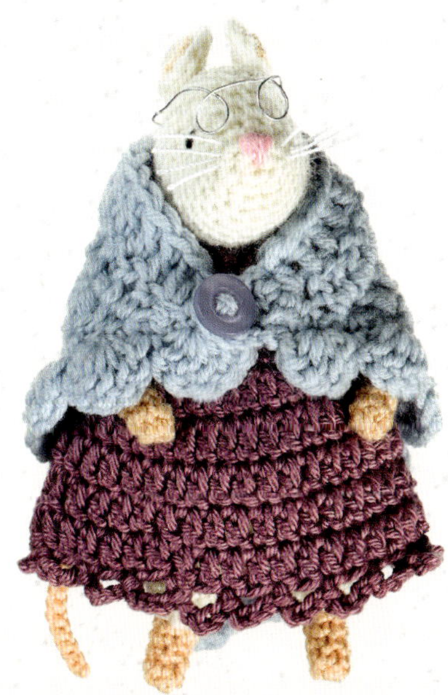

1. Rd: Nur in die vorderen M-Glieder häkeln und jede 2. fM verdoppeln, mit 1 Km schließen (= 36 M).
2.-7. Rd: Jeweils 3 Steige-Lm, 35 Stb, mit 1 Km schließen (= 36 M).
8. Rd: * 1 Km, 5 Lm, 1 M überspringen, ab * fortlaufend wdh.
Mit 1 Km schließen, das Garn abschneiden und vernähen.
Auf der Rückseite ein Knopfloch aus 6 Lm häkeln. Auf der gegenüberliegenden Seite den Knopf annähen.

## Tuch

In Hellblau mit Häkelnd 2,5 mm 4 Lm anschl.
1. R: Ab der 4. Lm von der Nd aus 2 Stb in 1 M arb. 3 Wende-Lm (= 3 M).
Weiter in R häkeln, am Ende jede R 3 Wende-Lm arb. Nach der letzten R keine Wende-Lm mehr arb.
2. R: 1 Stb verdoppeln, 1 Stb, 1 Stb verdoppeln (= 5 M).
3. R: 1 Stb verdoppeln, 3 Stb, 1 Stb verdoppeln (= 7 M).
4. R: 1 Stb verdoppeln, 5 Stb, 1 Stb verdoppeln (= 9 M).
5. R: 1 Stb verdoppeln, 7 Stb, 1 Stb verdoppeln (= 11 M).
6. R: 1 Stb verdoppeln, 9 Stb, 1 Stb verdoppeln (= 13 M).
7. R: 1 Stb verdoppeln, 11 Stb, 1 Stb verdoppeln (= 15 M).
8. R: 1 Stb verdoppeln, 13 Stb, 1 Stb verdoppeln (= 17 M).
9. R: 1 Stb verdoppeln, 15 Stb, 1 Stb verdoppeln (= 19 M).
10. R: 1 Stb verdoppeln, 17 Stb, 1 Stb verdoppeln (= 21 M).
11. R: 1 Stb verdoppeln, 19 Stb, 1 Stb verdoppeln (= 23 M).
Mit 1 Steige-Lm beginnend die beiden langen Seiten des Tuches mit insgesamt 54 fM umhäkeln. Für die untere Zierkante mit 1 Wende-Lm wenden und * 1 Km, 1 M überspringen, 5 Stb in 1 M, 1 M überspringen, ab * fortlaufend wdh. Mit 1 Km enden. Mit 7 Lm ein Knopfloch arb. Das Garn abschneiden und vernähen. Auf der gegenüberliegenden Seite den Knopf annähen.

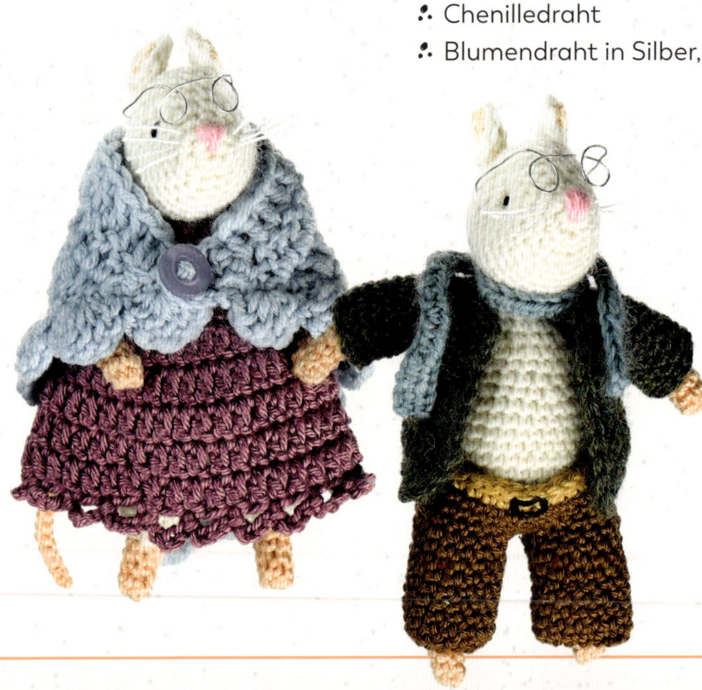

# OPA

### SCHWIERIGKEITSGRAD 2

### GRÖSSE

Maus 13 cm
Jacke 4,5 cm
Hose 4,5 cm
Schal 20 cm

### MATERIAL

- Häkelnadeln 2,0 mm und 2,5 mm

**MAUS**

- Schachenmayr Regia 4-fädig (LL 210 m/50 g) in Natur (Fb 1992), 50 g
- Schachenmayr Catania Fine (LL 165 m/50 g) in Aprikose (Fb 369) und Schwarz (Fb 1001), Reste
- Schachenmayr Catania (LL 125 m/ 50 g) in Orchidee (Fb 222), Rest
- Füllwatte, ca. 7 g
- Nähgarn in Weiß
- Chenilledraht
- Blumendraht in Silber, 8 cm

**JACKE**

- Schachenmayr Regia 4-fädig (LL 420 m/100 g) in Moos meliert (Fb 2247), 100 g

**HOSE**

- Schachenmayr Catania (LL 125 m/ 50 g) in Marone (Fb 157), 50 g, in Camel (Fb 179) und Schwarz (Fb 110), Reste

**TUCH**

- Schachenmayr Regia 4-fädig (LL 420 m/100 g) in Cloud meliert (Fb 1844), Rest

## Maus

Opa nach der Grundanleitung Erwachsene Maus (siehe Seite 38) in Natur und Aprikose häkeln. Aus dem Blumendraht eine kleine Brille biegen und der Maus auf die Nase setzen, die Enden werden in den Kopf gesteckt.

## Jacke

In Moos meliert mit Häkelnd 2,5 mm 19 Lm anschl, weiter in R häkeln. Am Ende jeder R 1 Wende-Lm arb. Nach der letzten R keine Wende-Lm mehr arb.

1\. R: Ab der 2. M von Nd aus 18 fM häkeln (= 18 M).

2\. R: 1 fM verdoppeln, 2 fM, 6 Lm, 3 M überspringen, 6 fM, 6 Lm, 3 M überspringen, 2 fM, verdoppeln (= 26 M).

3.–6. R: 26 fM häkeln.

7\. R: 1 fM verdoppeln, 24 fM, 1 fM verdoppeln (= 28 M).

8.-10. R: Jeweils 28 fM häkeln.

Mit 1 Steige-Lm beginnend die Jacke mit fM umhäkeln, dabei an den Ecken 3 fM in 1 M arb. Mit 1 Km schließen. Das Garn abschneiden und vernähen.

Für die Ärmel an der Armoffnung jeweils mit 1 Lm anschlingen und weiter in Spiralrd arb.

1.-8. Rd: Jeweils 12 fM häkeln (= 12 M).

9\. Rd: 12 Km häkeln.

Das Garn abschneiden und vernähen.

## Hose

Für das 1. Hosenbein in Marone mit Häkelnd 2,0 mm 15 Lm anschl und mit 1 Km zum Ring schließen. Weiter in Spiralrd häkeln.

1.-7. Rd: Jeweils 15 fM häkeln (= 15 M).

Mit 1 Km enden, das Garn abschneiden und vernähen.

Das 2. Hosenbein ebenso häkeln, das Garn jedoch nicht abschneiden, sondern beide Hosenbeine wie folgt zusammenhäkeln.

1\. Rd: Vom 2. Hosenbein ausgehend 2 Lm anschl. Über die M des 1. Hosenbeins 15 fM häkeln. Jetzt auf den Verbindungs-Lm 2 fM, dann über die M des 2. Hosenbeines 15 fM und auf der anderen Seite auf den Verbindungs-Lm 2 fM häkeln (= 34 M).

2.+3. Rd: Jeweils 34 fM häkeln.

4\. Rd: 32 fM, 2 Lm, 2 M überspringen (= Loch für den Mäuseschwanz), 1 fM in die 1. M der nächsten Rd (= 34 M).

5\. Rd: 34 fM häkeln.

6\. Rd: Die 8. und 9., 17. und 18., 25. und 26. sowie 33. und 34. fM zusammen abmaschen (= 30 M).

7\. Rd (Camel): 30 fM häkeln.

8\. Rd: 30 Km häkeln.

Das Garn abschneiden und vernähen.

In Schwarz eine Gürtelschnalle aufsticken.

## Schal

In Cloud meliert mit Häkelnd 2,5 mm 56 Lm anschl, ab der 2. M von der Nd aus 55 hStb häkeln. Das Garn abschneiden und vernähen.

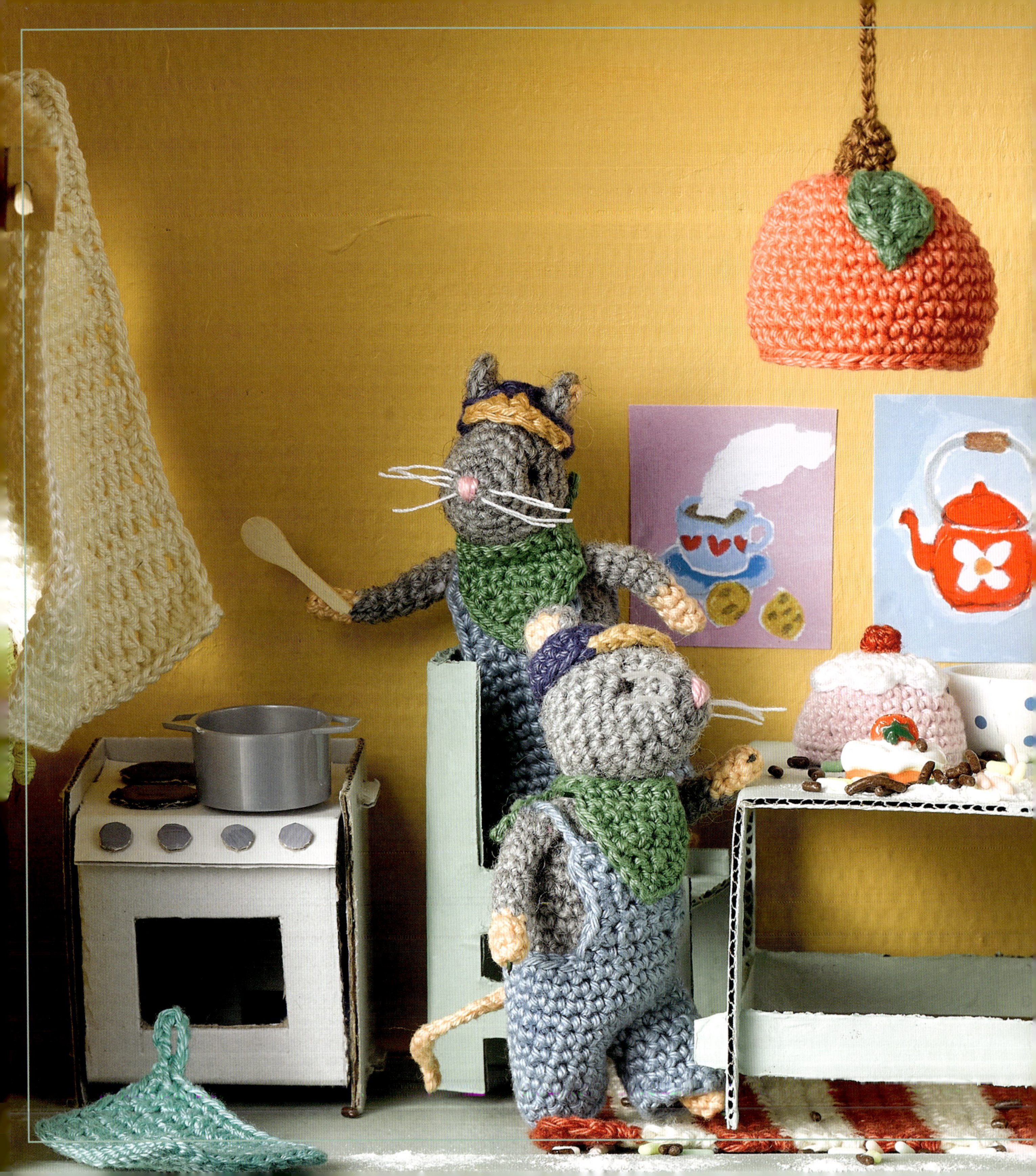

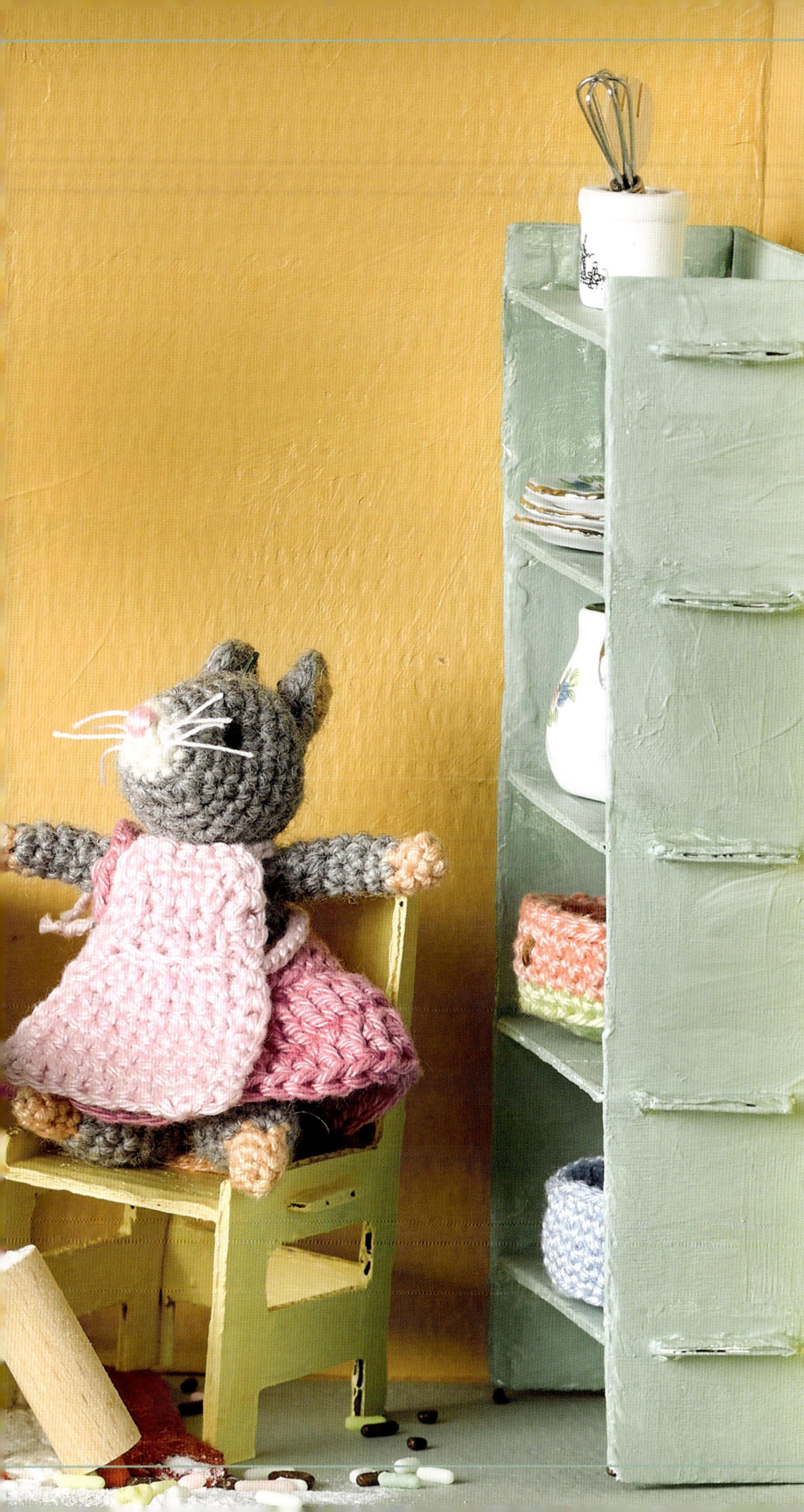

# KÜCHE

**SCHWIERIGKEITSGRAD 1**

Geschirrtücher, Schürzen, Teppich

**SCHWIERIGKEITSGRAD 2**

Brotkorb, Cupcake-Dose, Obstkorb, Topflappen, Lampe

**SCHWIERIGKEITSGRAD 3**

Einkaufsnetz

**GRÖSSEN**

Einkaufsnetz ø 2,5 cm, 5 cm hoch
Brotkorb 4 cm lang, 3,5 cm hoch
Cupcake-Dose ø 2,5 cm, 3,5 cm hoch
Obstkorb ø 3,5 cm, 2 cm hoch
Geschirrtücher 5 cm x 4 cm
Topflappen 3,5 cm x 2,5 cm
Mamas Schürze 6 cm x 5 cm
Fannys Schürze 4,5 cm x 4 cm
Teppich 14 cm x 9 cm
Lampe ø 4,5 cm, 4 cm hoch

### MATERIAL

- Häkelnadeln 1,75 mm und 2,0 mm

**EINKAUFSNETZ**

- Schachenmayr Catania Fine (LL 165 m/50 g) in Phlox (Fb 366), Rest

**BROTKORB**

- Schachenmayr Catania (LL 125 m/ 50 g) in Camel (Fb 179), 50 g und in Marone (Fb 157), Rest

**CUPCAKE-DOSE**

- Schachenmayr Catania Fine (LL 165 m/50 g) in Hellblau (Fb 173), Rosé (Fb 1010), Weiß (Fb 1000) und Tomate (Fb 1002), Reste

**OBSTKORB**

- Schachenmayr Catania (LL 125 m/ 50 g) in Gelbgrün (Fb 392), Dahlie (Fb 409) und Marone (Fb 157), Reste

**GESCHIRRTÜCHER**

- Schachenmayr Catania Fine (LL 165 m/50 g) in Vanille (Fb 370) und Jade (Fb 1020), Reste

**TOPFLAPPEN**

- Schachenmayr Catania Fine (LL 165 m/50 g) in Tomate (Fb 1002), Moos (Fb 371) und Weiß (Fb 1000), Reste

**SCHÜRZEN**

- Schachenmayr Catania (LL 125 m/ 50 g) in Rosa (Fb 246), 50 g

**TEPPICH**

- Schachenmayr Catania (LL 125 m/ 50 g) in Kirsche (Fb 424) und Creme (Fb 130), je 50 g

**LAMPE**

- Schachenmayr Catania (LL 125 m/ 50 g) in Kamelie (Fb 252), 50 g, in Moos (Fb 412) und Marone (Fb 157), Reste
- LED Mini-Ballonlicht, 3 cm x 1,5 cm x 1,5 cm
- Heißkleber

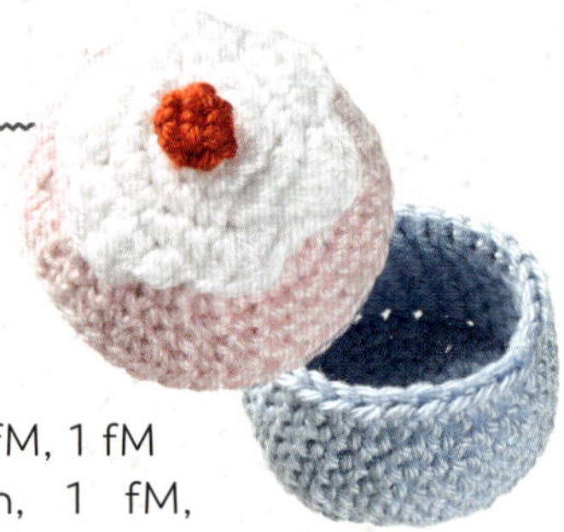

## Einkaufsnetz

In Phlox einen Magic-Ring anfertigen und in Spiralrd mit Häkelnd 1,75 mm weiterhäkeln.

1. Rd: 6 fM in den Ring häkeln (= 6 M).

2. Rd: (2 Lm, 1 hStb) in 1 M, in jede fM je 2 hStb häkeln, mit 1 Km die Rd schließen (= 12 M).

3. Rd: * 5 Lm, 1 M überspringen, 1 Km, ab * fortlaufend wdh, mit 1 Km die Rd schließen (= 6 Lm-Bögen).

4.-7. Rd: * 5 Lm, 1 Km in die mittlere M des Lm-Bogens der Vor-Rd, ab * fortlaufend wdh, mit 1 Km die Rd schließen (= 6 Lm-Bögen).

8. Rd: * 2 Lm, 1 fM in die mittlere M des Lm-Bogens der Vor-Rd, ab * fortlaufend wdh, mit 1 Km die Rd schließen (= 20 M).

9. Rd: 20 fM häkeln.

10. Rd: 3 fM, 10 Lm, 3 M überspringen, 7 fM, 10 Lm, 3 M überspringen, 4 fM (= 34 M).

Mit 1 Km schließen. Das Garn abschneiden und vernähen.

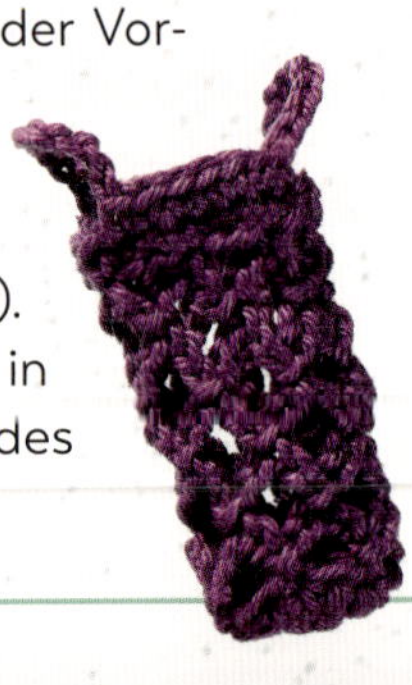

## Cupcake-Dose

### DOSE

In Hellblau einen Magic-Ring anfertigen und in Spiralrd mit Häkelnd 1,75 mm weiterhäkeln.

1. Rd: 6 fM in den Ring häkeln (= 6 M).

2. Rd: Jede fM verdoppeln (= 12 M).

3. Rd: Jede 2. fM verdoppeln (= 18 M).

4. Rd: * 1 fM, 1 fM verdoppeln, 1 fM, ab * noch 5x wdh (= 24 M).

5. Rd: * 1 fM verdoppeln, 3 fM, ab * noch 5x wdh (= 30 M).

6. Rd: Nur in die hinteren M-Glieder 30 fM häkeln (= 30 M).

7.-11. Rd: Jeweils 30 fM häkeln.

Mit 1 Km schließen. Das Garn abschneiden und vernähen.

### DECKEL

In Rosé einen Magic-Ring anfertigen und in Spiralrd mit Häkelnd 1,75 mm weiterhäkeln.

1. Rd: 6 fM in den Ring häkeln (= 6 M).

2. Rd: Jede fM verdoppeln (= 12 M).

3. Rd: Jede 2. fM verdoppeln (= 18 M).
4. Rd: 18 fM häkeln (= 18 M).
5. Rd: * 1 fM verdoppeln, 2 fM, ab * noch 5x wdh (= 24 M).
6. Rd: 24 fM häkeln.
7. Rd: * 1 fM verdoppeln, 3 fM, ab * noch 5x wdh (= 30 fM).
8. Rd: 30 fM häkeln.
9. Rd: * 1 fM verdoppeln, 4 fM, ab * noch 5x wdh (= 36 M).
10. Rd: Nur in die hinteren M-Glieder 36 fM häkeln (= 36 M).
Mit 1 Km schließen. Das Garn abschneiden und vernähen.

### SAHNE

In Weiß einen Magic-Ring anfertigen und in Spiralrd mit Häkelnd 1,75 mm weiterhäkeln.
1. Rd: 6 fM in den Ring häkeln (= 6 M).
2. Rd: Jede fM verdoppeln (= 12 M).
3. Rd: Jede 2. fM verdoppeln (= 18 M).
4. Rd: * 1 fM, (1 hStb, 1 Stb, 1 hStb) in 1 M, 1 fM, ab * noch 5x wdh (= 30 M).
Das Garn mit 30 cm Länge abschneiden und die Sahne auf dem Deckel festnähen.

### KIRSCHE

In Tomate einen Magic-Ring anfertigen und in Spiralrd mit Häkelnd 1,75 mm weiterhäkeln.
1. Rd: 4 fM in den Ring häkeln (= 4 M).
2. Rd: 4 fM häkeln.
Das Garn mit 20 cm Länge abschneiden, in eine Nd fädeln und damit alle 4 vorderen M-Glieder zusammenziehen und vernähen. Die Kirsche als Griff auf der Mitte der Sahne festnähen.

## Brotkorb

### UNTERTEIL

In Camel mit Häkelnd 2,0 mm 8 Lm anschl.
1. Rd: Ab der 2. M von der Nd aus 6 fM häkeln, 3 fM in 1 M, weiter die Lm-Kette von unten behäkeln: 6 fM, 3 fM in 1 M (= 18 M).
Weiter in Spiralrd häkeln.
2. Rd: 6 fM, 3 fM verdoppeln, 6 fM, 3 fM verdoppeln (= 24 M).
3. Rd: 6 fM, 3x (1 fM, 1 fM verdoppeln), 6 fM, 3x (1 fM, 1 fM verdoppeln) (= 30 M).
4. Rd: Nur in die hinteren M-Glieder 30 fM häkeln.
5.+6. Rd: Jeweils 30 fM häkeln.
7. Rd: fM häkeln, dabei die 8. und 9., 12. und 13., 23. und 24. sowie die 28. und 29. fM zusammen abmaschen (= 26 M).
Mit 1 Km schließen. Das Garn abschneiden und vernähen.

### DECKEL

Wie die 1.-4. Rd des Unterteils häkeln. Mit 1 Km schließen. Das Garn abschneiden und vernähen. In Marone 3 schräge Einschnitte aufsticken.

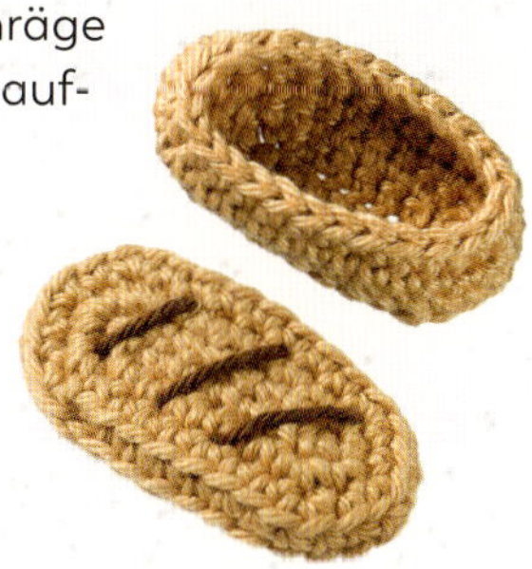

## Obstkorb

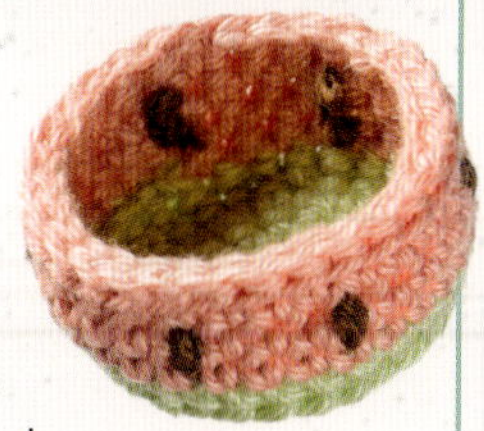

In Gelbgrün einen Magic-Ring anfertigen und in Spiralrd mit Häkelnd 2,0 mm weiterhäkeln.
1. Rd: 6 fM in den Ring häkeln (= 6 M).
2. Rd: Jede fM verdoppeln (= 12 M).
3. Rd: Jede 2. fM verdoppeln (= 18 M).
4. Rd: * 1 fM, 1 fM verdoppeln, 1 fM, ab * noch 5x wdh (= 24 M).
5. Rd: * 1 fM verdoppeln, 3 fM, ab * noch 5x wdh (= 30 M).
6. Rd: Nur in die hinteren M-Glieder 30 fM häkeln (= 30 M).
7.-9. Rd (Dahlie): Jeweils 30 fM häkeln.
10. Rd: 30 Km häkeln.
Das Garn abschneiden und vernähen. In Marone an den Seiten 6 Kerne aufsticken.

## Geschirrtuch (2x)

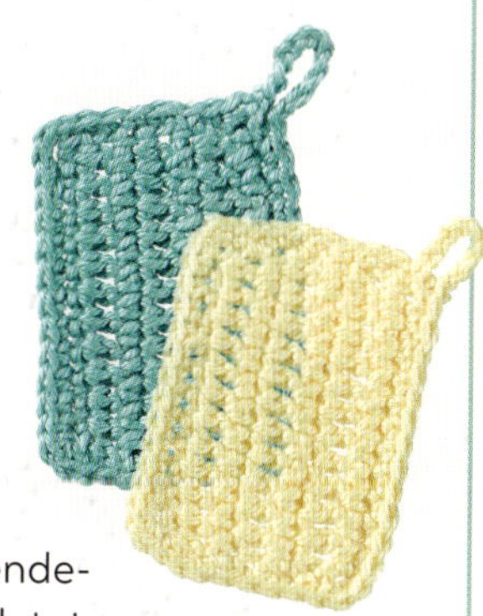

In Vanille mit Häkelnd 1,75 mm 13 Lm anschl. Weiter in R häkeln, am Ende jede R 3 Wende-Lm arb. Nach der letzten R keine Wende-Lm mehr arb.
1. R: Ab der 2. M von der Nd aus 12 fM häkeln (= 12 M).
2. R: 12 Stb häkeln (= 12 M).
3. R: 12 tiefer gestochene fM häkeln (= 12 M).
4.-7. R: Die 2. und 3. R noch 2x wdh.
Weiter mit 1 Steige-Lm beginnend das Geschirrtuch mit fM umhäkeln, dabei an den Ecken 3 fM in 1 M arb.

Bevor die Rd geschlossen wird, 10 Lm als Aufhänger häkeln und mit 1 Km schließen. Das Garn abschneiden und vernähen.
Das 2. Geschirrtuch in Jade ebenso häkeln.

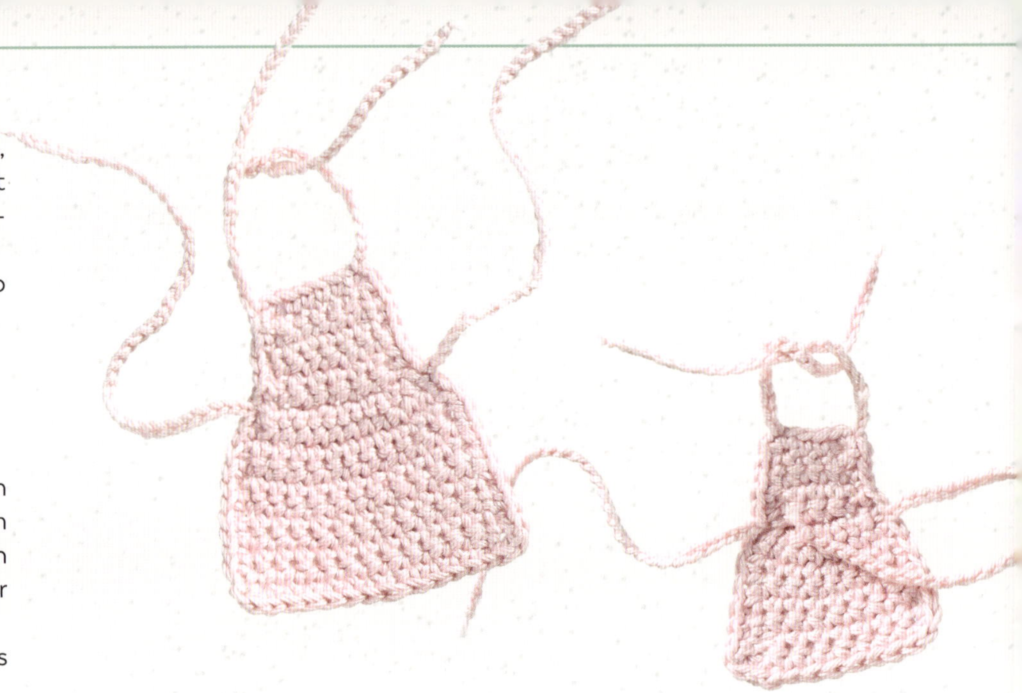

## Erdbeer-Topflappen

### ERDBEERE (2x)

In Tomate mit Häkelnd 1,75 mm 3 Lm anschl, weiter in R häkeln. Am Ende jeder R 1 Wende-Lm arb. Nach der letzten R keine Wende-Lm mehr arb.
1. R: Ab der 2. M von der Nd aus 2 fM häkeln (= 2 M).
2. R: Jede fM verdoppeln (= 4 M).
3. R: 1 fM verdoppeln, 3 fM (= 5 M).
4. R: 5 fM häkeln (= 5 M).
5. R: 2 fM zusammen abmaschen, 1 fM, 2 fM zusammen abmaschen (= 3 M).
Mit 1 Steige-Lm beginnend die Erdbeere mit fM umhäkeln. Mit 1 Km schließen, das Garn abschneiden und vernähen.

### BLATT-AUFHÄNGER (2x)

In Moos mit Häkelnd 1,75 mm 4 Lm anschl.
Für das 1. Blatt ab der 2. M von der Nd aus 1 Km, 1 fM, 1 Km häkeln. * Für das nächste Blatt 4 Lm anschl, auf der Lm-Kette ab der 2. M von der Nd aus 1 Km, 1 fM, 1 Km zurückhäkeln. Dann in die 1. M des vorigen Blattes 1 Km arb. Ab * noch 1x wdh (= 3 Blätter).
Als Aufhänger 10 Lm und 1 Km in die letzte M arb. Das Garn mit 20 cm Länge abschneiden, die Blätter an der Erdbeere festnähen und das Garn vernähen. In Weiß 3 Punkte aufsticken.
Den 2. Aufhänger ebenso häkeln.

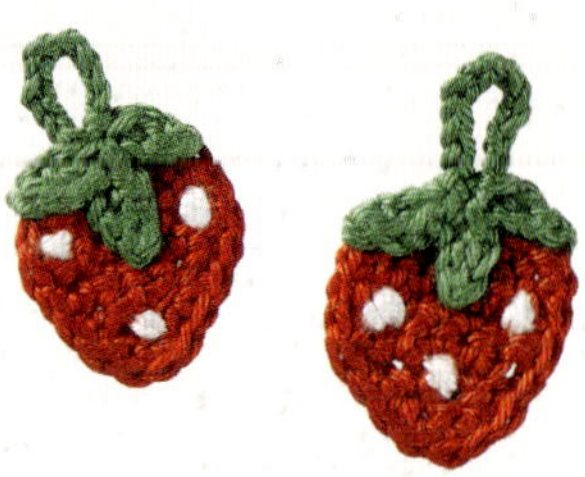

## Schürzen

### MAMAS SCHÜRZE

In Rosa mit Häkelnd 2,0 mm 7 Lm anschl, weiter in R häkeln. Am Ende jeder R 1 Wende-Lm arb. Nach der letzten R keine Wende-Lm mehr arb.
1. R: Ab der 2. M von der Nd aus 6 fM häkeln (= 6 M).
2.-6. R: Jeweils 6 fM häkeln.
7. R: Nur in die hinteren M-Glieder häkeln, dabei jede fM verdoppeln (= 12 M).
8.-16. R: Jeweils 12 fM häkeln.
Mit 1 Steige-Lm beginnend die Schürze mit fM umhäkeln, dabei an den Ecken 3 fM in 1 M arb. Mit 1 Km schließen, das Garn abschneiden und vernähen.
Für die Träger jeweils an beiden Enden der 1. R 25 Lm anschl. Das Garn abschneiden und am Ende verknoten. Für die Bindebänder jeweils an beiden Enden der 7. R 35 Lm anschl. Das Garn abschneiden und am Ende verknoten.

### FANNYS SCHÜRZE

In Rosa mit Häkelnd 2,0 mm 5 Lm anschl, weiter in R häkeln. Am Ende jeder R 1 Wende-Lm arb. Nach der letzten R keine Wende-Lm mehr arb.

1. R: Ab der 2. M von der Nd aus 4 fM häkeln (= 4 M).
2.-4. R: Jeweils 4 fM häkeln.
5. R: Nur in die hinteren M-Glieder häkeln, dabei jede fM verdoppeln (= 8 M).
6.-12 R: Jeweils 8 fM häkeln.

Mit 1 Steige-Lm die Schürze mit fM umhäkeln, dabei an den Ecken 3 fM in 1 M arb. Mit 1 Km schließen, Garn abschneiden und vernähen.

Für die Träger jeweils an beiden Enden der 1. R 20 Lm anschl. Das Garn abschneiden und am Ende verknoten. Für die Bindebänder jeweils an beiden Enden der 5. R 30 Lm anschl. Das Garn abschneiden und am Ende verknoten.

## Teppich

In Kirsche mit Häkelnd 2,0 mm 21 Lm anschl, weiter in R häkeln. Am Ende jeder R 1 Wende-Lm arb. Nach der letzten R keine Wende-Lm mehr arb.

1. R: Ab der 2. M von der Nd aus 20 fM häkeln (= 20 M).
2.-4. R: Jeweils 20 fM häkeln.
5.-8. R (Creme): Jeweils 20 fM häkeln.
9.-32. R: Die 1.-8. R 3x wdh.
33.-36. R: Die 1.-4. R wdh.

Das Garn abschneiden und vernähen.

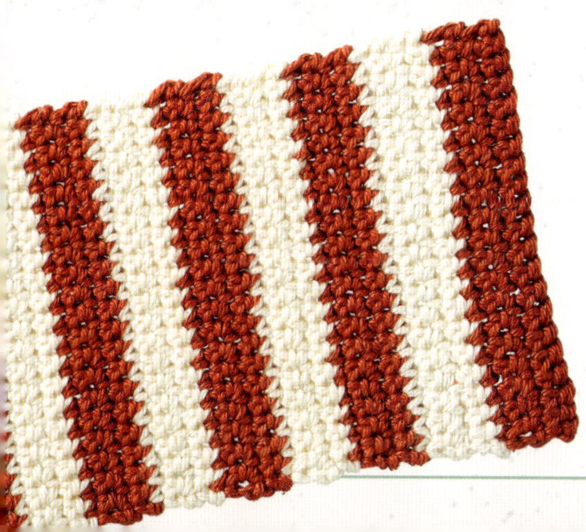

## Lampe

### LAMPENSCHIRM

In Kamelie einen Magic-Ring anfertigen und in Spiralrd mit Häkelnd 2,0 mm weiterhäkeln.

1. Rd: 6 fM in den Ring häkeln (= 6 M).

Den Magic-Ring nicht ganz zusammenziehen, hier wird später das Ballonlicht befestigt.

2. Rd: Jede fM verdoppeln (= 12 M).
3. Rd: Jede 2. fM verdoppeln (= 18 M).
4. Rd: * 1 fM, 1 fM verdoppeln, 1 fM, ab * noch 5x wdh (= 24 M).
5. Rd: * 1 fM verdoppeln, 3fM, ab * noch 5x wdh (= 30 M).
6. Rd: 30 fM häkeln (= 30 M).
7. Rd: * 2 fM, 1 fM verdoppeln, 2 fM, ab * noch 5x wdh (= 36 M).
8. Rd: 36 fM häkeln (= 36 M).
9.-12. Rd: Jeweils 36 fM häkeln
13. Rd: 36 Km häkeln

Das Garn abschneiden und vernähen. Das Ballonlicht in die Öffnung des Magic-Rings schieben, mit etwas Heißkleber fixieren und das Garnende vernähen.

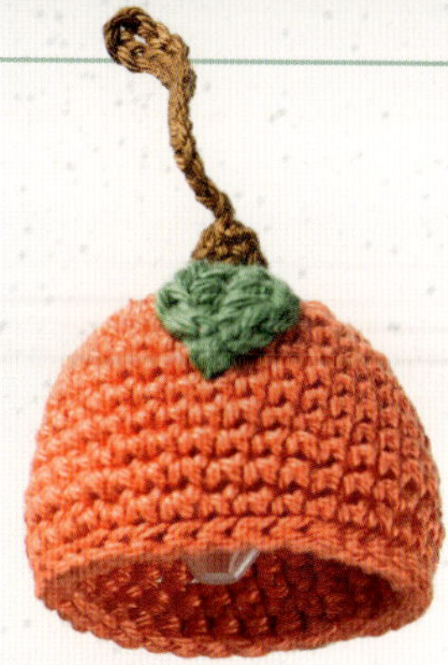

### BLATT

In Moos mit Häkelnd 2,0 mm 7 Lm anschl.

Ab der 2. M von der Nd aus 1 Km, 1 fM, 1 hStb, 1 Stb, 1 hStb, 3 fM in 1 M, häkeln. Weiter die Lm-Kette von unten behäkeln: 1 hStb, 1 Stb, 1 fM, 1 Km (= 12 M).

Das Garn mit 20 cm Länge abschneiden und das Blatt an der oberen Hälfte des Lampenschirmes anähen.

### AUFHÄNGUNG

In Marone einen Magic-Ring anfertigen und in Spiralrd mit Häkelnd 2,0 mm weiterhäkeln.

1. Rd: 6 fM in den Ring häkeln (= 6 M).
2. Rd: Jede 3. fM verdoppeln (= 8 M).
3. Rd: 8 fM häkeln (= 8 M).

Mit 1 Km schließen. Das Garn mit 20 cm Länge abschneiden und die Halterung an der 1. Rd des Lampenschirmes annähen.

An der 1. Rd der Halterung in Marone 20 Lm anschl. Ab der 7. M von der Nd aus auf der Lm-Kette 3 Km zurückhäkeln. Das Garn abschneiden und vernähen.

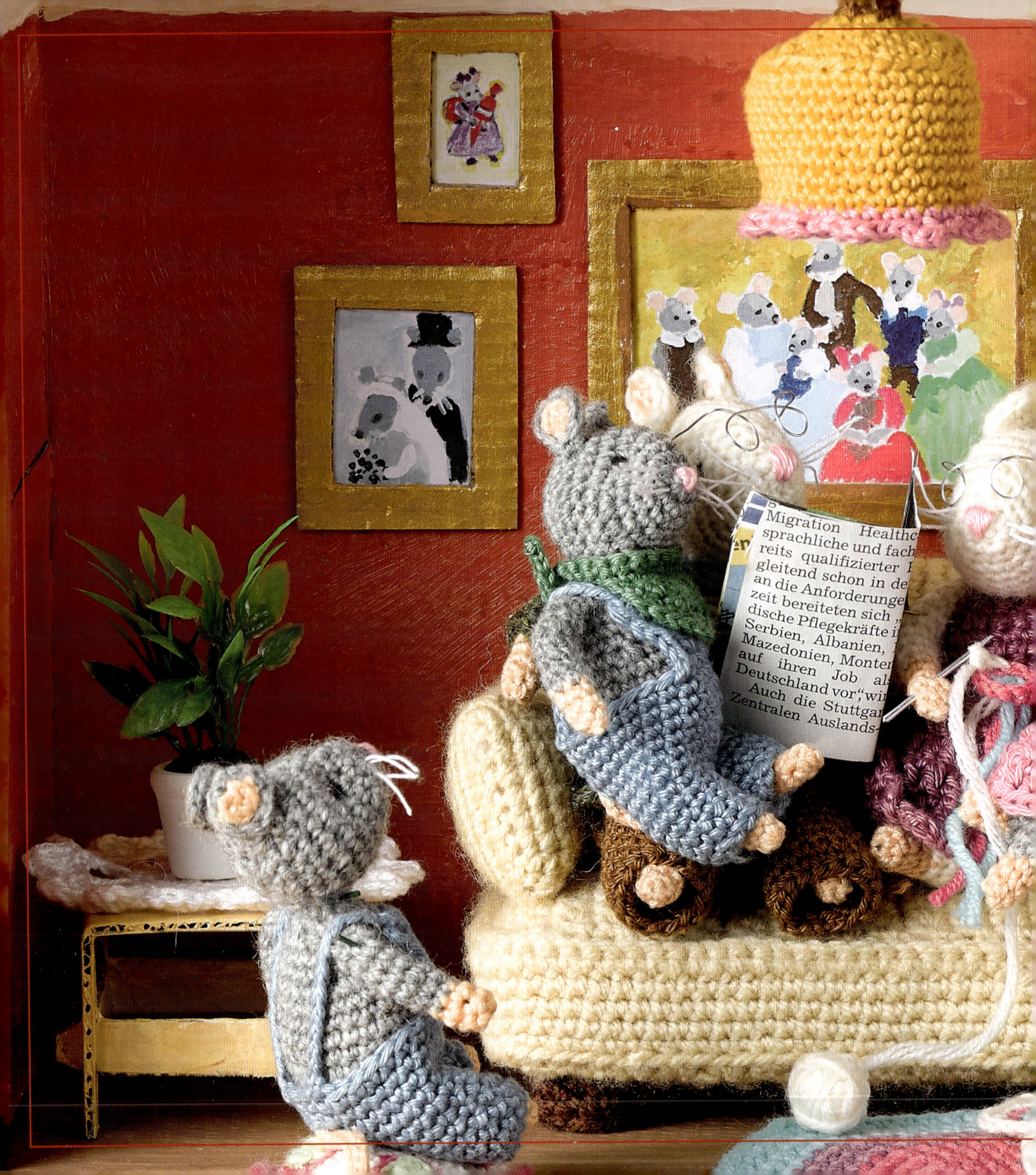
Migration Healthc
sprachliche und fach
reits qualifizierter
gleitend schon in de
an die Anforderunge
zeit bereiteten sich
dische Pflegekräfte i
Serbien, Albanien,
Mazedonien, Monter
auf ihren Job al
Deutschland vor," wi
Auch die Stuttga
Zentralen Auslands-

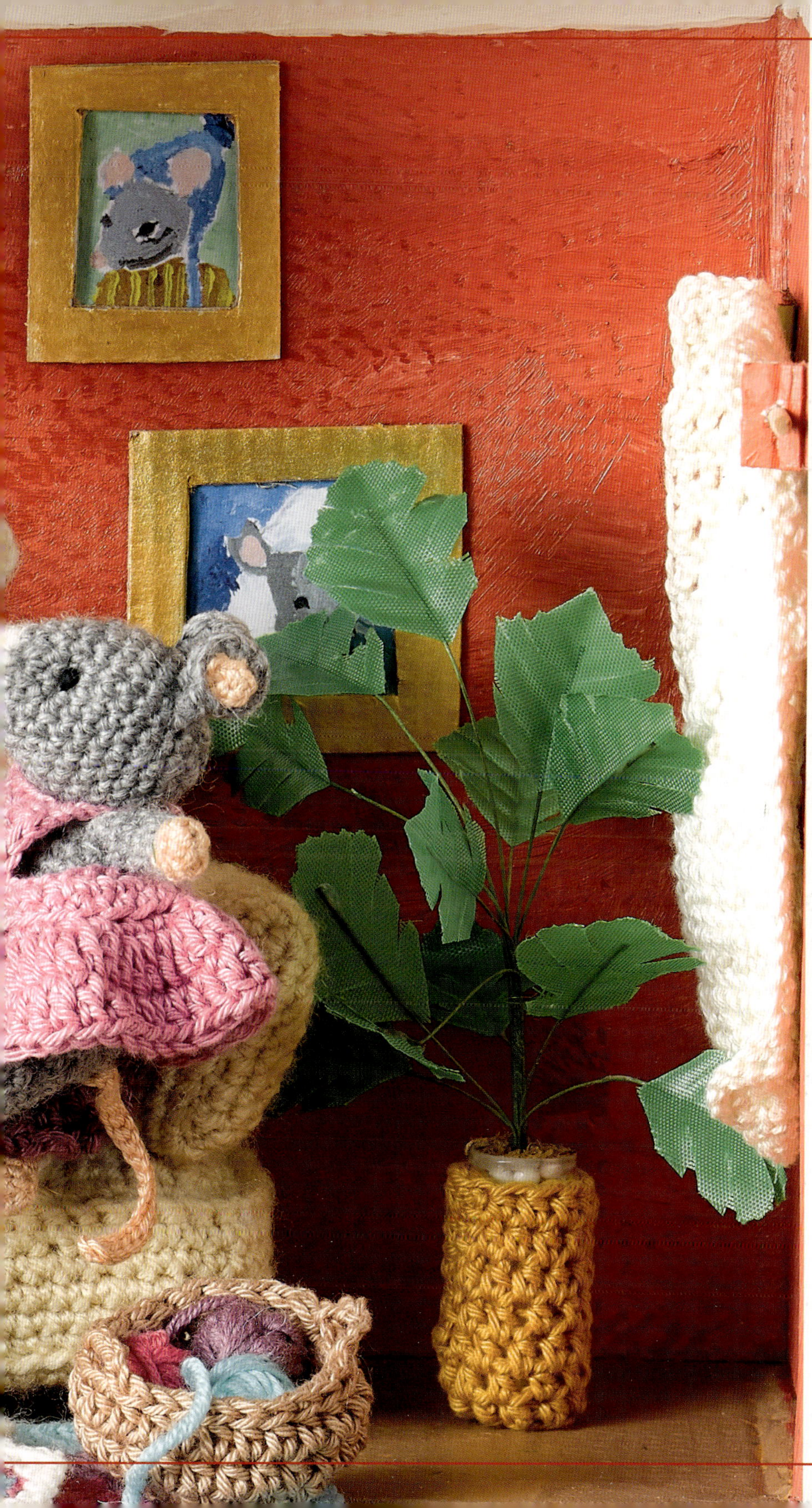

# WOHN-ZIMMER

**SCHWIERIGKEITSGRAD 2**

Teppich, Kissen, Wollkorb, Lampe

**SCHWIERIGKEITSGRAD 3**

Sofa, Kaktus, Deckchen, Granny-Square-Kissen

**GRÖSSE**

Sofa 17 cm lang, 11 cm breit, 9 cm hoch

Teppich 12 cm x 9 cm

Deckchen ø 8 cm

Granny-Square-Kissen 4 cm x 4 cm

Wollkorb ø 3,5 cm, 2,5 cm hoch

Kissen ø 4,5 cm

Kaktus ø 2,5 cm, 5 cm hoch

Lampe ø 5 cm, 3 cm hoch

**MATERIAL**

- Häkelnadeln 1,75 mm, 2,0 mm, 2,5 mm und 3,0 mm

**SOFA**

- Schachenmayr Bravo (LL 133 m/ 50 g) in Sand (Fb 8364), 100 g und in Braun (Fb 8281), Rest
- Pappe, 1 mm dick, 15 cm x 17 cm (Ecken abgerundet)
- Füllwatte, ca. 15 g

**TEPPICH**

- Schachenmayr Merino Extrafine 170 (LL 170 m/50 g) in Pink (Fb 37), Pflaume (Fb 46) und Mint (Fb 67), je 50 g

**DECKCHEN**

- Schachenmayr Catania Fine (LL 165 m/50 g) in Weiß (Fb 1000), Rest

**GRANNY-SQUARE-KISSEN**

- Schachenmayr Merino Extrafine 170 (LL 170 m/50 g) in Pink (Fb 37), Limone (Fb 75) und Weiß (Fb 01), Reste
- Füllwatte, Rest

**WOLLKORB**

- Schachenmayr Catania (LL 125 m/ 50 g) in Bast (Fb 257), 50 g
- Schachenmayr Merino Extrafine 170 (LL 170 m/50 g) in Pink (Fb 37), Pflaume (Fb 46) und Mint (Fb 67), Reste

**KISSEN**

- Schachenmayr Merino Extrafine 170 (LL 170 m/50 g) in Pink (Fb 37), Pflaume (Fb 46) und Mint (Fb 67), Reste
- Füllwatte, Rest

**KAKTUS**

- Schachenmayr Catania Fine (LL 165 m/50 g) in Moos (Fb 371), Hellblau (Fb 173) und Koralle (Fb 1003), Reste
- Schachenmayr Catania (LL 125 m/ 50 g) in Marone (Fb 157), Rest
- Füllwatte, Rest

**LAMPE**

- Schachenmayr Catania (LL 125 m/ 50 g) in Gold (Fb 249), 50 g, in Azalee (Fb 398) und Marone (Fb 157), Reste
- LED Mini-Ballonlicht, 3 cm x 1,5 cm x 1,5 cm
- Heißkleber

## Sofa

### SITZFLÄCHE (2x)

In Sand mit Häkelnd 2,5 mm 17 Lm anschl, weiter in R häkeln. Am Ende jeder R 1 Wende-Lm arb. Nach der letzten R keine Wende-Lm mehr arb.

**1. R:** Ab der 2. M von der Nd aus 16 fM häkeln (= 16 M).

**2.-32. R:** Jeweils 16 fM häkeln.

Weiter das Teil mit fM in Spiralrd umhäkeln.

**1. Rd:** Mit 1 Steige-Lm beginnend an den langen Seiten je 32 fM, an den kurzen Seiten je 16 fM (= 96 M).

**2.-4. Rd:** Jeweils 96 fM häkeln.

Das Garn abschneiden und vernähen.

Die Pappe zur Stabilisierung hineinlegen.

Für die 2. Sitzfläche die 1.-32. R ebenso häkeln und mit 96 fM umhäkeln. Das Garn nicht abschneiden, die beiden Sitzflächen aufeinanderlegen und durch beide Teile mit fM zusammenhäkeln. Kurz bevor das Kissen ganz geschlossen ist, mit Füllwatte ausstopfen und mit fM schließen. Das Garn abschneiden und vernähen.

### SEITENTEIL (2x)

In Sand mit Häkelnd 2,5 mm 9 Lm anschl.

**1. Rd:** Ab der 2. M von der Nd aus 7 fM, 3 fM in 1 M arb. Dann weiter die Lm-Kette von unten behäkeln: 7 fM, 3 fM in 1 fM (= 20 M).

Weiter in Spiralrd arb.

**2.-16. Rd:** Jeweils 20 fM häkeln.

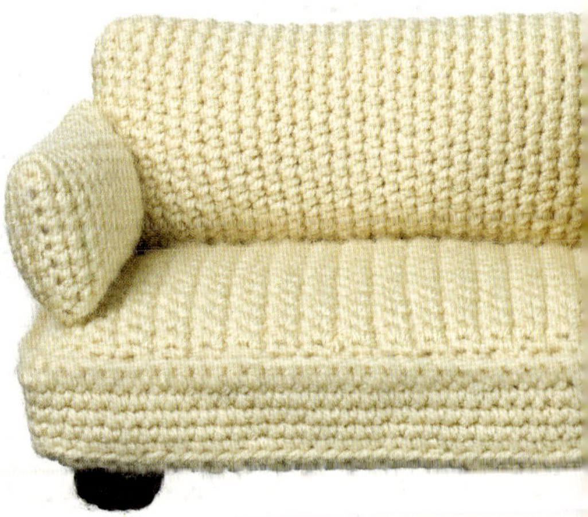

Das Garn mit 20 cm Länge abschneiden. Das Teil mit Füllwatte ausstopfen und nur durch die vorderen M-Glieder zusammennähen.
Das 2. Seitenteil ebenso häkeln.

### RÜCKENTEIL

In Sand mit Häkelnd 2,5 mm 13 Lm anschl.

**1. Rd:** Ab der 2. M von der Nd aus 11 fM, 3 fM in 1 M arb. Dann weiter die Lm-Kette von unten behäkeln: 11 fM, 3 fM in 1 M (= 28 M).
Weiter in Spiralrd arb.

**2.-30. Rd:** Jeweils 28 fM häkeln.

Das Garn mit 20 cm Länge abschneiden. Das Teil mit Füllwatte ausstopfen und nur durch die vorderen M-Glieder zusammennähen.
Das Rückenteil an der Sitzfläche festnähen, dann beidseitig die Seitenteile annähen.

### FUSS (4x)

In Braun einen Magic-Ring anfertigen und in Spiralrd mit Häkelnd 2,5 mm weiterhäkeln.

**1. Rd:** 6 fM in den Ring häkeln (= 6 M).

**2. Rd:** Jede fM verdoppeln (= 12 M).

**3. Rd:** Nur in die hinteren M-Glieder 12 fM häkeln.

**4. Rd:** 12 fM häkeln.

**5. Rd:** Nur in die hinteren M-Glieder häkeln und dabei immer 2 fM zusammen abmaschen (= 6 M).

Das Garn mit 20 cm Länge abschneiden. Den Sofafuß mit Füllwatte ausstopfen, das Garn in eine Nd fädeln und damit alle vorderen M-Glieder zusammenziehen und vernähen. Den Fuß an der Unterseite des Sofas festnähen.

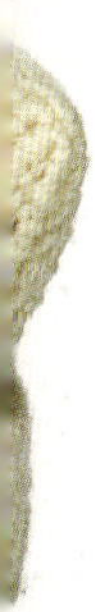

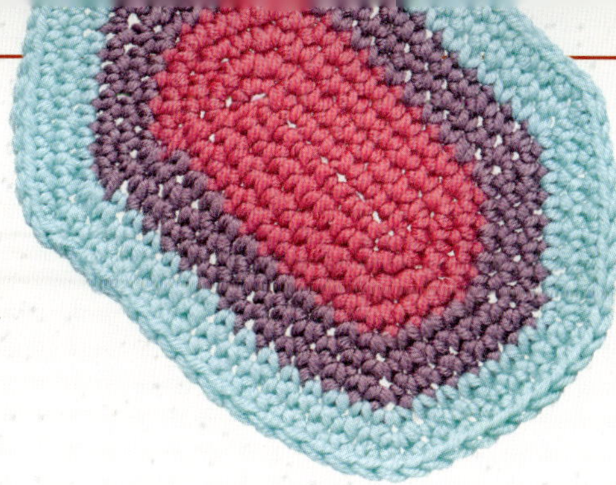

Noch 3 weitere Füße ebenso häkeln und annähen.

## Teppich

In Pink mit Häkelnd 3,0 mm 9 Lm anschl.

**1. Rd:** Ab der 2. M von Nd aus 7 fM, 3 fM in 1 M arb. Weiter die Lm-Kette von unten behäkeln: 7 fM, 3 fM in 1 M (= 20 M).
Weiter in Spiralrd arb.

**2. Rd:** 7 fM, 3 fM verdoppeln, 7 fM, 3 fM verdoppeln (= 26 M).

**3. Rd:** 7 fM, 3x (1 fM, 1 fM verdoppeln), 7 fM, 3x (1 fM, 1 fM verdoppeln) (= 32 M).

**4. Rd:** 7 fM, 3x (2 fM, 1 fM verdoppeln), 7 fM, 3x (2 fM, 1 fM verdoppeln) (= 38 M).

**5. Rd (Pflaume):** 7 fM, 3x (3 fM, 1 fM verdoppeln), 7 fM, 3x (3 fM, 1 fM verdoppeln) (= 44 M).

**6. Rd:** 7 fM, 3x (4 fM, 1 fM verdoppeln), 7 fM, 3x (4 fM, 1 fM verdoppeln) (= 50 M).

**7. Rd:** 7 fM, 3x (5 fM, 1 fM verdoppeln), 7 fM, 3x (5 fM, 1 fM verdoppeln) (= 56 M).

**8. Rd (Mint):** 7 fM, 3x (6 fM, 1 fM verdoppeln), 7 fM, 3x (6 fM, 1 fM verdoppeln) (= 62 M).

**9. Rd:** 7 fM, 3x (7 fM, 1 fM verdoppeln), 7 fM, 3x (7 fM, 1 fM verdoppeln) (= 68 M).

**10 Rd:** 7 fM, 3x (8 fM, 1 fM verdoppeln), 7 fM, 3x (8 fM, 1 fM verdoppeln) (= 74 M).

Das Garn abschneiden und alle Faden vernähen.

## Deckchen

In Weiß einen Magic-Ring anfertigen und in geschlossenen Rd mit Häkelnd 1,75 mm weiterhäkeln.

**1. Rd:** 6 fM in den Ring häkeln (= 6 M).

**2. Rd:** 3 Lm (= 1 Stb), 2 Lm. * 1 Stb, 2 Lm, ab * noch 4x wdh. Mit 1 Km in die 3. Lm vom Rd-Beginn schließen (= 18 M).

**3. Rd:** 3 Lm (= 1 Stb), 3 Lm, 1 M überspringen, * 1 Stb, 3 Lm, 1 M überspringen, ab * noch 8x wdh, mit 1 Km in die 3. Lm vom Rd-Beginn schließen (= 40 M).

**4. Rd:** 1 Lm, 40 fM häkeln.

**5. Rd:** 3 Lm (= 1 Stb), 4 Lm, 2 M überspringen, * 1 Stb, 4 Lm, 2 M überspringen, ab * noch 12x wdh. Mit 1 Km in die 3. Lm vom Rd-Beginn schließen (= 70 M).

**6. Rd:** 1 Lm, 70 fM häkeln.

**7. Rd:** * 1 Km, 1 fM, 3 Stb in 1 M, 1 fM, 1 Km, ab * noch 13x wdh (= 98 M).

Das Garn abschneiden und vernähen.

## Granny-Square-Kissen

GRANNY-SQUARE (4x)

In Limone einen Magic-Ring anfertigen und mit Häkelnd 1,75 mm weiterhäkeln.

**1. Rd:** 6 fM in den Ring häkeln (= 6 M).

**2. Rd (Pink):** Nur in die hinteren M-Glieder häkeln. Jede fM verdoppeln (= 12 M).

**3. Rd (Weiß):** 1 fM, (1 hStb, 2 Lm, 1 hStb) in 1 M, 1 fM, noch 3x wdh (= 24 M).

Das Garn abschneiden und vernähen.

Noch 3 weitere Granny-Squares ebenso häkeln und zu einem Quadrat zusammennähen.

RÜCKSEITE

Mit Häkelnd 2,0 mm in Pink 13 Lm anschl, weiter in R häkeln. Am Ende jeder R 1 Wende-Lm arb. Nach der letzten R keine Wende-Lm mehr arb.

**1.-12. R:** Jeweils 12 fM häkeln.

Das Garn nicht abschneiden. Rückseite und Vorderseite (mit den Grannys nach oben) mit fM zusammenhäkeln. Eine kleine Öffnung lassen, das Kissen mit Füllwatte ausstopfen und mit fM schließen. Das Garn abschneiden und vernähen.

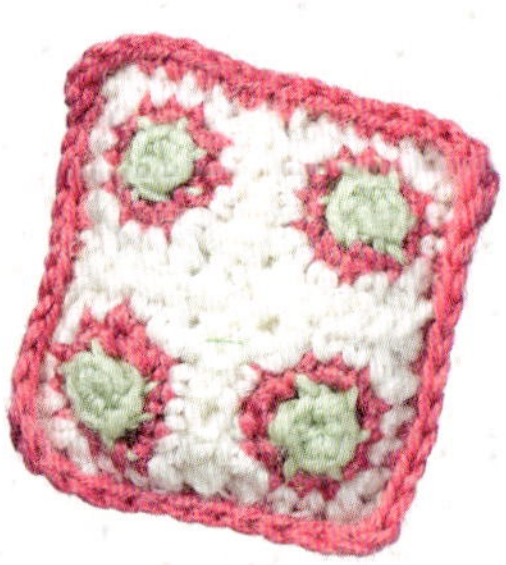

## Wollkorb

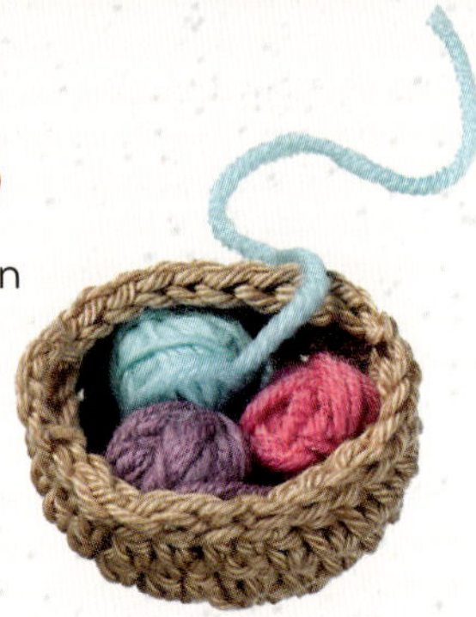

In Bast einen Magic-Ring anfertigen und in Spiralrd mit Häkelnd 2,5 mm weiterhäkeln.

**1. Rd:** 6 fM in den Ring häkeln (= 6 M).

**2. Rd:** Jede fM verdoppeln (= 12 M).

**3. Rd:** Jede 2. fM verdoppeln (= 18 M).

**4. Rd:** * 1 fM, 1 fM verdoppeln, 1 fM, ab * noch 5x wdh (= 24 M).

**5. Rd:** Nur in die hinteren M-Glieder häkeln. 2 Lm (= 1 hStb), 23 hStb (= 24 M).

**6.+7. Rd:** Jeweils 2 Lm (= 1 hStb), 23 hStb häkeln (= 24 M).

**8. Rd:** 5 Km, 5 Lm, 2 M überspringen, 10 Km, 5 Lm, 2 M überspringen, 5 Km (= 30 M).

Das Garn abschneiden und vernähen. Aus Resten in Pink, Pflaume und Mint kleine Wollknäuel aufwickeln und in den Wollkorb legen.

## Kissen

VORDERSEITE

In Pink einen Magic-Ring anfertigen und in Spiralrd mit Häkelnd 2,5 mm weiterhäkeln.

**1. Rd:** 6 fM in den Ring häkeln (= 6 M).

**2. Rd:** Jede fM verdoppeln (= 12 M).

**3. Rd (Mint):** Jede 2. fM verdoppeln (= 18 M).

**4. Rd:** * 1 fM, 1 fM verdoppeln, 1 fM, ab * noch 5x wdh (= 24 M).

**5. Rd (Pflaume):** * 3 fM, 1 fM verdoppeln, ab * noch 5x wdh (= 30 M).

Das Garn abschneiden und vernähen.

RÜCKSEITE

Wie die Vorderseite, aber komplett in Pflaume häkeln. Das Garn nicht abschneiden, sondern Vorder- und Rückseite gegengleich aufeinanderlegen und mit fM durch alle M-Glieder zusammenhäkeln. Kurz vor Ende der Rd das Kissen mit Füllwatte ausstopfen und mit fM schließen. Das Garn abschneiden und vernähen.

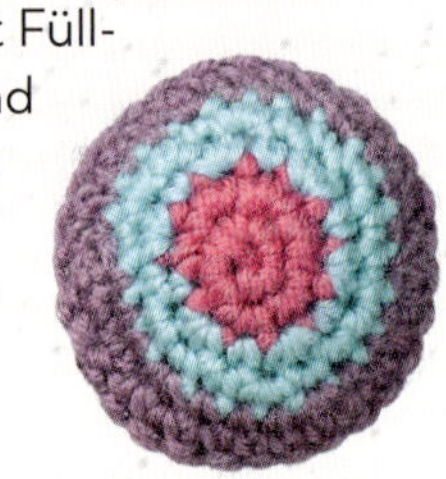

## Kaktus

ÜBERTOPF

In Hellblau einen Magic-Ring anfertigen und in Spiralrd mit Häkelnd 1,75 mm weiterhäkeln.

**1. Rd:** 6 fM in den Ring häkeln (= 6 M).

**2. Rd:** Jede fM verdoppeln (= 12 M).

**3. Rd:** Nur in die hinteren M-Glieder 12 fM häkeln.

**4. Rd:** Jede 2. fM verdoppeln (= 18 M).

**5.-8. Rd:** Jeweils 18 fM häkeln.

**9. Rd:** 18 Km häkeln.

Das Garn abschneiden und vernähen.

ERDE

In Marone einen Magic-Ring anfertigen und in Spiralrd mit Häkelnd 1,75 mm weiterhäkeln.

**1. Rd:** 6 fM in den Ring häkeln (= 6 M).

**2. Rd:** Jede fM verdoppeln (= 12 M).

Das Garn mit 15 cm Länge abschneiden, damit wird später die Erde in den Übertopf genäht.

### STAMM

In Moos einen Magic-Ring anfertigen und in Spiralrd mit Häkelnd 1,75 mm weiterhäkeln.

**1. Rd:** 6 fM in den Ring häkeln (= 6 M).

**2. Rd:** 6 fM häkeln.

**3. Rd:** Jede 2. fM verdoppeln (= 9 M).

**4.-10. Rd:** Jeweils 9 fM häkeln.

Den Stamm mit Füllwatte ausstopfen.

**11. Rd:** * 1 fM, 2 fM zusammen abmaschen, ab * noch 2x wdh (= 6 M).

Das Garn abschneiden und in der Mitte der Erde festnähen.

### GROSSER TRIEB

In Moos einen Magic-Ring anfertigen und in Spiralrd mit Häkelnd 1,75 mm weiterhäkeln.

**1. Rd:** 5 fM in den Ring häkeln (= 5 M).

**2.-4. Rd:** Jeweils 5 fM häkeln.

**5. Rd:** 2 fM zusammen abmaschen, 2 fM, 1 Km (= 4 M).

Das Garn länger abschneiden und den Trieb leicht schräg am Stamm festnähen.

### KLEINER TRIEB

In Moos einen Magic-Ring anfertigen und in Spiralrd mit Häkelnd 1,75 mm weiterhäkeln.

**1. Rd:** 5 fM in den Ring häkeln (= 5 M).

**2.+3. Rd:** Jeweils 5 fM häkeln.

**4. Rd:** 2 fM zusammen abmaschen, 2 fM, 1 Km (= 4 M).

Das Garn abschneiden und den Trieb schräg oberhalb des großen Triebs annähen.

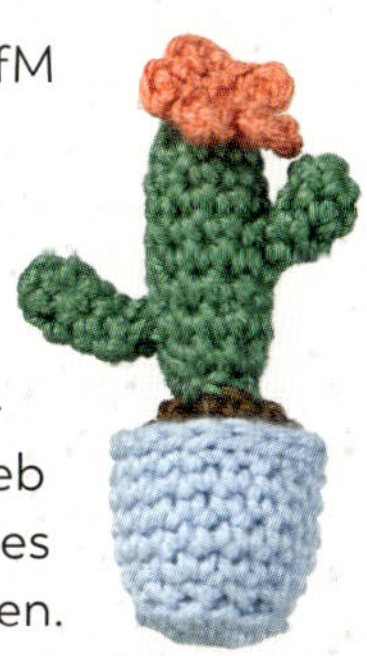

### BLÜTE

In Koralle einen Magic-Ring anfertigen und in Spiralrd mit Häkelnd 1,75 mm weiterhäkeln.

**1. Rd:** 5 fM in den Ring häkeln (= 5 M).

**2. Rd:** * (1 Km, 1 Lm, 1 Stb, 1 Lm, 1 Km) in 1 M, ab * noch 4x wdh.

Das Garn länger abschneiden und die Blüte am Stamm festnähen.

Den Übertopf mit Füllwatte ausstopfen und darauf die Erde mit dem Kaktus festnähen.

## Lampe

### LAMPENSCHIRM

In Gold einen Magic-Ring anfertigen und in Spiralrd mit Häkelnd 2,0 mm weiterhäkeln.

**1. Rd:** 6 fM in den Ring häkeln (= 6 M).

Den Magic-Ring nicht ganz zusammenziehen, hier wird später das Ballonlicht befestigt.

**2. Rd:** Jede fM verdoppeln (= 12 M).

**3. Rd:** Jede 2. fM verdoppeln (= 18 M).

**4. Rd:** * 1 fM, 1 fM verdoppeln, 1 fM, ab * noch 5x wdh (= 24 M).

**5. Rd:** * 1 fM verdoppeln, 3 fM, ab * noch 5x wdh (= 30 M).

**6. Rd:** * 2 fM, 1 fM verdoppeln, 2 fM, ab * noch 5x wdh (= 36 M).

**7. Rd:** Nur in die hinteren M-Glieder 36 fM häkeln.

**8.-14. Rd:** Jeweils 36 fM häkeln

**16. Rd (Azalee):** 36 fM häkeln.

**17. Rd:** * 1 Km, 1 Lm, 1 hStb, 1 Lm, 1 Km, ab * noch 11 wdh (= 60 M).

Das Garn abschneiden und vernähen.

Das Ballonlicht in die Öffnung des Magic-Rings schieben, mit Heißkleber fixieren und das Garnende vernähen.

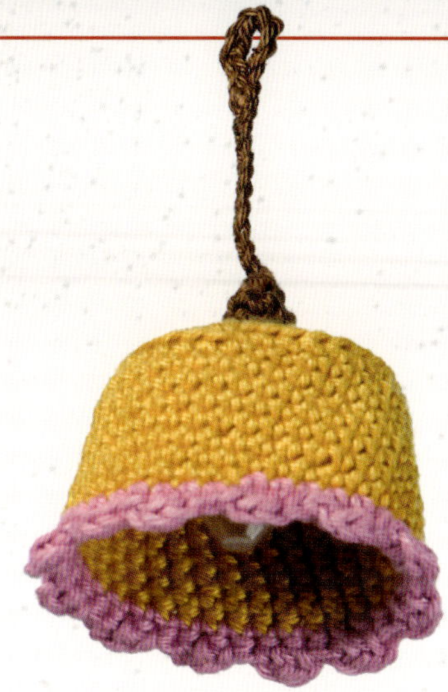

### AUFHÄNGUNG

In Marone einen Magic-Ring anfertigen und in Spiralrd mit Häkelnd 2,0 mm weiterhäkeln.

**1. Rd:** 6 fM in den Ring häkeln (= 6 M).

**2. Rd:** Jede 3. fM verdoppeln (= 8 M).

**3. Rd:** 8 fM häkeln.

Mit 1 Km schließen. Das Garn mit 20 cm Länge abschneiden und die Lampenaufhängung mit der 3. Rd an der 1. Rd des Lampenschirmes festnähen.

Für das Lampenkabel in Marone in dem Magic-Ring der Aufhängung 20 Lm anschl. Ab der 7. M von der Nd aus auf der Lm-Kette 3 Km zurückhäkeln. Das Garn abschneiden und vernähen.

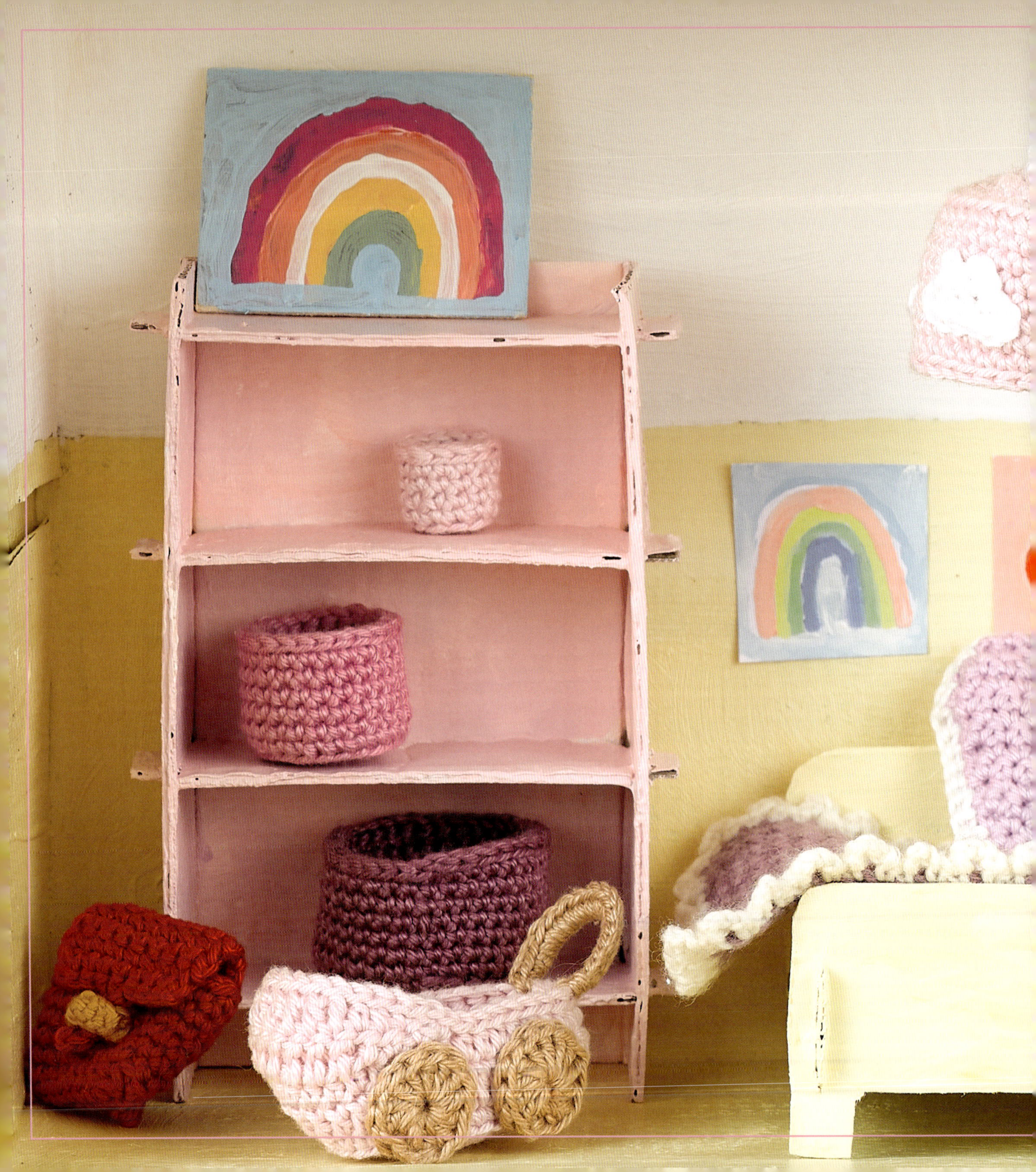

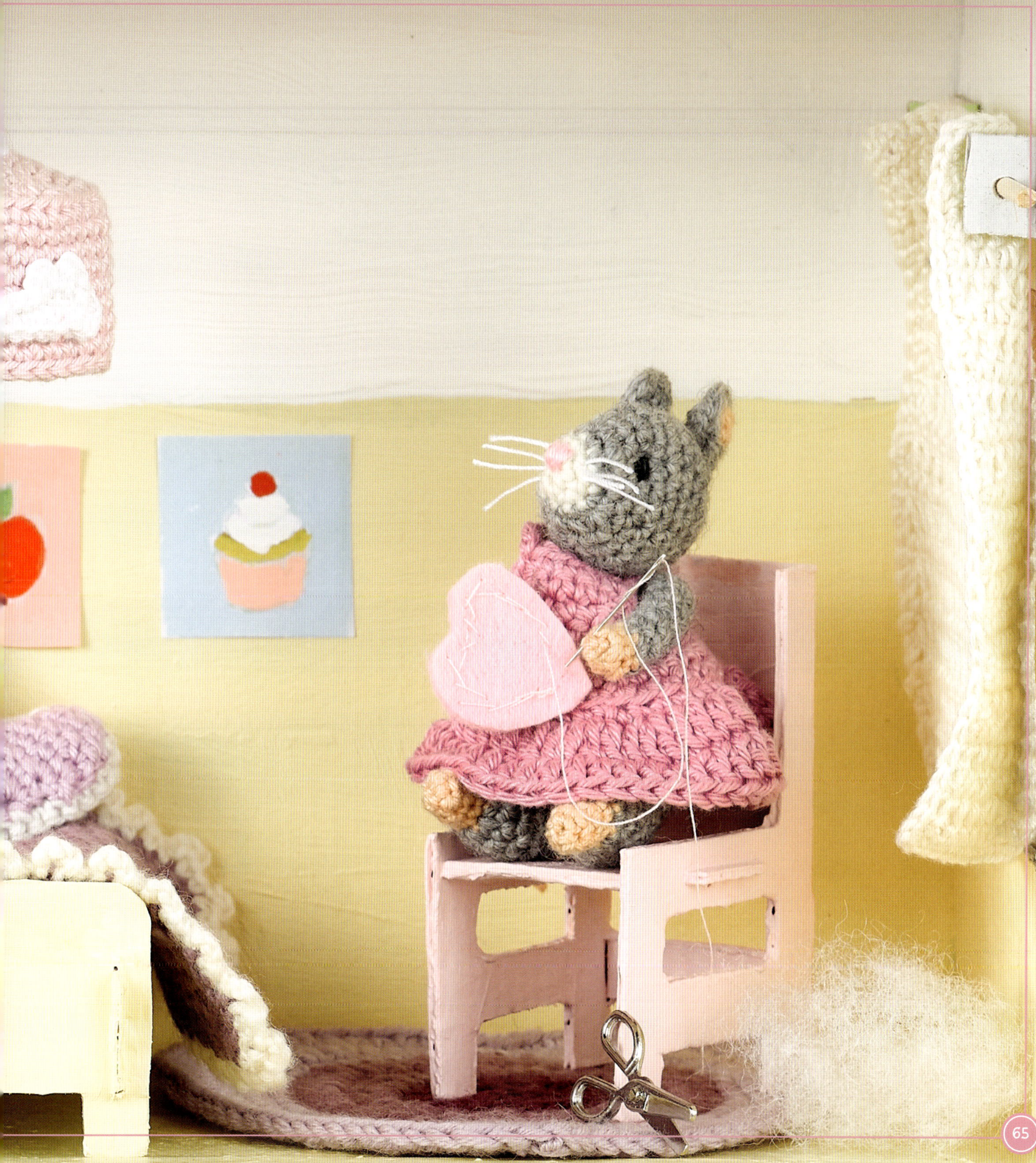

# FANNYS ZIMMER

**SCHWIERIGKEITSGRAD 1**

Bettdecke, Girlande

**SCHWIERIGKEITSGRAD 2**

Herz-Kissen, Puppe, Puppenwagen, Körbe, Lampe, Schulranzen

**SCHWIERIGKEITSGRAD 3**

Herz-Teppich

**GRÖSSEN**

Herz-Teppich 7,5 cm x 12 cm
Herz-Kissen 5 cm x 5 cm
Bettdecke 13 cm x 13 cm
Girlande 28 cm lang
Puppenwagen 6 cm lang, 4 cm hoch
Puppe 4,5 cm hoch
Körbe ø 2,5 cm, ø 2,0 cm, ø 1,5 cm
Schulranzen 4 cm breit, 3 cm hoch
Lampe ø 5 cm, 3 cm hoch

**MATERIAL**

- Häkelnadeln 1,75 mm, 2,0 mm, 2,5 mm und 3,0 mm

**HERZ-TEPPICH**

- Schachenmayr Merino Extrafine 120 (LL 120 m/50 g) in Nostalgy (Fb 143) und Flieder (Fb 145), je 50 g, in Burgund (Fb 133), Rest

**HERZ-KISSEN**

- Schachenmayr Catania (LL 125 m/50 g) in Lavendel (Fb 422), 50 g und in Natur (Fb 105), Rest
- Füllwatte, Rest

**BETTDECKE**

- Schachenmayr Merino Extrafine 170 (LL 170 m/50 g) in Pflaume (Fb 46), 50 g und in Natur (Fb 02), Rest

**WIMPELGIRLANDE**

- Schachenmayr Catania Fine (LL 165 m/50 g) in Phlox (Fb 366) und Rosé (Fb 1010), Reste

**PUPPENWAGEN**

- Schachenmayr Catania (LL 125 m/50 g) in Rosa (Fb 246), 50 g und in Sun-Kissed (Fb 437), Rest

**PUPPE**

- Schachenmayr Catania Fine (LL 165 m/50 g) in Nebel (Fb 434), Phlox (Fb 366), Rosé (Fb 1010) und Schwarz (Fb 1001), Reste
- Füllwatte, Rest

**KÖRBE**

- Schachenmayr Catania (LL 125 m/50 g) in Hyazinth (Fb 240), 50 g, in Azalee (Fb 398) und Rosa (Fb 246), Reste

**SCHULRANZEN**

- Schachenmayr Catania (LL 125 m/50 g) in Signalrot (Fb 115), 50 g und in Gold (Fb 249), Rest

**LAMPE**

- Schachenmayr Catania (LL 125 m/50 g) in Rosa (Fb 246), 50 g und in Weiß (Fb 106), Rest
- Schachenmayr Catania Fine (LL 165 m/50 g) in Weiß (Fb 1000), Rest
- LED Mini-Ballonlicht, 3 cm x 1,5 cm x 1,5 cm
- Heißkleber

## Herz-Teppich

In Burgund einen Magic-Ring anfertigen und in geschlossenen Rd mit Häkelnd 2,5 mm weiterhäkeln.
1. Rd: 3 Lm (= 1 Stb), 11 Stb in den Ring häkeln, mit 1 Km die Rd schließen (= 12 M).
2. Rd: 3 Lm, jedes Stb verdoppeln, mit 1 Km die Rd schließen (= 24 M).
3. Rd (Nostalgy): 3 Steige-Lm, jedes 2. Stb verdoppeln, mit 1 Km schließen (= 36 M).
4. Rd: 3 Lm, jedes 3. Stb verdoppeln, mit 1 Km schließen (= 48 M).
5. Rd (Flieder): 1 Lm, dann fM häkeln, dabei jede 4. fM verdoppeln (= 60 M).
6. Rd: (3 Lm, 1 Stb) in 1 M, 3 hStb, 12 fM, 3 hStb, 5 Stb verdoppeln, 3 hStb, 2 fM, 2 Km, 2 fM, 3 hStb, 5 Stb verdoppeln, 3 hStb, 12 fM, 3 hStb, 1 Stb verdoppeln, mit 1 Km schließen (= 72 M).
7. Rd: (3 Lm, 1 Stb) in 1 M, 3 hStb, 12 fM, 3 hStb, 3 Stb, 5 Stb verdoppeln, 3 Stb, 2 hStb, 2 fM, 4 Km, 2 fM, 2 hStb, 3 Stb, 5 Stb verdoppeln, 3 Stb, 3 hStb, 12 fM, 3 hStb, 1 Stb verdoppeln, mit 1 Km schließen (= 84 M).

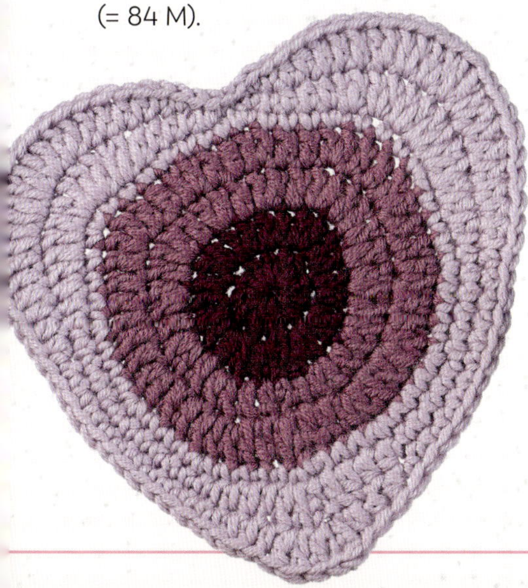

Das Garn abschneiden und vernähen.

## Herz-Kissen

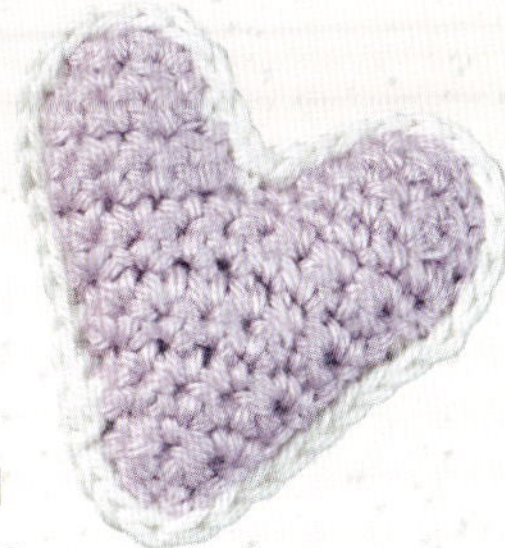

HERZ (2x)
In Lavendel mit Häkelnd 2,0 mm 2 Lm anschl, weiter in R häkeln. Am Ende jeder R 1 Wende-Lm arb. Nach der letzten R keine Wende-Lm mehr arb.
1. R: Ab der 2. M von der Nd aus 2 fM in 1 M (= 2 M).
2. R: 1 fM verdoppeln, 1 fM (= 3 M).
3. R: 1 fM verdoppeln, 2 fM (= 4 M).
4. R: 1 fM verdoppeln, 3 fM (= 5 M).
5. R: 1 fM verdoppeln, 4 fM (= 6 M).
6. R: 1 fM verdoppeln, 5 fM (= 7 M).
7. R: 1 fM verdoppeln, 6 fM (= 8 M).
8. R: 1 fM verdoppeln, 7 fM (= 9 M).
9. R: 1 fM verdoppeln, 8 fM (= 10 M).
10. R: 1 fM verdoppeln, 4 fM (= 6 M).
Die restlichen 5 M bleiben unbehäkelt.
11. R: 2 fM zusammen abmaschen, 4 fM (= 5 M).
12. R: 2 fM zusammen abmaschen, 3 fM (= 4 M).
13. R: 2 fM zusammen abmaschen, 2 fM (= 3 M).
14. R: 2 fM zusammen abmaschen, 1 Km (= 2 M).
Das Garn abschneiden und vernähen.
An der 6. M der 10 R in Lavendel anschlingen und die 10.-14. R gegengleich häkeln.
Ein 2. Herz ebenso häkeln.
Beide Herzen aufeinanderlegen und in Natur mit fM umhäkeln, dabei eine kleine Öffnung lassen und das Kissen mit Füllwatte ausstopfen. Die Öffnung mit fM schließen.

## Bettdecke

In Pflaume mit Häkelnd 3,0 mm 26 Lm anschl, weiter in R häkeln. Am Ende jeder R 1 Wende-Lm arb. Nach der letzten R keine Wende-Lm mehr arb.
1. R: Ab der 2. M von der Nd aus 25 fM häkeln.
2.-18. R: Jeweils 25 fM häkeln (= 25 M).
Weiter die Decke mit fM umhäkeln, dabei an den Ecken 3 fM in 1 M arb.
Das Garn abschneiden und vernähen.
Die Decke in Natur wie folgt umhäkeln: * 1 fM, 4 Lm, 1 fM, ab * fortlaufend wdh. Mit 1 Km schließen. Das Garn abschneiden und vernähen.

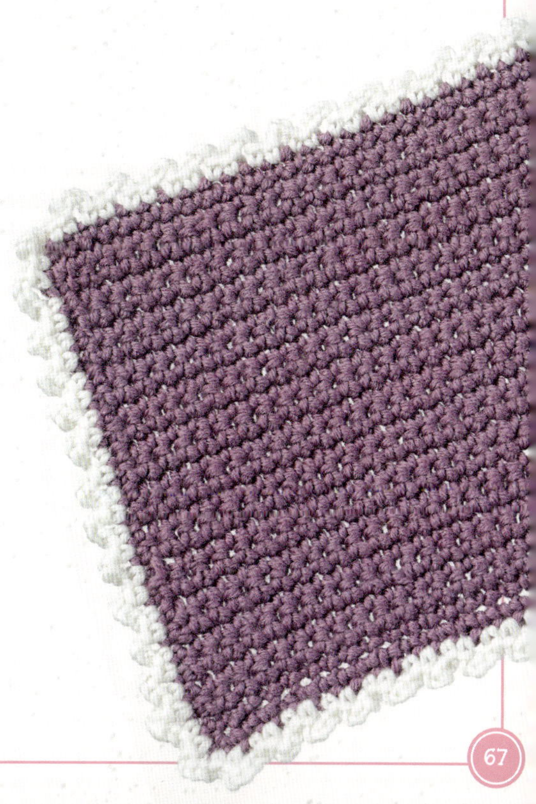

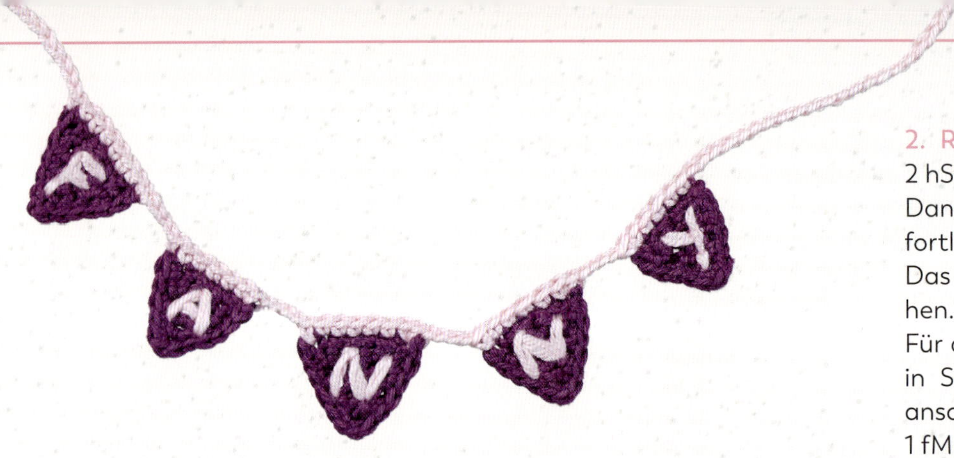

## Girlande

### WIMPEL (5x)

In Phlox mit Häkelnd 1,75 mm 2 Lm anschl, weiter in R häkeln. Am Ende jeder R 1 Wende-Lm arb. Nach der letzten R keine Wende-Lm mehr arb.

1. R: In die 2. M von der Nd aus 1 fM häkeln (= 1 M).
2. R: 1 fM verdoppeln (= 2 M).
3. R: 1 fM verdoppeln, 1 fM (= 3 M).
4. R: 1 fM verdoppeln, 2 fM (= 4 M).
5. R: 1 fM verdoppeln, 3 fM (= 5 M).

Mit 1 Steige-Lm beginnend die Längsseiten mit fM umhäkeln, dabei an der Spitze 3 fM in 1 M arb. Das Garn abschneiden und vernähen.
Noch 4 weitere Wimpel ebenso häkeln.

### FERTIGSTELLEN

In Rosé folgende Buchstaben jeweils auf einen Wimpel sticken: FANNY.
Für die Aufhängung in Rosé 25 Lm anschl und nacheinander jeweils auf die 5. R der Wimpel (in der Reihenfolge YNNAF) 5 fM häkeln. Zwischen den Wimpeln 4 Lm arb. Nach dem letzten Wimpel wieder 25 Lm anschl. Die Enden verknoten und das Garn abschneiden.

## Puppenwagen

### SCHALE

In Rosa mit Häkelnd 2,0 mm 8 Lm anschl.

1. Rd: Ab der 2. M von der Nd aus 6 fM, 3 fM in 1 M, weiter die Lm-Kette von unten behäkeln: 6 fM, 3 fM in 1 M (= 18 M).
Weiter in Spiralrd häkeln.
2. Rd: 6 fM, 3 fM verdoppeln, 6 fM, 3 fM verdoppeln (= 24 M).
3. Rd: 6 fM, 3x (1 fM, 1 fM verdoppeln), 6 fM, 3x (1 fM, 1 fM verdoppeln) (= 30 M).
4. Rd: 6 fM, 3x (2 fM, 1 fM verdoppeln), 6 fM, 3x (2 fM, 1 fM verdoppeln) (= 36 M).
5. Rd: Nur in die hinteren M-Glieder 36 fM häkeln.
6. Rd: 3 Steige-Lm (= 1 Stb), 35 Stb häkeln (= 36 M).
7. Rd: 2 Steige Lm (= 1 hStb), 35 hStb häkeln (= 36 M).

Weiter das Dach in R häkeln. 1 Wende-Lm arb, die Arbeit drehen:

1. R: 1 fM, 2 hStb, 6 Stb, 2 hStb, 1 fM, 1 Km, 1 Wende-Lm.
2. R: 1 Km, 1 fM, 2 hStb, 6 Stb, 2 hStb, 1 fM, 1 Km.

Dann den ganzen Puppenwagen fortlaufend mit Km umhäkeln.
Das Garn abschneiden und vernähen.
Für den Griff gegenüber des Dachs in Sun-Kissed anschlingen, 12 Lm anschl und mit 4 M Abstand mit 1 fM am Wagen anhäkeln. Den Griff mit 14 fM umhäkeln. Das Garn abschneiden und vernähen.

### RAD (4x)

In Sun-Kissed einen Magic-Ring anfertigen. 3 Lm und 11 Stb in den Ring häkeln. Mit 1 Km schließen (= 12 M).
Das Garn mit 20 cm Länge abschneiden und das Rad mit ein paar Stichen am Puppenwagen festnähen.
Noch 3 weitere Räder ebenso häkeln und annähen.

## Puppe

### KOPF

In Nebel einen Magic-Ring anfertigen und in Spiralrd mit Häkelnd 1,75 mm weiterhäkeln.

1. Rd: 6 fM in den Ring häkeln (= 6 M).
2. Rd: Jede 2. fM verdoppeln (= 9 M).
3.-5. Rd: Jeweils 9 fM häkeln.

Den Kopf mit Füllwatte ausstopfen.

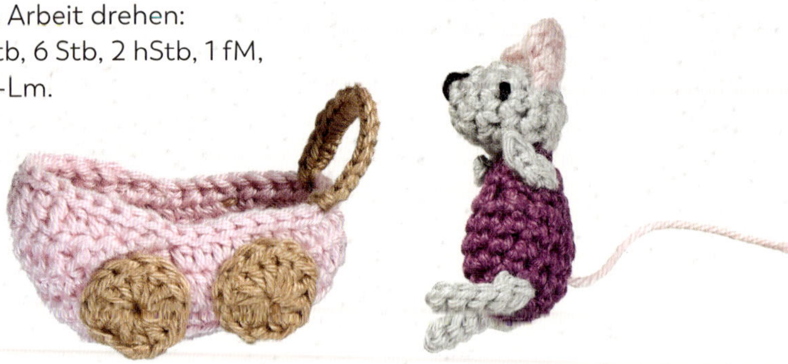

6. Rd: Jede 2. und 3. fM zusammen abmaschen (= 6 M).
Das Garn abschneiden, in eine Nd fädeln und damit alle 6 vorderen M-Glieder zusammenziehen und vernähen.

### KÖRPER

In Phlox einen Magic-Ring anfertigen und in Spiralrd weiterhäkeln.
1. Rd: 6 fM in den Ring häkeln (= 6 M).
2. Rd: Jede 2. fM verdoppeln (= 9 M).
3. Rd: Jede 3. fM verdoppeln (= 12 M).
4.+5. Rd: Jeweils 12 fM häkeln.
6. Rd: Jede 3. und 4. fM zusammen abmaschen (= 9 M).
7. Rd: 9 fM häkeln.
8. Rd: Jede 2. und 3. fM zusammen abmaschen (= 6 M).
Das Garn mit. 20 cm Länge abschneiden. Den Körper mit Füllwatte ausstopfen und den Kopf leicht schräg am Körper festnähen, das Garn vernähen.
Für die Arme beidseitig an der 7. Rd 4 Lm anschl, auf der Lm-Kette ab der 2. M von der Nd aus 3 Km zurückhäkeln. Das Garn abschneiden und vernähen.
Für die Beine beidseitig an der 2. Rd 5 Lm anschl, auf der Lm-Kette ab der 2. M von Nd aus 4 Km zurückhäkeln. Das Garn abschneiden und vernähen.

### OHR (2x)

In Rosé einen Magic Ring anfertigen, 5 fM in den Ring häkeln und mit 1 Km schließen.
Das Garn mit 20 cm Länge abschneiden und das Ohr am Kopf festnähen.
Das 2. Ohr ebenso häkeln und annähen.
In Schwarz Augen und Schnauze aufsticken und mit einem 5 cm langen Stück Garn in Rosé am Hinterteil einen Schwanz annähen.

## Körbe

### GROSSER KORB

In Hyazinth einen Magic-Ring anfertigen und in Spiralrd mit Häkelnd 1,75 mm weiterhäkeln.
1. Rd: 6 fM in den Ring häkeln (= 6 M).
2. Rd: Jede fM verdoppeln (= 12 M).
3. Rd: Jede 2. fM verdoppeln (= 18 M).
4. Rd: * 1 fM, 1 fM verdoppeln, 1 fM, ab * noch 5x wdh (= 24 M).
5. Rd: * 1 fM verdoppeln, 3 fM, ab * noch 5x wdh (= 30 M).
6. Rd: * 2 fM, 1 fM verdoppeln, 2 fM, ab * noch 5x wdh (= 36 M).
7. Rd: Nur in die hinteren M-Glieder 36 fM häkeln.
8.-13. Rd: Jeweils 36 fM häkeln.
14. Rd: 36 Km häkeln.
Das Garn abschneiden und vernähen.

### MITTLERER KORB

In Azalee einen Magic-Ring anfertigen und in Spiralrd mit Häkelnd 1,75 mm weiterhäkeln.
1.-4. Rd: Wie beim großen Korb häkeln (= 24 M).
5. Rd: Nur in die hinteren M-Glieder 24 fM häkeln.
6.-10. Rd: Jeweils 24 fM häkeln.
11. Rd: 24 Km häkeln.
Das Garn abschneiden und vernähen.

### KLEINER KORB

In Rosa einen Magic-Ring anfertigen und in Spiralrd mit Häkelnd 1,75 mm weiterhäkeln.
1.-2. Rd: Wie beim großen Korb häkeln (= 12 M).
3. Rd: Nur in die hinteren M-Glieder 12 fM häkeln.
4.-6. Rd: Jeweils 12 fM häkeln.
7. Rd: 12 Km häkeln.
Das Garn abschneiden und vernähen.

## Schulranzen

### RANZEN

In Signalrot mit Häkelnd 2,0 mm 10 Lm anschl.
1. Rd: Ab der 2. M von der Nd aus 8 fM, 3 fM in 1 M arb. Weiter die Unterseite der Lm-Kette behäkeln: 8 fM, 3 fM in 1 M (= 22 M).
Weiter in Spiralrd häkeln.
2. Rd: Nur in die hinteren M-Glieder 22 fM häkeln.
3.-8. Rd: Jeweils 22 fM häkeln.

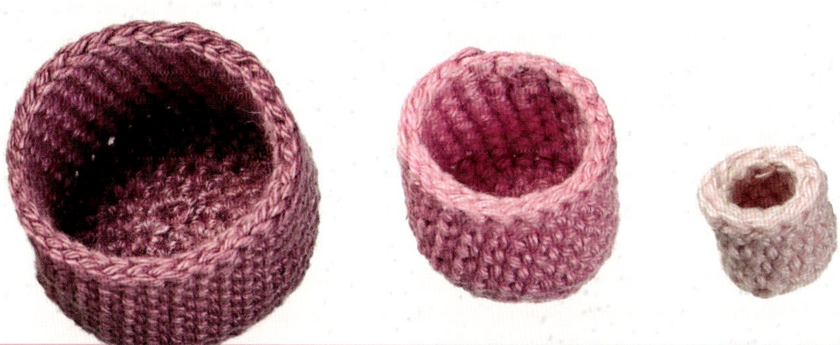

**9. Rd:** 13 Km häkeln.
Für die Klappe in R weiterhäkeln. Am Ende jeder R 1 Wende-Lm arb, dann die Arbeit wenden. Nach der letzten R keine Wende-Lm mehr arb.
**1. R:** 1 Steige-Lm, 8 fM (= 8 M).
**2.-8. R:** Jeweils 8 fM häkeln.
Das Garn abschneiden und vernähen.

### DORN
In der 4. M der 8. R der Klappe in Signalrot neu anschlingen, 5 Lm anschl. Auf der Lm-Kette ab der 2. M von der Nd aus 4 Km zurückhäkeln und den Dorn mit 1 Km in die 5. M der 8. R befestigen. Das Garn abschneiden und vernähen.

### SCHNALLE
In Gold 5 Lm anschl. Ab der 2. M von der Nd aus 4 Km häkeln. Das Garn mit 20 cm Länge abschneiden und so an der Vorderseite des Ranzens festnähen, dass man den Dorn hindurchstecken kann.

### RIEMEN (2x)
In Signalrot 12 Lm anschl. Das Garn mit 20 cm Länge abschneiden und den Riemen unten und oben an der Rückseite des Schulranzens festnähen.
Den 2. Riemen ebenso häkeln und festnähen.

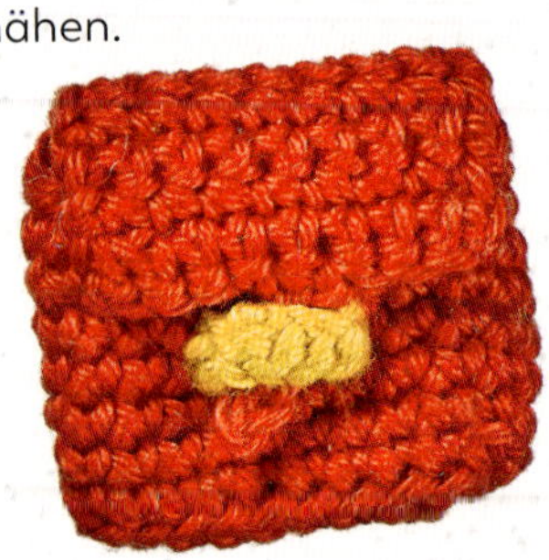

## Lampe

### LAMPENSCHIRM
In Rosa einen Magic-Ring anfertigen und in Spiralrd mit Häkelnadel 2,0 mm weiterhäkeln
**1. Rd:** 6 fM in den Ring häkeln (= 6 M).
Den Magic-Ring nicht ganz zusammenziehen, hier wird später das Ballonlicht befestigt.
**2. Rd:** Jede fM verdoppeln (= 12 M).
**3. Rd:** Jede 2. fM verdoppeln (= 18 M).
**4. Rd:** * 1 fM, 1 fM verdoppeln, 1 fM, ab * noch 5x wdh (= 24 M).
**5. Rd:** * 1 fM verdoppeln, 3 fM, ab * noch 5x wdh (= 30 M).
**6. Rd:** * 2 fM, 1 fM verdoppeln, 2 fM, ab * noch 5x wdh (= 36 M).
**7. Rd:** Nur in die hinteren M-Glieder 36 fM häkeln.
**8.-15. Rd:** Jeweils 36 fM häkeln.
**16. Rd:** 36 Km häkeln.
Das Garn abschneiden und vernähen.

### WOLKE (4x)
In Catania Fine in Weiß mit Häkelnd 1,75 mm 8 Lm anschl. Ab der 4. M von der Nd aus 1 fM, * (1 Km, 1 Stb, 1 Lm, 1 Km) in 1 M, ab * noch 1x wdh, 1 fM, 3 fM in 1 M. Weiter die Lm-Kette von unten behäkeln: 5 fM. Mit 1 Km schließen.
Noch 3 weitere Wolken ebenso häkeln. Die Wolken mit gleichmäßigem Abstand auf dem Lampenschirm festnähen. Das Ballonlicht in die Öffnung des Magic-Rings schieben, mit etwas Heißkleber fixieren und das Garnende vernähen.

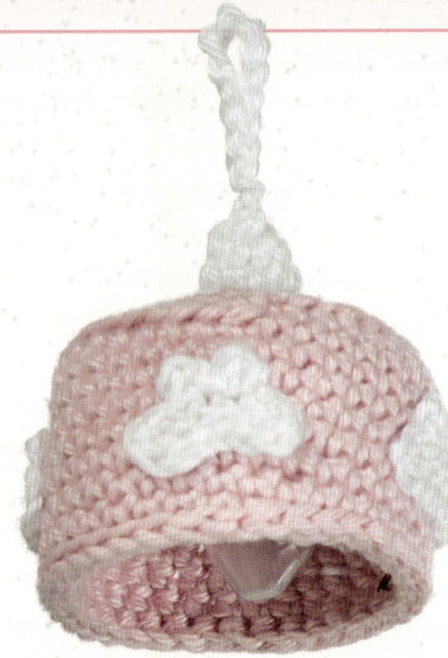

### AUFHÄNGUNG
In Weiß einen Magic-Ring anfertigen und in Spiralrd weiterhäkeln.
**1. Rd:** 6 fM in den Ring häkeln (= 6 M).
**2. Rd:** Jede 3. fM verdoppeln (= 8 M).
**3. Rd:** 8 fM häkeln.
Mit 1 Km schließen. Das Garn mit 20 cm Länge abschneiden und die Aufhängung mit der 3. Rd an der 1. Rd des Lampenschirmes festnähen.
Für das Lampenkabel in Catania Weiß in dem Magic-Ring der Aufhängung 20 Lm anschl. Ab der 7. M von der Nd aus auf der Lm-Kette 3 Km zurückhäkeln. Das Garn abschneiden und vernähen.

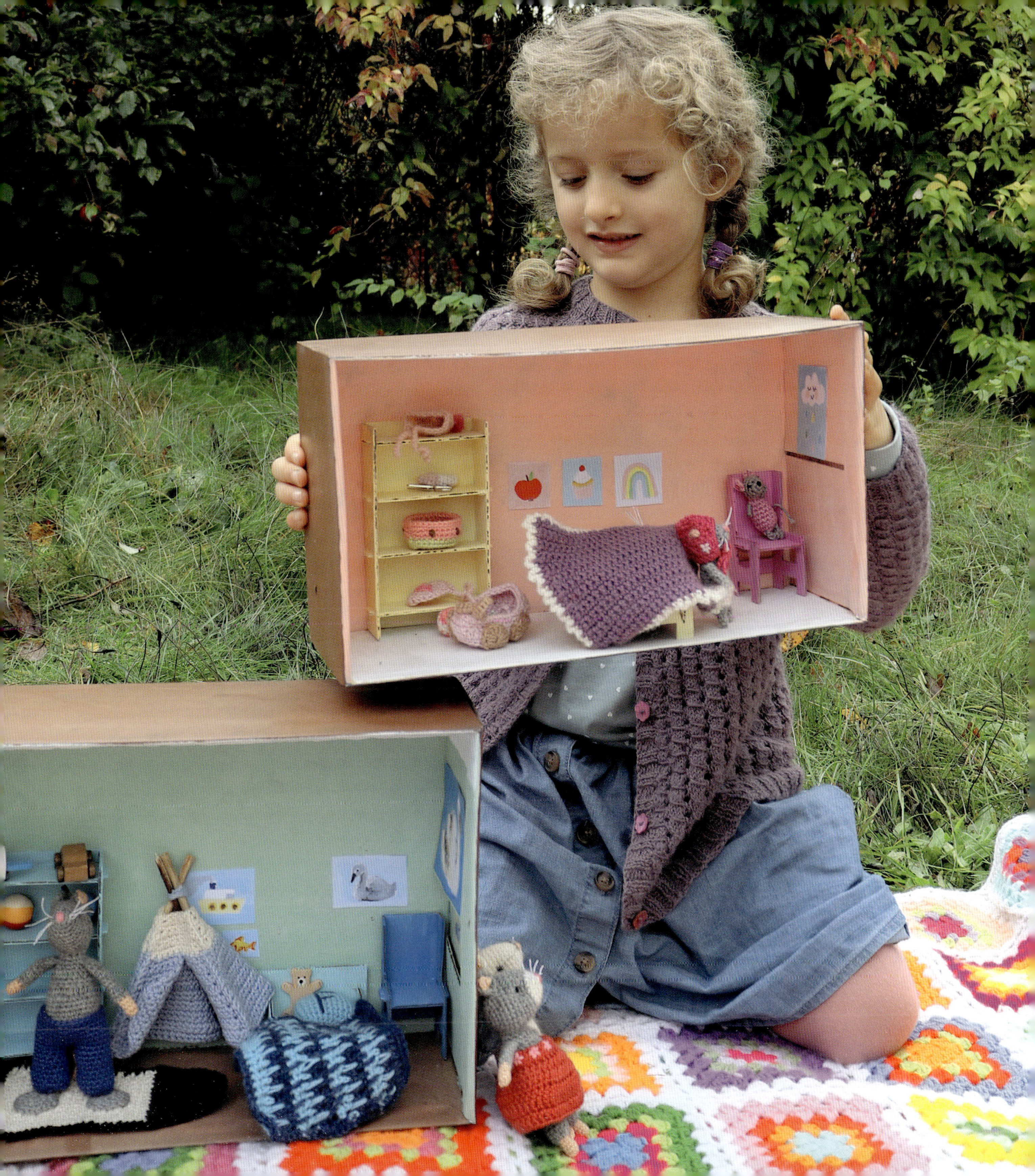

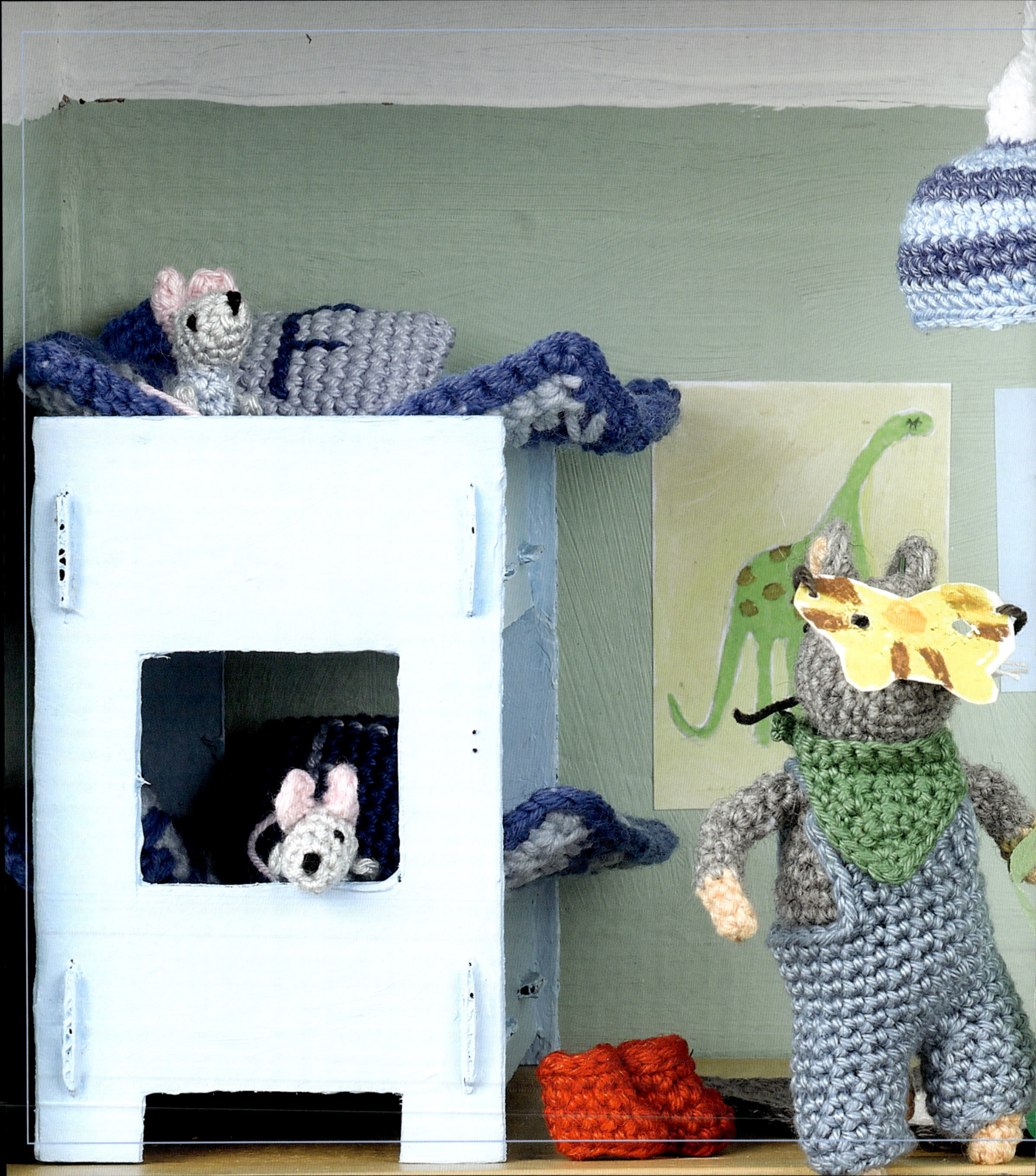

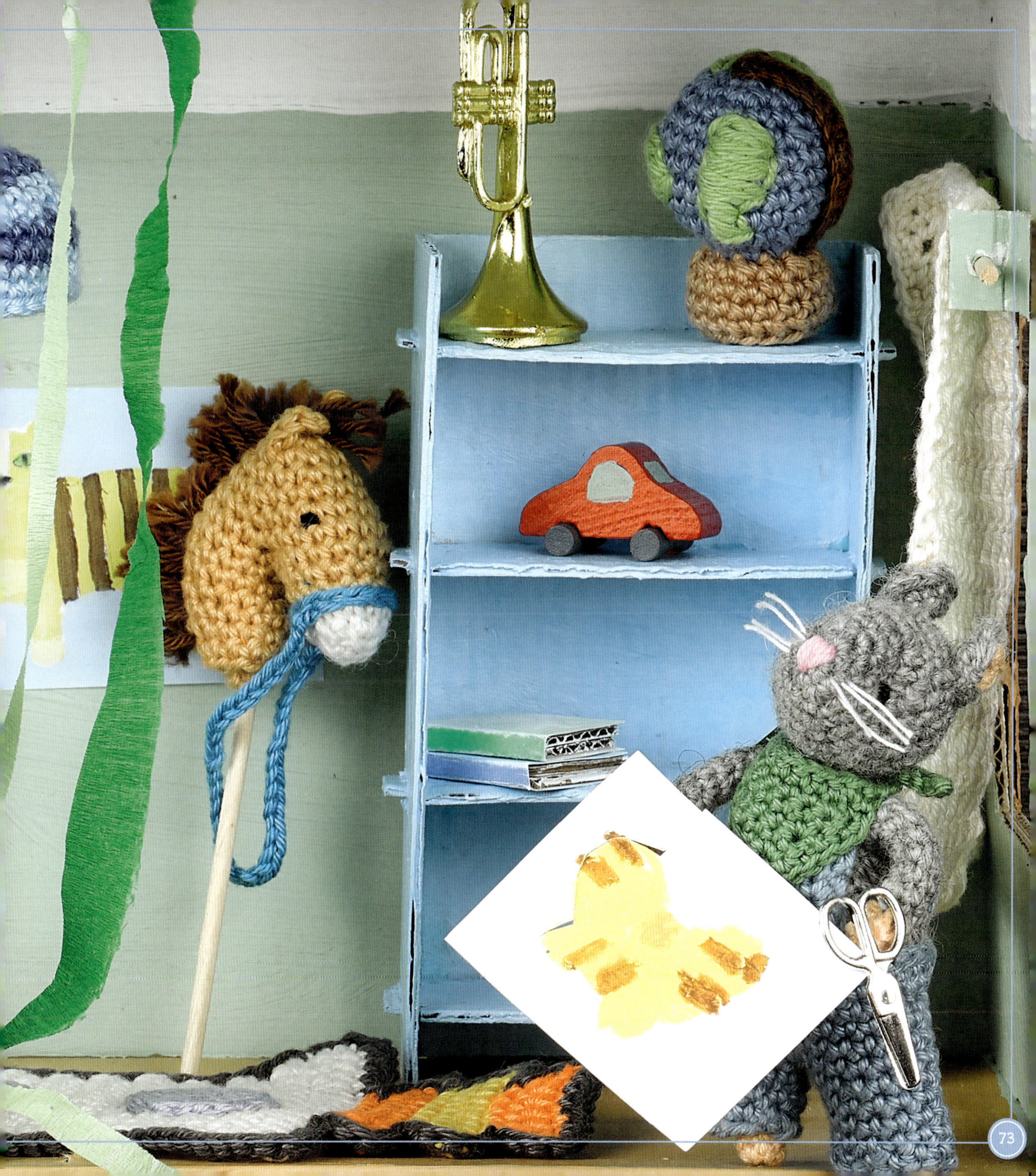

# FRITZ' UND FRIDOLINS ZIMMER

**SCHWIERIGKEITSGRAD 1**

Bettdecke

**SCHWIERIGKEITSGRAD 2**

Raketen-Teppich, Tipi-Zelt, Kissen, Lampe, Globus

**SCHWIERIGKEITSGRAD 3**

Steckenpferd

**GRÖSSEN**

Steckenpferd 11 cm hoch
Raketen-Teppich 16 cm x 11 cm
Tipi-Zelt ø 11 cm,14 cm hoch
Bettdecke 12 cm x 12 cm
Kissen 4 cm x 4 cm
Globus ø 4 cm, 4,5 cm hoch
Lampe ø 4 cm, 3,5 cm hoch

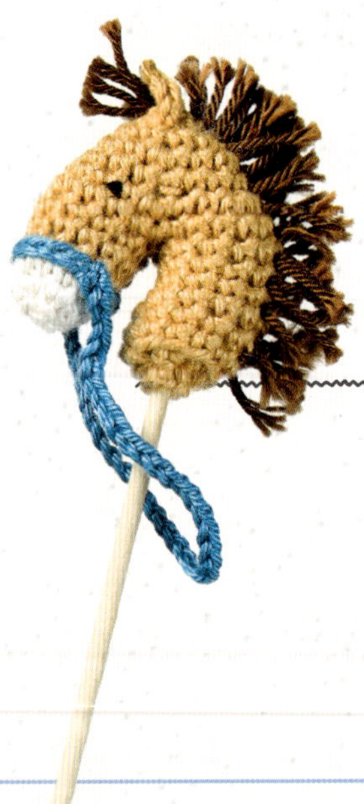

**MATERIAL**

- Häkelnadeln 2,0 mm, 2,5 mm, 3,0 mm

**STECKENPFERD**

- Schachenmayr Catania (LL 125 m/50 g) in Camel (Fb 179), 50 g, in Natur (Fb 105), Marone (Fb 157), Pfau (Fb 146) und Schwarz (Fb 110), Reste
- Füllwatte, Rest
- Schaschlik-Spieß aus Holz, auf 8 cm gekürzt

**RAKETEN-TEPPICH**

- Schachenmayr Catania (LL 125 m/50 g) in Anthrazit (Fb 429) und Natur (Fb 105), je 50 g, in Orange (Fb 281), Sonne (Fb 208) und Serenity (Fb 180), Reste

**BETTDECKE**

- Schachenmayr Merino Extrafine 170 (LL 170 m/50 g) in Royal (Fb 51) und Hellblau (Fb 52), je 50 g

**KISSEN**

- Schachenmayr Catania (LL 125 m/50 g) in Serenity (Fb 180) und Royal (Fb 201), je 50 g
- Füllwatte, Rest

**TIPI-ZELT**

- Schachenmayr Catania (LL 125 g/50 g) in Natur (Fb 105) und Serenity (Fb 180), je 50 g
- 3 Schaschlikspieße aus Holz

**GLOBUS**

- Schachenmayr Catania (LL 125 m/50 g) in Wolke (Fb 247), 50 g, in Sun-Kissed (Fb 437), Greenery (Fb 418) und Marone (Fb 157), Reste
- Füllwatte, Rest

**LAMPE**

- Schachenmayr Catania (LL 125 m/50 g) in Regatta (Fb 261), Hellblau (Fb 173) und Weiß (Fb 106), Reste
- LED Mini-Ballonlicht, 3 cm x 1,5 cm x 1,5 cm
- Heißkleber

## Steckenpferd

### KOPF UND HALS

In Camel einen Magic Ring anfertigen und in Spiralrd mit Häkelnd 2,0 mm weiterhäkeln.

1. Rd: 6 fM in den Ring häkeln (= 6 M).
2. Rd: Jede fM verdoppeln (= 12 M).
3. Rd: 12 fM häkeln.
4. Rd: Jede 2. fM verdoppeln (= 18 M).
5. Rd: 18 fM häkeln.
6. Rd: Jede 3. fM verdoppeln (= 24 M).
7. Rd: 24 fM häkeln.

Zunächst nur den Hals weiterhäkeln. Dafür mit 1 fM die Arbeit halbieren (= 12 M).

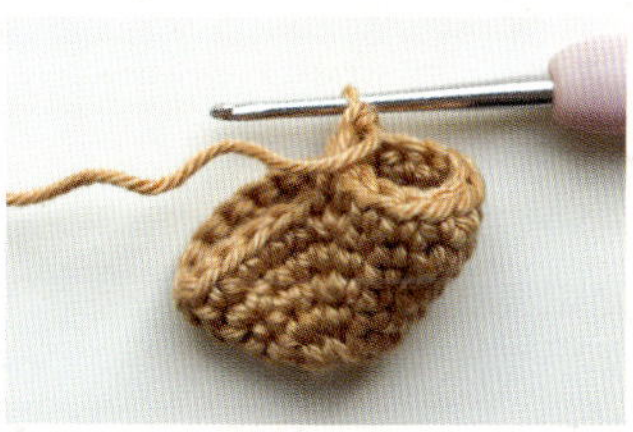

1. Rd: 12 fM häkeln.
2.-4. Rd: 4 fM, 2 fM zusammen abmaschen, 5 fM, 1 fM verdoppeln (= 12 M).
5. Rd: 12 fM häkeln.

Den Hals mit Füllwatte ausstopfen.

6. Rd: Nur in die hinteren M-Glieder häkeln, dabei immer 2 fM zusammen abmaschen (= 6 M).

Mit 1 Km schließen. Das Garn mit 20 cm Länge abschneiden. Mit dem Garn wird später der Schaschlikspieß am Kopf fixiert.

Für den Kopf in Camel an der Öffnung der 7. Rd anschlingen.

1. Rd: Über alle M der Kopföffnung fM häkeln (= 12 M).
2.+3. Rd: Jeweils 12 fM häkeln.
4. Rd (Natur): 12 fM häkeln.

Den Kopf mit Füllwatte ausstopfen.

5. Rd: Immer 2 fM zusammen abmaschen (= 6 M).

Das Garn abschneiden, in eine Nd fädeln und damit alle 6 vorderen M-Glieder zusammenziehen und vernähen.

### OHR (2x)

In Camel mit Häkelnd 2,0 mm 4 Lm anschl. Ab der 2. M von der Nd aus 1 Km, 1 fM, 1 hStb häkeln. Das Garn abschneiden und das Ohr am Kopf festnähen.

Das. 2. Ohr ebenso häkeln und annähen.

### FERTIGSTELLEN

Für die Mähne entlang des Nackens in Marone ca. 1 cm lange Schlaufen aufsticken und diese dann aufschneiden. Für das Halfter in Pfau 14 Lm anschl, das Garn abschneiden und oberhalb des Farbwechsels von Camel zu Natur am Kopf festnähen. Für die Zügel in Pfau 40 Lm anschl. Das Garn abschneiden und beidseitig am Halfter annähen. In Schwarz die Augen aufsticken. Den Schaschlikspieß in die Halsöffnung stecken und mit ein paar Stichen fixieren und die kleine Öffnung zwischen Kopf und Hals schließen.

## Raketen-Teppich

### RAKETE

In Anthrazit mit Häkelnd 2,5 mm 2 Lm anschl, weiter in R häkeln. Am Ende jeder R 1 Wende-Lm arb. Nach der letzten R keine Wende-Lm mehr arb.

1. R: Ab der 2. M von der Nd aus 2 fM in 1 M (= 2 M).
2. R: Jede fM verdoppeln (= 4 M).
3. R: 1 fM verdoppeln, 3 fM (= 5 M).
4.-12. R: Jeweils die 1. fM verdoppeln und die restlichen M als fM häkeln. Nach der 12. R (= 14 M).
13.-29. R (Natur): Jeweils 14 fM häkeln.
30.-34. R: Jeweils die 1. fM verdoppeln und die restlichen M als fM häkeln. Nach der 34. R (= 19 M).
35. R: 19 fM häkeln.

Das Garn abschneiden und vernähen.

Für den Raketenschweif in Orange über die mittleren 9 M der 35. R fM häkeln.

1. R: 9 fM häkeln.
2. R: 1 fM verdoppeln, 7 fM, 1 fM verdoppeln (= 11 M).
3. R: 11 fM häkeln.

Das Garn abschneiden und vernähen.

In Sonne über die mittleren 7 M der letzten R häkeln (= 7 M).

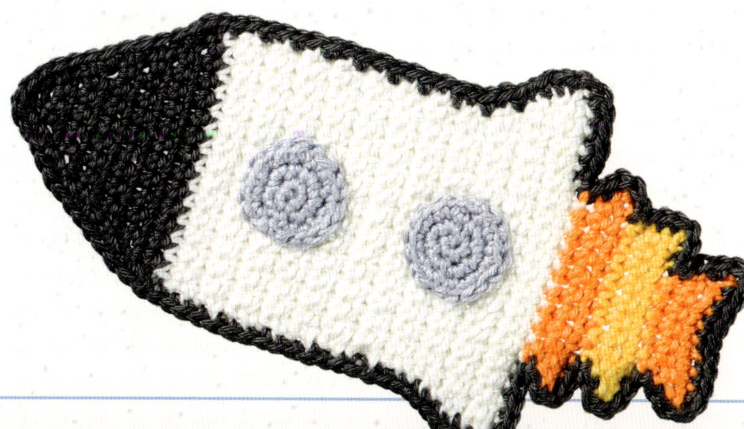

2. R: 1 fM verdoppeln, 5 fM, 1 fM verdoppeln (= 9 M).
3. R: 9 fM häkeln.
Das Garn abschneiden und vernähen.
In Orange über die mittleren 5 M der letzten R fM häkeln (= 5 M).
2. R: 1 fM verdoppeln, 3 fM, 1 fM verdoppeln (= 7 M).
3. R: 7 fM häkeln.
Das Garn abschneiden und vernähen.
In Anthrazit mit 1 Steige-Lm beginnend die ganze Rakete mit fM umhäkeln, dabei an den Ecken 3 fM in 1 M arb.

### BULLAUGE (2x)

In Serenity einen Magic-Ring anfertigen und in Spiralrd mit Häkelnd 2,5 mm weiterhäkeln.
1. Rd: 6 fM in den Ring häkeln (= 6 M).
2. Rd: Jede fM verdoppeln (= 12 M).
3. Rd: Jede 2. fM verdoppeln (= 18 M).
Das Garn mit 20 cm Länge abschneiden und das Fenster wie abgebildet auf der Rakete annähen.
Das 2. Fenster ebenso häkeln und annähen.

## Bettdecke (2x)

In Royal mit Häkelnd 3,0 mm 22 Lm anschl, weiter in R häkeln. Am Ende jeder R die angegebenen Wende-Lm arb. Nach der letzten R keine Wende-Lm mehr arb.
1. R: Ab der 4. M von der Nd aus 19 Stb häkeln, 1 Wende-Lm (= 19 M).
2. R: 19 fM häkeln, 3 Wende-Lm in Hellblau.
3. R (Hellblau): * 1 Stb, 1 tiefer gestochenes Stb, ab * fortlaufend wdh, 1 Wende-Lm (= 19 M).
4. R: 19 fM häkeln, 3 Wende-Lm in Royal.
5. R (Royal): * 1 Stb, 1 tiefer gestochenes Stb, ab * fortlaufend wdh, 1 Wende-Lm.
6. R: 19 fM häkeln, 3 Wende-Lm.
7.-14. R: Die 3.-6 R noch 2x wdh.
15.+16. R: Die 3. und 4. R noch 1x wdh.
Das Garn abschneiden und vernähen.
In Royal mit 1 Steige-Lm beginnend die Decke mit fM umhäkeln, dabei an den Ecken 3 fM in 1 M arb. Das Garn abschneiden und vernähen.
Die 2. Bettdecke ebenso häkeln.

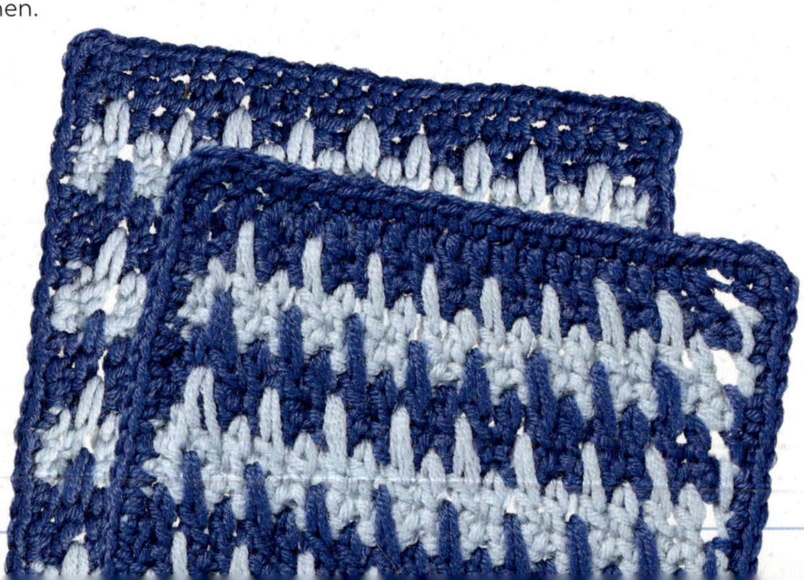

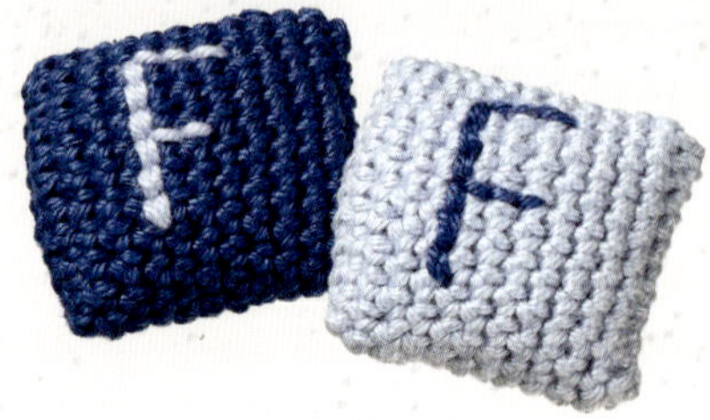


## Kissen (2x)

In Serenity mit Häkelnd 2,0 mm 10 Lm anschl.
1. Rd: Ab der 2. M von der Nd aus 8 fM, 3 fM in 1 M, weiter die Lm-Kette von unten behäkeln: 8 fM, 3 fM in 1 M (= 22 M).
Weiter in Spiralrd häkeln.
2.-12. Rd: Jeweils 22 fM häkeln (= 22 M).
Das Garn mit 20 cm Länge abschneiden. Das Kissen mit Füllwatte ausstopfen und durch die vorderen M-Glieder zusammennähen. In Royal ein F aufsticken.
Das 2. Kissen wie das 1. Kissen häkeln, jedoch die 1.-12. R in Royal häkeln und in Serenity das F aufsticken.

## Globus

Für den Fuß in Sun-Kissed einen Magic-Ring anfertigen und in Spiralrd mit Häkelnd 2,0 mm weiterhäkeln.
1. Rd: 6 fM in den Ring häkeln (= 6 M).
2. Rd: Jede fM verdoppeln (= 12 M).
3. Rd: Jede 2. fM verdoppeln (= 18 M).
4. Rd: Nur in die hinteren M-Glieder 18 fM häkeln.
5. Rd: 18 fM häkeln.
6. Rd: Jede 2. und 3. fM zusammen abmaschen (= 12 M).
Den Fuß mit Füllwatte ausstopfen.
Weiter die Weltkugel arb.

7. Rd (Wolke):
12 fM häkeln.
8. Rd: Jede 2. fM verdoppeln (= 18 M).
9. Rd. * 1 fM, 1 fM verdoppeln, 1 fM, ab * noch 5x wdh (= 24 M).
10.-13. Rd: Jeweils 24 fM häkeln.
14. Rd: Jede 3. und 4. fM zusammen abmaschen (= 18 M).
15. Rd: 18 fM häkeln.
16. Rd: Jede 2. und 3. fM zusammen abmaschen (= 12 M).
Die Weltkugel mit Füllwatte ausstopfen.
17. Rd: Immer 2 fM zusammen abmaschen (= 6 M).
Das Garn abschneiden, in eine Nd fädeln und damit alle 6 vorderen M-Glieder zusammenziehen und vernähen.

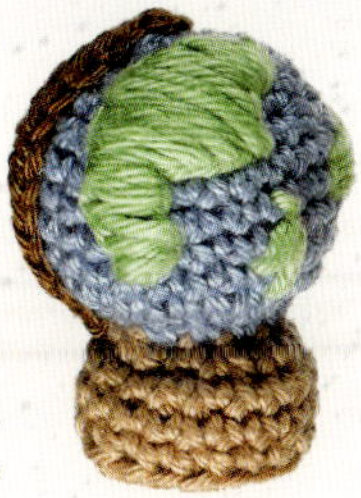

FERTIGSTELLEN
In Greenery Kontinente aufsticken. Für die Halterung in Marone 14 Lm anschl und ab der 4. M von der Nd aus 11 fM häkeln. Das Garn mit 20 cm Länge abschneiden und die Halterung wie abgebildet von oben bis zum Fuß des Globus festnähen.

# Tipi-Zelt

SEITENTEIL (2x)
In Natur mit Häkelnd 2,5 mm 5 Lm anschl, weiter in R häkeln. Am Ende jeder R 1 Wende-Lm arb. Nach der letzten R keine Wende-Lm mehr arb.
1. R: Ab der 2. M von der Nd aus 4 fM häkeln (= 4 M).
2. R: 1 fM verdoppeln, 3 fM (= 5 M).
3. R: 1 fM verdoppeln, 4 fM (= 6 M).
4. R: 1 fM verdoppeln, 5 fM (= 7 M).
5. R: 1 fM verdoppeln, 6 fM (= 8 M).
6. R: 1 fM verdoppeln, 7 fM (= 9 M).
7. R: 1 fM verdoppeln, 8 fM (= 10 M).
8. R: 1 fM verdoppeln, 9 fM (= 11 M).
9. R: 1 fM verdoppeln, 10 fM (= 12 M).
Das Garn mit 30 cm Länge abschneiden, damit werden die Teile später zusammengehäkelt.
10. R (Serenity): 1 fM verdoppeln, 11 fM (= 13 M).
11.-29. R: Jeweils die 1. fM verdoppeln und die restlichen M als fM häkeln. Nach 29 R (= 32 M).
Das Garn mit 50 cm Länge abschneiden, damit werden die Teile später zusammengehäkelt.
Das 2. Seitenteil ebenso häkeln.

VORDERTEIL MIT ÖFFNUNG
1.-9. R: Wie das Seitenteil häkeln.
Beide Teile getrennt voneinander beenden.
10. R (Serenity): 1 fM verdoppeln, 5 fM (= 7 M). Die restlichen 6 M bleiben unbehäkelt.
11. R: 7 fM häkeln (= 7 M).
12. R: 1 fM verdoppeln, 6 fM (= 8 M).
13. R: 8 fM häkeln.
14. R: 1 fM verdoppeln, 7 fM (= 9 M).
15. R: 9 fM häkeln.
16. R: 1 fM verdoppeln, 8 fM (= 10 M).
17. R: 10 fM häkeln.
18. R: 1 fM verdoppeln, 9 fM (= 11 M).
19. R: 11 fM häkeln.
20. R: 1 fM verdoppeln, 10 fM (= 12 M).
21. R: 12 fM häkeln.
22. R: 1 fM verdoppeln, 11 fM (= 13 M).
23. R: 13 fM häkeln.
24. R: 1 fM verdoppeln, 12 fM (= 14 M).
25. R: 14 fM häkeln.
26. R: 1 fM verdoppeln, 13 fM (= 15 M).
27. R: 15 fM häkeln.
28. R: 1 fM verdoppeln, 14 fM (= 16 M).
29. R: 16 fM häkeln.
An der 7. M der 9. R in Serenity anschlingen und die andere Seite gegengleich häkeln.

FERTIGSTELLEN
Alle drei Seiten des Tipis mit fM zusammenhäkeln, dabei den Farbwechsel beachten. Entlang der Nähte die Schaschlikspieße auf gleicher Höhe in das Tipi stecken, mit ein paar Stichen innen an den Nähten und oben fixieren.

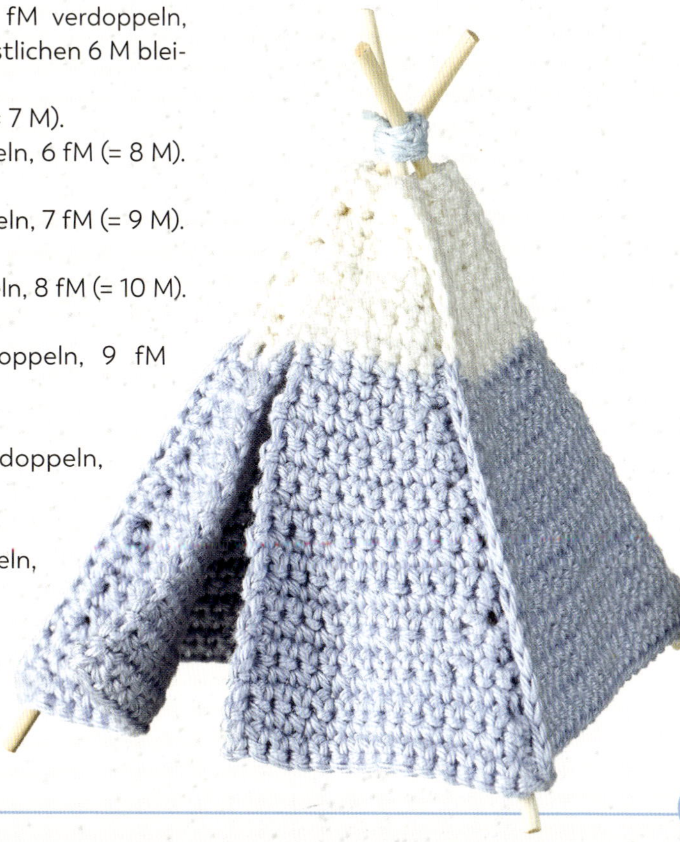

# Lampe

## LAMPENSCHIRM

In Regatta einen Magic-Ring anfertigen und in Spiralrd mit Häkelnd 2,0 mm weiterhäkeln.

1. Rd: 6 fM in den Ring häkeln (= 6 M).

Den Magic-Ring nicht ganz zusammenziehen, hier wird später das Ballonlicht befestigt.

2. Rd: Jede fM verdoppeln (= 12 M).

3. Rd (Hellblau): Jede 2. fM verdoppeln (= 18 M).

4. Rd: * 1 fM, 1 fM verdoppeln, 1 fM, ab * noch 5x wdh (= 24 M).

5. Rd (Regatta): * 1 fM verdoppeln, 3 fM, ab * noch 5x wdh (= 30 M).

6. Rd: 30 fM häkeln.

7. Rd (Hellblau): * 2 fM, 1 fM verdoppeln, 2 fM, ab * noch 5x wdh (= 36 M).

8. Rd: 36 fM häkeln.

9.+10. Rd (Regatta): Jeweils 36 fM häkeln.

11.+12 Rd (Hellblau): Jeweils 36 fM häkeln.

13. Rd: 36 Km häkeln.

Das Garn abschneiden und vernähen. Das Ballonlicht in die Öffnung des Magic-Rings schieben, mit etwas Heißkleber fixieren und das Garnende vernähen.

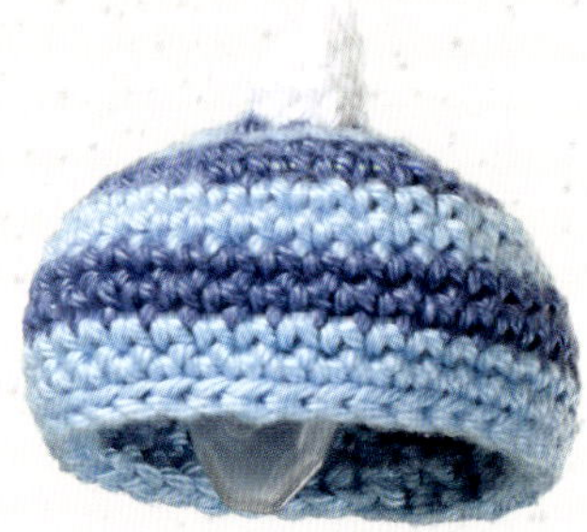

## AUFHÄNGUNG

In Weiß einen Magic-Ring anfertigen und in Spiralrd weiterhäkeln.

1. Rd: 6 fM in den Ring häkeln (= 6 M).

2. Rd: Jede 3. fM verdoppeln (= 8 M).

3. Rd: 8 fM häkeln (= 8 M).

Mit 1 Km schließen. Das Garn mit 20 cm Länge abschneiden und die Halterung an der 1. Rd des Lampenschirmes festnähen.

An der 1. Rd der Halterung in Weiß 20 Lm mit Häkelnd 2,0 mm anschl. Ab der 7. M von der Nd aus auf der Lm-Kette 3 Km zurückhäkeln. Das Garn abschneiden und vernähen.

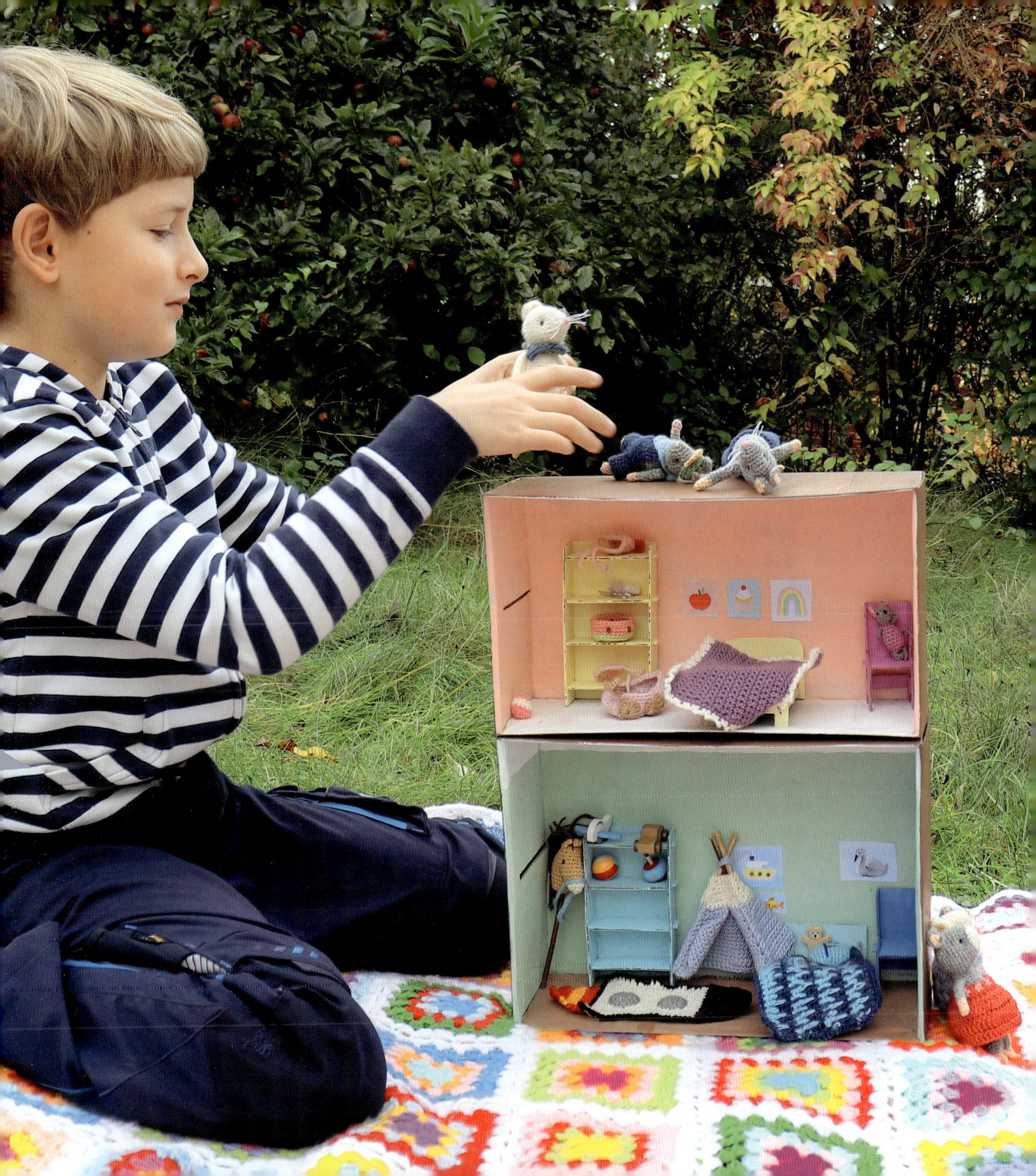

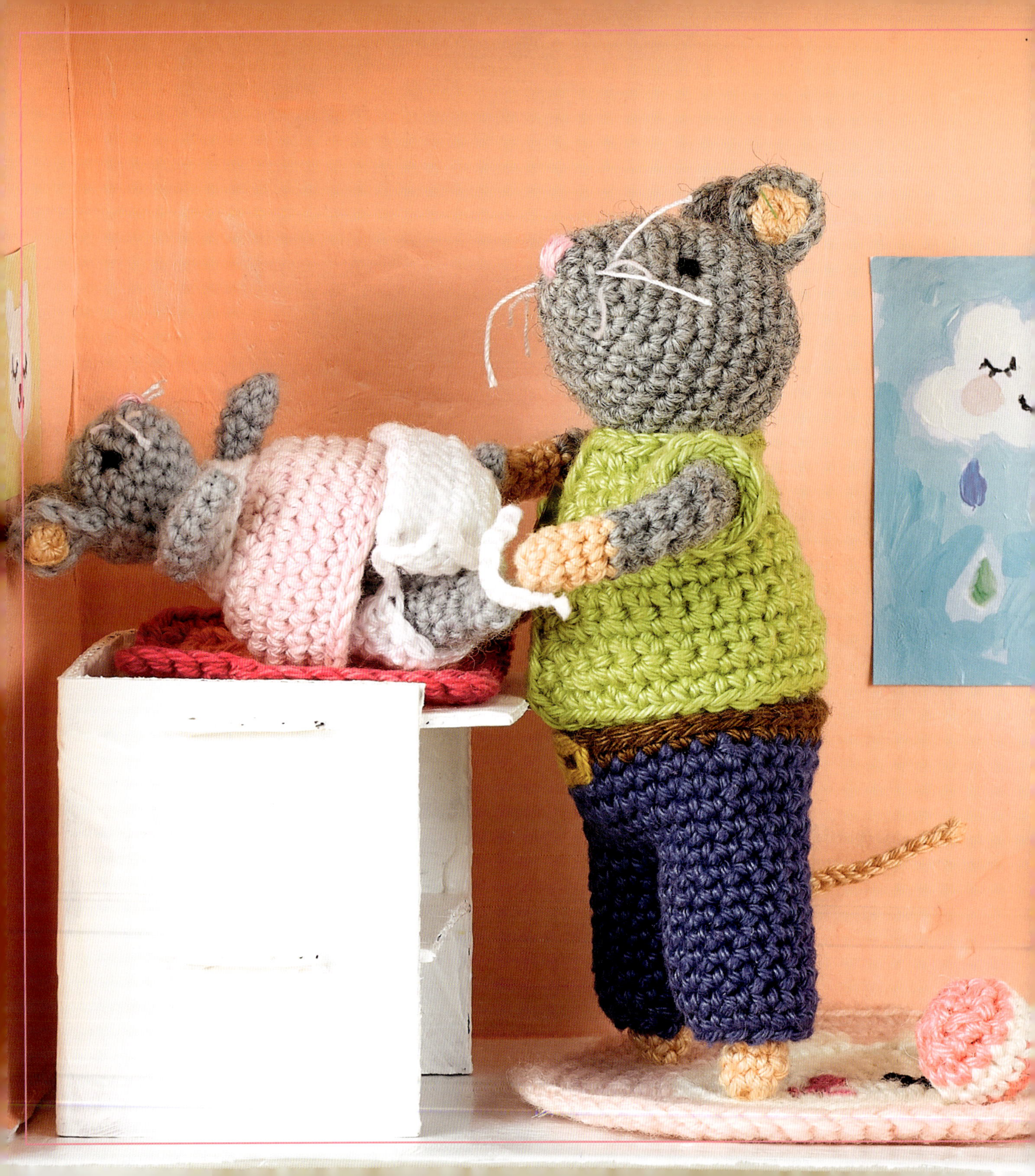

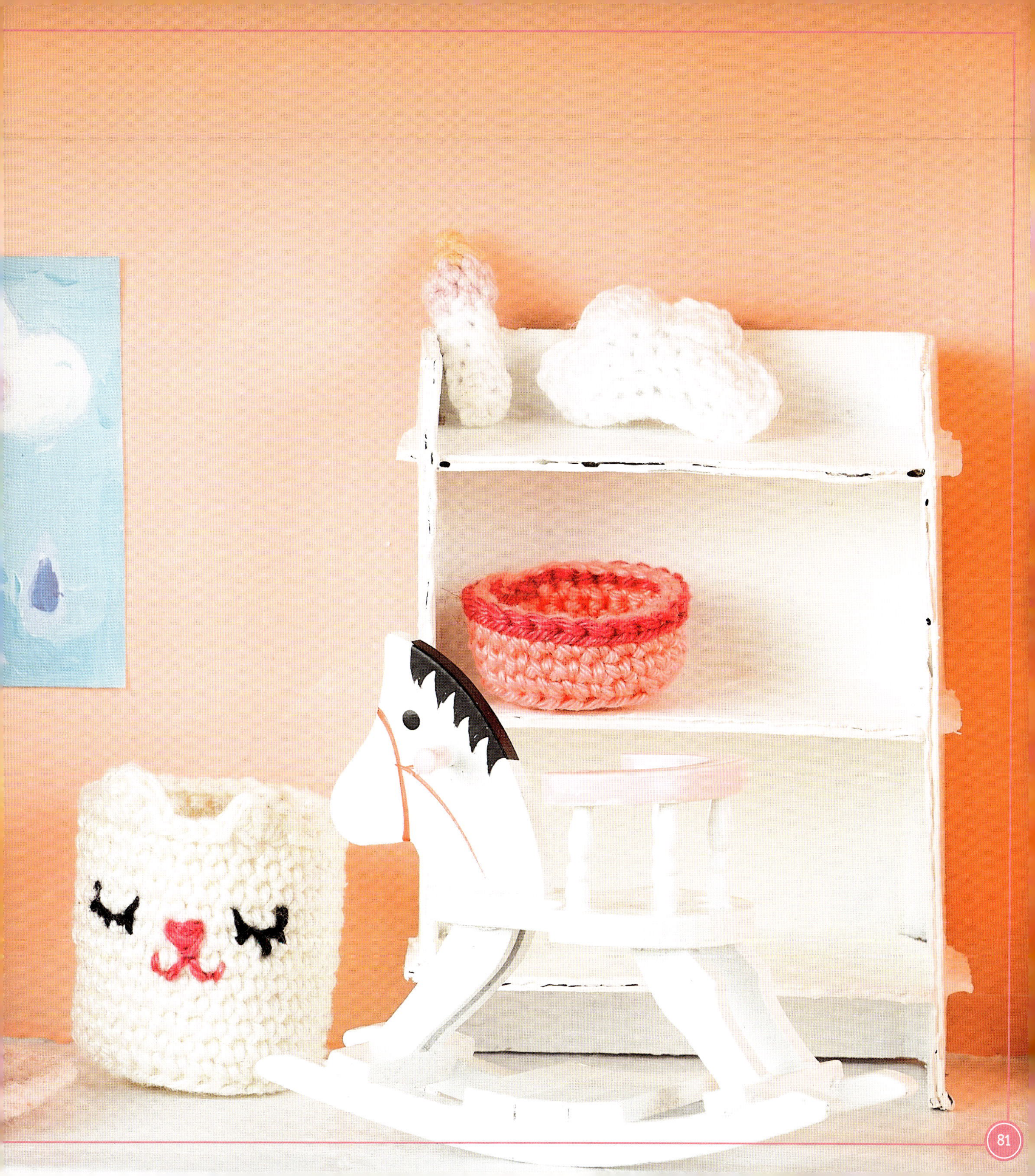

# FLORAS ZIMMER

**SCHWIERIGKEITSGRAD 1**

Baby-Decke, Wickelunterlage

**SCHWIERIGKEITSGRAD 2**

Mäuse-Teppich, Ball, Baby-Korb, Milchflasche, Mäuse-Korb, Korb in Pink

**SCHWIERIGKEITSGRAD 3**

Wolken-Kissen, Lampe

**GRÖSSEN**

Mäuse-Teppich ø 8,5 cm
Baby-Decke 12 cm x 8 cm
Korb in Pink ø 3 cm, 1,5 cm hoch
Wolken-Kissen 3, 5 cm breit, 2 cm hoch
Baby-Korb 8 cm lang, 4 cm hoch
Ball ø 1,5 cm
Milchflasche 3 cm hoch
Mäuse-Korb ø 4 cm, 6 cm hoch
Wickelunterlage 5 cm x 5 cm
Lampe ø 5,5 cm, 4,5 cm hoch

**MATERIAL**

- Häkelnadeln 1,75 mm, 2,0 mm, 2,5 mm und 3,0 mm

**MÄUSE-TEPPICH**

- Schachenmayr Merino Extrafine 170 (LL 170 m/50 g) in Natur (Fb 02), Puderrosa (Fb 35) und Pink (Fb 37), Reste
- Schachenmayr Catania Fine (LL 165 m/50 g) in Schwarz (Fb 1001), Rest

**BABY-DECKE**

- Schachenmayr Merino Extrafine 170 (LL 170 m/50 g) in Natur (Fb 02), Puderrosa (Fb 35) und Pink (Fb 37), Reste

**KORB IN PINK**

- Schachenmayr Catania (LL 125 m/ 50 g) in Pink (Fb 225) und Cyclam (Fb 114), Reste

**WOLKEN-KISSEN**

- Schachenmayr Catania Fine (LL 165 m/50 g) in Weiß (Fb 1000), Rest
- Füllwatte, Rest

**BABY-KORB**

- Schachenmayr Catania (LL 125 m/ 50 g) in Camel (Fb 179), 50 g

**BALL**

- Schachenmayr Catania (LL 125 m/ 50 g) in Pink (Fb 225) und Natur (Fb 105), Reste
- Füllwatte, Rest

**MILCHFLASCHE**

- Schachenmayr Catania Fine (LL 165 m/50 g) in Weiß (Fb 1000), Rosé (Fb 1010) und Aprikose (Fb 369), Reste
- Füllwatte, Rest
- Nähgarn in Schwarz, Rest

**MÄUSE-KORB**

- Schachenmayr Catania (LL 125 m/ 50 g) in Natur (Fb 105), 50 g, in Schwarz (Fb 110) und Cyclam (Fb 114), Reste

**WICKELUNTERLAGE**

- Schachenmayr Catania (LL 125 m/ 50 g) in Pink (Fb 225) und Cyclam (Fb 114), Reste

**LAMPE**

- Schachenmayr Catania (LL 125 m/ 50 g) in Weiß (Fb 106), 50 g und in Orchidee (Fb 222), Rest
- Füllwatte, Rest
- LED Mini-Ballonlicht, 3 cm x 1,5 cm x 1,5 cm

## Mäuse-Teppich

### TEPPICH

In Natur einen Magic-Ring anfertigen und in Spiralrd mit Häkelnd 2,5 mm weiterhäkeln.

1. Rd: 6 fM in den Ring häkeln (= 6 M).
2. Rd: Jede fM verdoppeln (= 12 M).
3. Rd: Jede 2. fM verdoppeln (= 18 M).
4. Rd: * 1 fM, 1 fM verdoppeln, 1 fM, ab * noch 5x wdh (= 24 M).
5. Rd: * 1 fM verdoppeln, 3 fM, ab * noch 5x wdh (= 30 M).
6. Rd: * 2 fM, 1 fM verdoppeln, 2 fM, ab * noch 5x wdh (= 36 M).
7. Rd (Puderrosa): Nur in die hinteren M-Glieder häkeln: * 5 fM, 1 fM verdoppeln, ab * noch 5x wdh (= 42 M).
8. Rd: * 1 fM, 1 fM verdoppeln, 5 fM, ab * noch 5x wdh (= 48 M).
9. Rd: * 1 fM verdoppeln, 7 fM, ab * noch 5x wdh (= 54 M).
10. Rd: * 2 fM, 1 fM verdoppeln, 6 fM, ab * noch 5x wdh (= 60 M).
11. Rd: * 1 fM verdoppeln, 9 fM, ab * noch 5x wdh (= 66 M).
12. Rd: * 1 fM, 1 fM verdoppeln, 9 fM, ab * noch 5x wdh (= 72 M).

Das Garn abschneiden und vernähen.

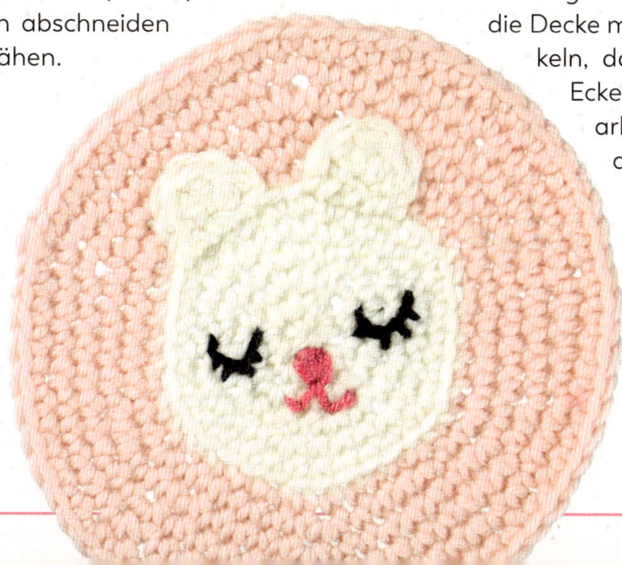

### OHR (2x)

In Natur 4 Lm anschl. Ab der 2. M von der Nd aus 1 fM, 3 Stb in 1 M, (1 fM, 1 Km) in 1 M. Das Garn mit 20 cm Länge abschneiden und das Ohr am Kopf annähen.

Das 2. Ohr ebenso häkeln und annähen.

Mit Schwarz die schlafenden Augen und in Pink Nase und Mund aufsticken.

## Baby-Decke

In Puderrosa mit Häkelnd 2,5 mm 19 Lm anschl, weiter in R häkeln. Am Ende jeder R 1 Wende-Lm arb. Nach der letzten R keine Wende-Lm mehr arb.

1. R: Ab der 4. M von der Nd aus 16 Stb häkeln (= 16 M).
2. R: 16 fM häkeln.
3. R (Pink): 16 fM häkeln.
4. R: 16 fM häkeln.

5.-16. R: Die 1.-4. R noch 3x wdh, dabei die 1. R jeweils mit 3 Steige-Lm beginnen.

17.+18. R: Die 1. und 2. R 1x wdh.

Das Garn abschneiden und vernähen.

In Natur mit 1 Steige Lm beginnend die Decke mit fM umhäkeln, dabei an den Ecken 3 fM in 1 M arb. Das Garn abschneiden und vernähen.

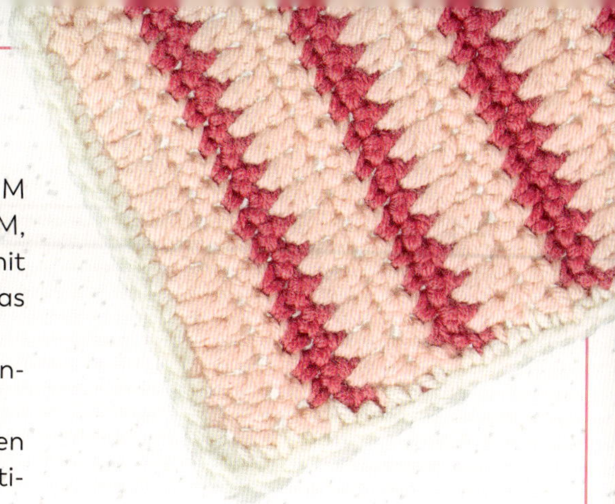

## Korb in Pink

In Pink einen Magic-Ring anfertigen und in Spiralrd mit Häkelnd 2,0 mm weiterhäkeln.

1. Rd: 6 fM in den Ring häkeln (= 6 M).
2. Rd: Jede fM verdoppeln (= 12 M).
3. Rd: Jede 2. verdoppeln (= 18 M).
4. Rd: * 1 fM, 1 fM verdoppeln, 1 fM, ab * noch 5x wdh (= 24 M).
5. Rd: Nur in die hinteren M-Glieder 24 fM häkeln.

6.-8. Rd: Jeweils 24 fM häkeln.

9. Rd (Cyclam): 24 Km häkeln.

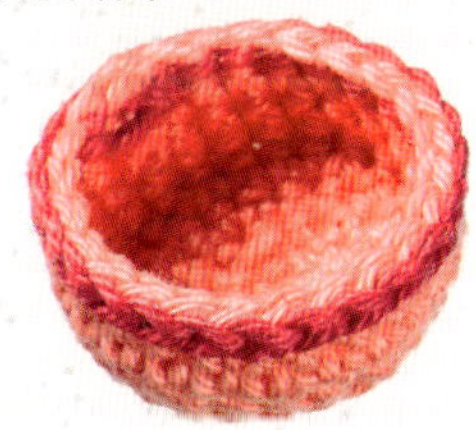

Das Garn abschneiden und vernähen.

## Wolken-Kissen

### VORDERSEITE

In Weiß mit Häkelnd 1,75 mm 9 Lm anschl, weiter in R häkeln. Am Ende jeder R 1 Wende-Lm arb. Nach der letzten R keine Wende-Lm mehr arb.

1. R: 8 fM häkeln (= 8 M).
2. R: 1 fM verdoppeln, 6 fM, 1 fM verdoppeln (= 10 M).

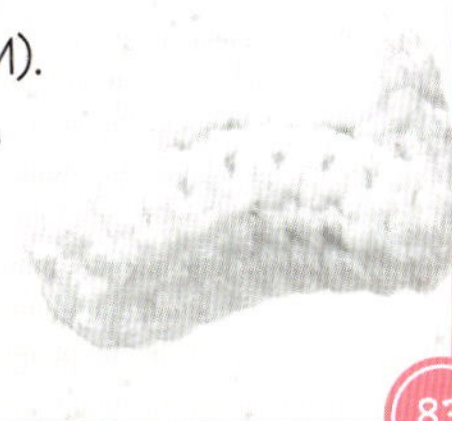

3. R: 2 fM zusammen abmaschen, 6 fM, 2 fM zusammen abmaschen (= 8 M).
4. R: 2 fM, 5 Stb in 1 M, 1 Km, 4 hStb in 1 M, 3 Km (= 15 M).
Das Garn abschneiden und vernähen.

### RÜCKSEITE

Wie die 1.-3. R der Vorderseite häkeln.
4. R: 3 Km, 4 hStb in 1 M, 1 Km, 5 Stb in 1 M, 1 fM, 1 Km (= 15 M).

### FERTIGSTELLEN

Vorder- und Rückseite gegengleich aufeinanderlegen und durch die vorderen M-Glieder mit fM zusammenhäkeln, bei den Einbuchtungen der Wolke jeweils 1 Km häkeln. Eine kleine Öffnung lassen, das Kissen mit etwas Füllwatte ausstopfen und die Öffnung mit fM schließen. Das Garn abschneiden und vernähen.

## Baby-Korb

In Camel mit Häkelnadel 2,0 mm 10 Lm anschl.
1. Rd: 9 fM, 3 fM in 1 M, weiter die Lm-Kette von unten behäkeln: 9 fM, 3 fM in 1 M (= 24 M).

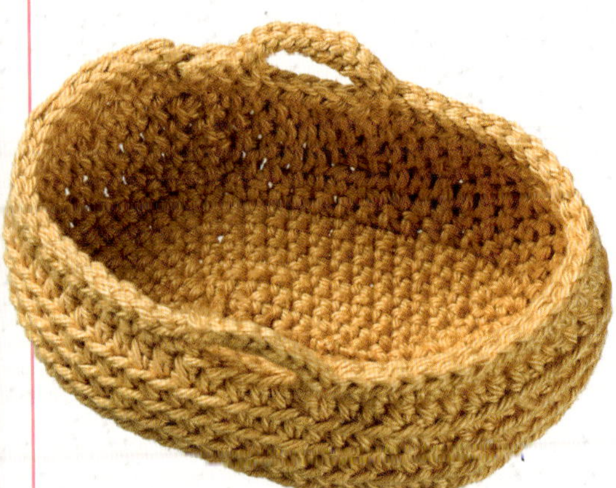

Weiter in Spiralrd häkeln.
2. Rd: 9 fM, 3 fM verdoppeln, 9 fM, 3 fM verdoppeln (= 30 M).
3. Rd: 9 fM, 3x (1 fM, 1 fM verdoppeln), 9 fM, 3x (1 fM, 1 fM verdoppeln) (= 36 M).
4. Rd: 9 fM, 3x (2 fM, 1 fM verdoppeln), 9 fM, 3x (2 fM, 1 fM verdoppeln) (= 42 M).
5. Rd: 9 fM, 3x (3 fM, 1 fM verdoppeln), 9 fM, 3x (3 fM, 1 fM verdoppeln) (= 48 M).
6. Rd: 9 fM, 3x (4 fM, 1 fM verdoppeln), 9 fM, 3x (4 fM, 1 fM verdoppeln) (= 54 M).
7. Rd: 9 fM, 3x (5 fM, 1 fM verdoppeln), 9 fM, 3x (5 fM, 1 fM verdoppeln) (= 60 M).
8. Rd: Nur in die hinteren M-Glieder 60 fM häkeln.
9.-13. Rd: Jeweils 2 Steige-Lm, 59 hStb häkeln, mit 1 Km die Rd schließen (= 60 M).
14. Rd: 4 fM, 10 Lm, 4 M überspringen (= 1. Henkel), 26 fM, 10 Lm, 4 M überspringen (= 2. Henkel), 22 fM (= 72 M).
15. Rd: 72 Km häkeln.
Das Garn abschneiden und vernähen.

## Ball

In Pink einen Magic-Ring anfertigen und in Spiralrd mit Häkelnd 2,0 mm weiterhäkeln.
1. Rd: 6 fM in den Ring häkeln (= 6 M).
2. Rd: Jede fM verdoppeln (= 12 M).
3.+4. Rd (Natur): Jeweils 12 fM häkeln.
5. Rd (Pink): 12 fM häkeln.

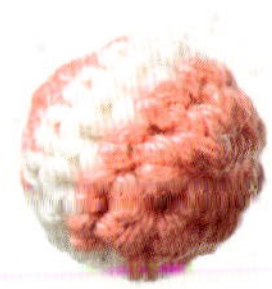

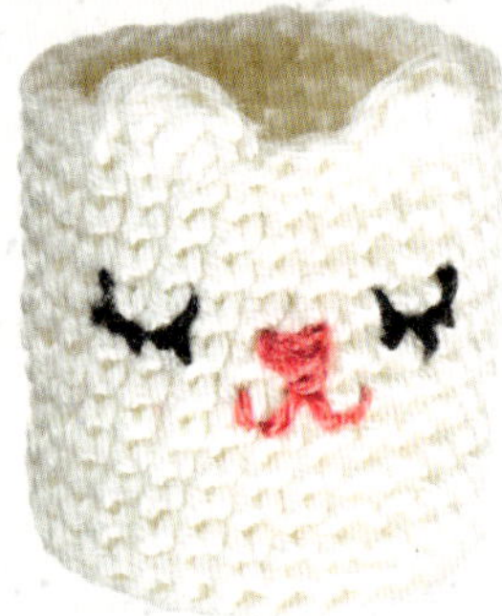

6. Rd: Immer 2 fM zusammen abmaschen (= 6 M).
Den Ball mit Füllwatte ausstopfen. Das Garn abschneiden, in eine Nd fädeln und damit alle 6 vorderen M-Glieder zusammenziehen und vernähen.

## Milchflasche

In Weiß einen Magic-Ring anfertigen und in Spiralrd mit Häkelnd 1,75 mm weiterhäkeln.
1. Rd: 6 fM in den Ring häkeln (= 6 M).
2. Rd: Nur in die hinteren M-Glieder 6 fM häkeln.
3.-7. Rd: Jeweils 6 fM häkeln.
8. Rd (Rosé): Jede 2. fM verdoppeln (= 9 M).
9. Rd: 9 fM häkeln.
10. Rd (Aprikose): Jede 2. und 3. fM zusammen abmaschen (= 6 M).
Die Flasche mit Füllwatte ausstopfen. Das Garn mit 20 cm Länge abschneiden, in eine Nd fädeln und damit alle 6 vorderen M-Glieder zusammenziehen und vernähen. Mit ein paar Stichen in Aprikose einen Sauger sticken und das Garn vernähen.
Mit dem Nähgarn in Schwarz Maßeinheiten aufsticken.

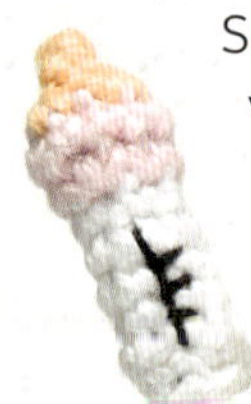

## Mäuse-Korb

In Natur einen Magic-Ring anfertigen und in Spiralrd mit Häkelnd 2,0 mm weiterhäkeln.

1. Rd: 6 fM in den Ring häkeln (= 6 M).
2. Rd: Jede fM verdoppeln (= 12 M).
3. Rd: Jede 2. fM verdoppeln (= 18 M).
4. Rd: * 1 fM, 1 fM verdoppeln, 1 fM, ab * noch 5x wdh (= 24 M).
5. Rd: * 1 fM verdoppeln, 3 fM, ab * noch 5x wdh (= 30 M).
6. Rd: Nur in die hinteren M-Glieder 30 fM häkeln.
7.-16. Rd: Jeweils 30 fM häkeln.
17. Rd: 3 Km, (1 hStb, 2 Stb, 1 hStb) in 1 M, 4 Km, (1 hStb, 2 Stb, 1 hStb) in 1 M, 21 Km (= 36 M).

Das Garn abschneiden und vernähen.

Mit halbiertem Garn in Schwarz die Augen, mit halbiertem Garn in Cyclam eine Schnauze aufsticken.

## Wickelunterlage

In Pink mit Häkelnd 2,0 mm 13 Lm anschl, weiter in R häkeln. Am Ende jeder R 3 Wende-Lm arb. Nach der letzten R keine Wende-Lm mehr arb.

1. R: Ab der 4. M von Nd aus 9 Stb häkeln.
2.-5 R: Jeweils 9 Stb häkeln.

Weiter die Decke mit fM umhäkeln, dabei in den Ecken 3 fM in 1 M arb. Die 2. Rd in Cyclam häkeln. Mit 1 Km schließen, das Garn abschneiden und vernähen.

## Lampe

### INNENTEIL

In Weiß einen Magic-Ring anfertigen, mit Häkelnd 2,0 mm 3 Lm und 11 Stb in den Ring häkeln, mit 1 Km schließen. Das Garn abschneiden.

### FUSS

In Weiß einen Magic-Ring anfertigen und in Spiralrd mit Häkelnd 2,0 mm weiterhäkeln.

1. Rd: 6 fM in den Ring häkeln (= 6 M).
2. Rd: Jede fM verdoppeln (= 12 M).
3. Rd: Jede 2. verdoppeln (= 18 M).
4. Rd: Nur in die hinteren M-Glieder 18 fM häkeln.
5. Rd: Jede 3. fM verdoppeln (= 24 M).
6.-9. Rd: Jeweils 24 fM häkeln.
10. Rd: Jede 3. und 4. fM zusammen abmaschen (= 18 M).
11.+12. Rd: Jeweils 18 fM häkeln.
13. Rd: 4 Lm und 1 DStb in 1 M, danach in jede M 2 DStb häkeln. Mit 1 Km die Rd schließen (= 36 M).

Den Fuß mit Füllwatte ausstopfen, das Garn mit 20 cm Länge abschneiden und das Innenteil darauf festnähen.

### LAMPENSCHIRM

In Orchidee mit Häkelnd 2,0 mm an der letzten M der 36. Rd neu anschlingen.

14. Rd: Nur in die hinteren M-Glieder 36 fM häkeln (= 36 M).
15. Rd: Jede 5. und 6. fM zusammen abmaschen (= 30 M).
16. Rd: 30 fM häkeln.
17. Rd: Jede 4. und 5. fM zusammen abmaschen (= 24 M).
18. Rd: 24 fM häkeln.
19. Rd: Jede 3. und 4. fM zusammen abmaschen (= 18 M).
20. Rd: 18 fM häkeln.
21. Rd: 18 Km häkeln.

Das Garn abschneiden und vernähen.

In Weiß ein paar Punkte aufsticken. Das Ballonlicht in die Öffnung stecken und etwas fixieren.

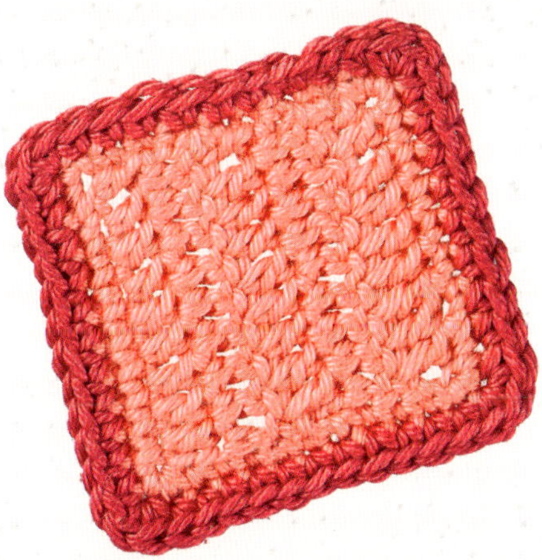

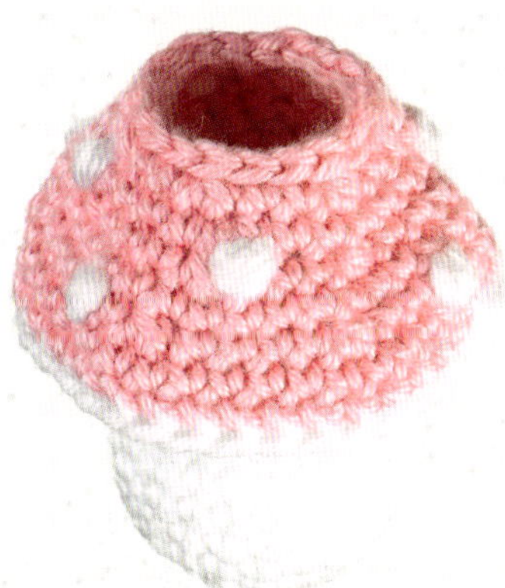

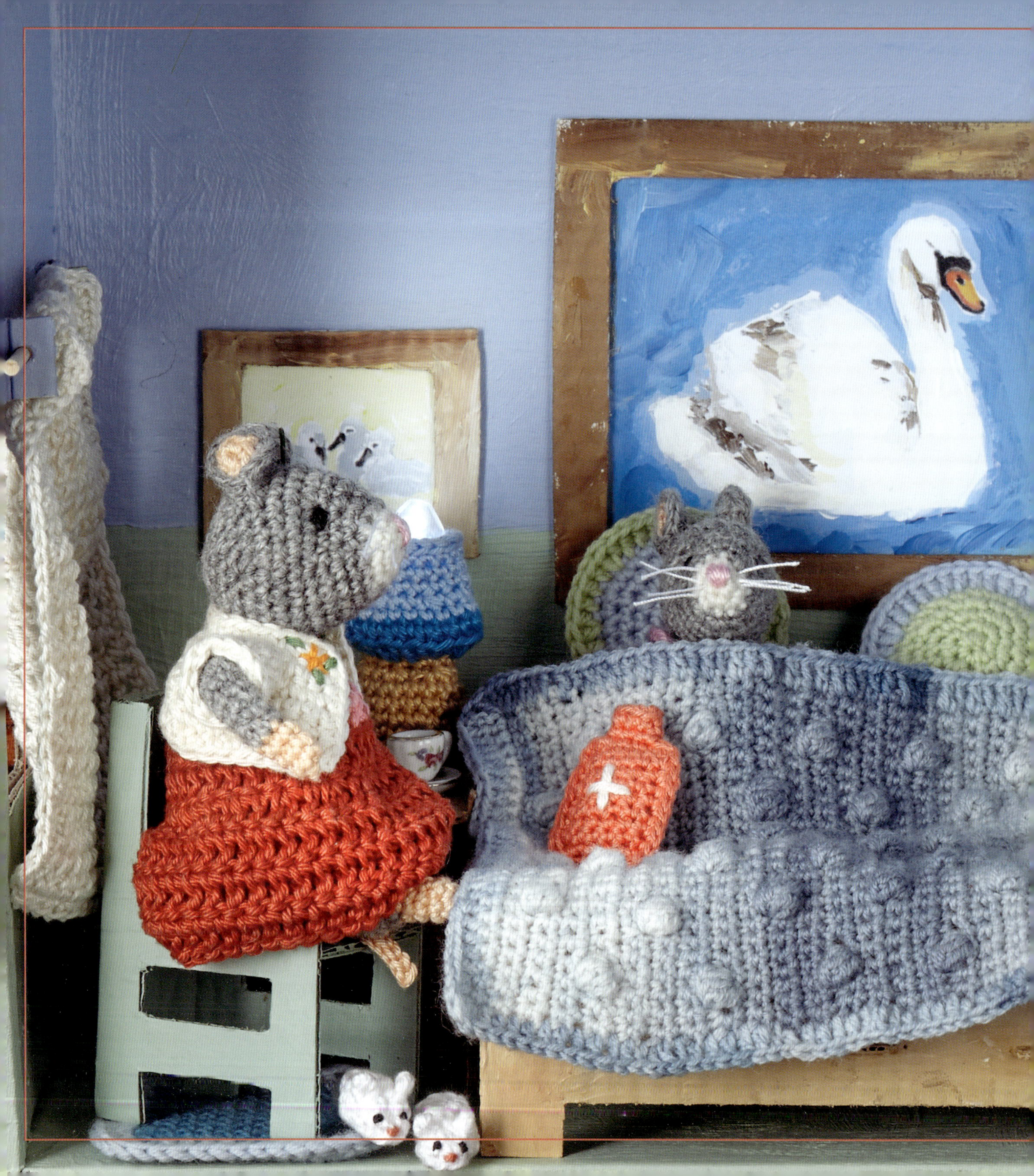

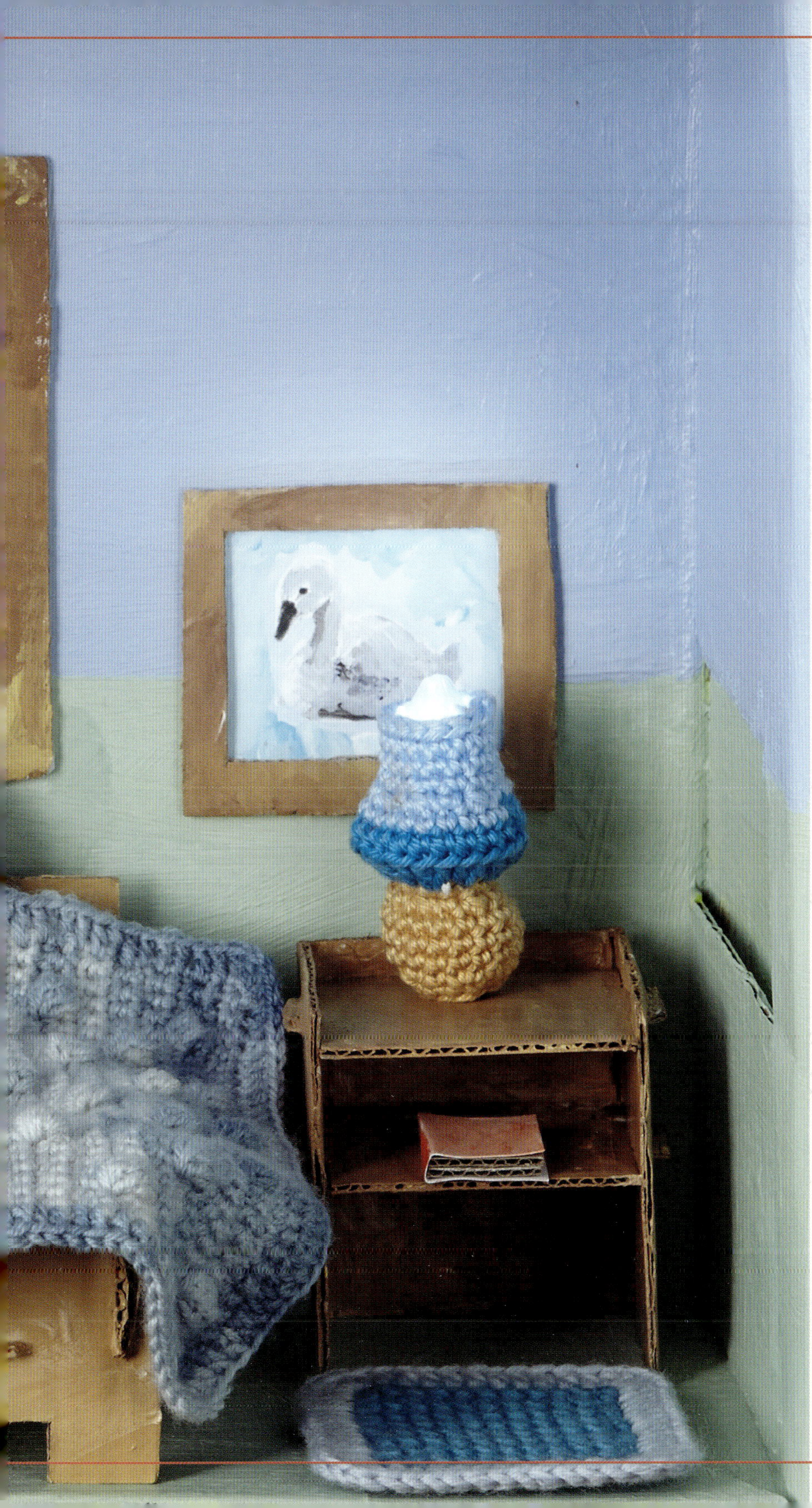

# ELTERN-SCHLAF-ZIMMER

**SCHWIERIGKEITSGRAD 1**

Bettvorleger

**SCHWIERIGKEITSGRAD 2**

Kissen, Pantoffeln, Wärmflasche

**SCHWIERIGKEITSGRAD 3**

Bettdecke, Nachttischlampe

**GRÖSSEN**

Bettdecke 17 cm x 14 cm
Kissen ø 4,5 cm
Bettvorleger 7,5 cm x 6 cm
Pantoffeln 2 cm
Wärmflasche 3,5 cm x 2,5 cm
Nachttischlampe ø 4 cm,
4,5 cm hoch

## MATERIAL

- Häkelnadeln 1,75 mm, 2,0 mm und 2,5 mm

### BETTDECKE

- Schachenmayr Merino Extrafine 285 Lace (LL 285 m/50 g) in Denim Allure (Fb 583), 50 g

### KISSEN

- Schachenmayr Merino Extrafine 170 (LL 170 m/50 g) in Limone (Fb 75) und Hellblau (Fb 52), Reste
- Füllwatte, Rest

### BETTVORLEGER

- Schachenmayr Merino Extrafine 170 (LL 170 m/50 g) in Capri (Fb 68) und Hellblau (Fb 52), Reste

### PAPAS PANTOFFELN

- Schachenmayr Catania (LL 125 m/50 g) in Camel (Fb 179), Marone (Fb 157) und Weiß (Fb 106), Reste

### MAMAS PANTOFFELN

- Schachenmayr Catania (LL 125 m/50 g) in Weiß (Fb 106), Rest
- Schachenmayr Catania Fine (LL 165 m/50 g) in Schwarz (Fb 1001) und Koralle (Fb 1003), Reste

### WÄRMFLASCHE

- Schachenmayr Catania Fine (LL 165 m/50 g) in Koralle (Fb 1003) und Creme (Fb 1005), Reste
- Füllwatte, Rest

### NACHTTISCHLAMPEN

- Schachenmayr Catania (LL 125 m/50 g) in Camel (Fb 179), Pfau (Fb 146) und Serenity (Fb 180), Reste
- 2 LED Mini-Ballonlichte, 3 cm x 1,5 cm x 1,5 cm

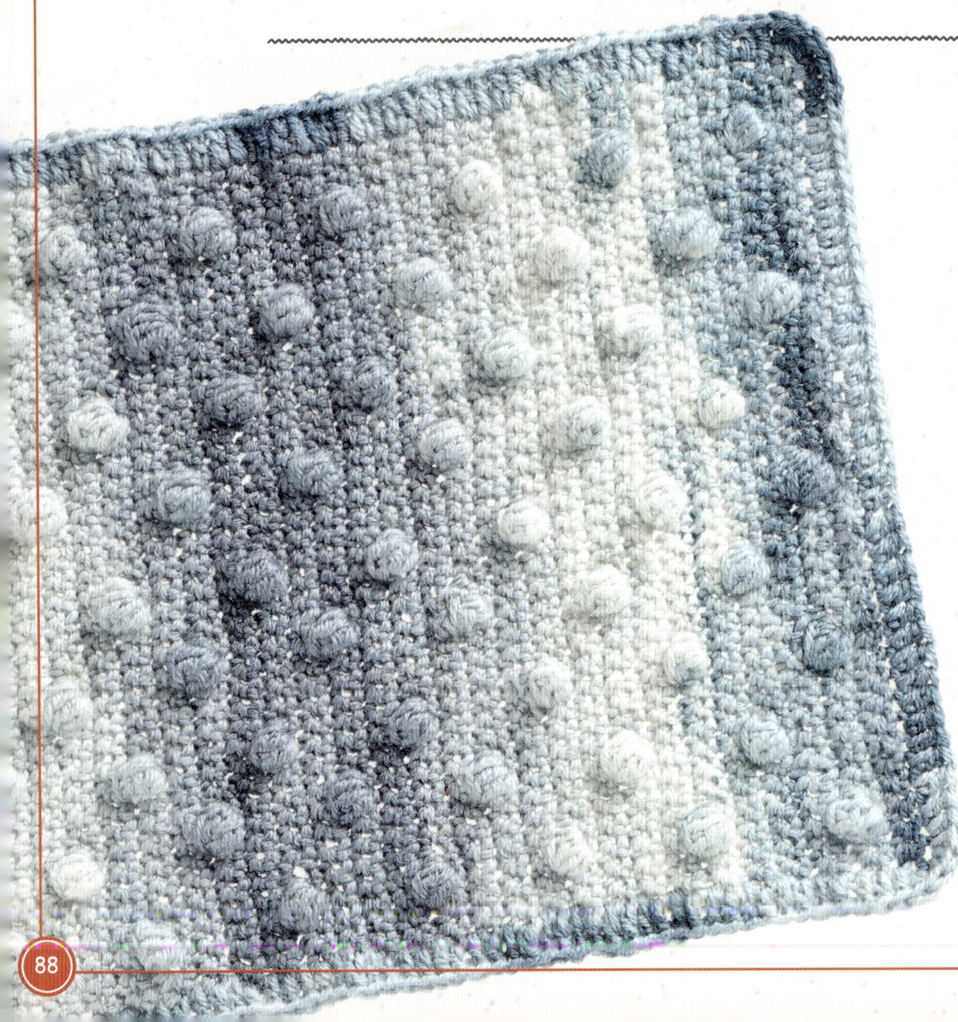

## Bettdecke

In Denim Allure mit Häkelnd 2,5 mm 41 Lm anschl, weiter in R häkeln. Am Ende jeder R 1 Wende-Lm arb. Nach der letzten R keine Wende-Lm mehr arb.

**1. R:** Ab der 2. M von der Nd aus 40 fM häkeln (= 40 M).

**2.+3. R:** Jeweils 40 fM häkeln.

**4. R:** 3 fM, 1 Noppe aus 4 Stb, 4x (7 fM, 1 Noppe), 4 fM (= 40 M).

**5.-7. R:** Jeweils 40 fM häkeln.

**8. R:** * 7 fM, 1 Noppe, ab * noch 3x wdh, 8 fM (= 40 M).

**9.-56. R:** Die 1.-8. R noch 6x wdh.

**57.-59. R:** Jeweils 40 fM häkeln.

Beginnend mit 3 Steige-Lm die Decke mit Stb umhäkeln, dabei an den Ecken 3 Stb in 1 M arb.

Das Garn abschneiden und vernähen.

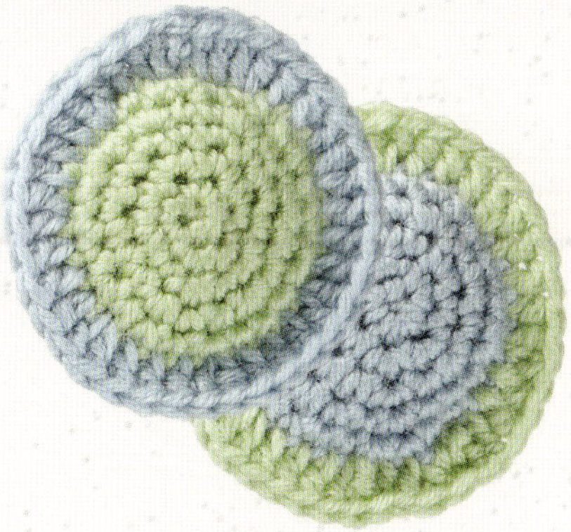

## Kopfkisssen (2x)

In Hellblau einen Magic-Ring anfertigen und mit Häkelnd 2,0 mm in Spiralrd weiterhäkeln.

**1. Rd:** 6 fM in den Ring häkeln (= 6 M).

**2. Rd:** Jede fM verdoppeln (= 12 M).

**3. Rd:** Jede 2. fM verdoppeln (= 18 M).

**4. Rd:** * 1 fM, 1 fM verdoppeln, 1 fM, ab * noch 5x wdh (= 24 M).

**5. Rd:** * 1 fM verdoppeln, 3 fM, ab * noch 5x wdh (= 30 M).

Das Garn abschneiden und vernähen.

Ein 2. Teil ebenso häkeln.

Beide Teile gegengleich aufeinanderlegen, in Limone mit 3 Steige-Lm beginnend durch alle M-Glieder mit Stb zusammenhäkeln, dabei jede 4. M verdoppeln. Kurz vor Ende der Rd das Kissen mit Füllwatte ausstopfen und die Öffnung mit Stb schließen. Das Garn abschneiden und vernähen.

Ein 2. Kissen ebenso häkeln, jedoch die 1.-5. Rd in Limone häkeln und alles in Hellblau umhäkeln.

## Bettvorleger (2x)

In Capri mit Häkelnd 2,5 mm 11 Lm anschl, weiter in R häkeln. Am Ende jeder R 1 Wende-Lm arb. Nach der letzten R keine Wende-Lm mehr arb.

**1. R:** Ab der 2. M von der Nd aus 10 fM häkeln (= 10 M).

**2.-15. R:** Jeweils 10 fM häkeln.

Beginnend mit 1 Steige-Lm die Decke in Capri mit fM umhäkeln, dabei an den Ecken 3 fM in 1 M arb. Weiter in Hellblau 3 Steige-Lm arb und die Decke mit Stb umhäkeln, an den Ecken 3 Stb in 1 M. Das Garn abschneiden und vernähen.

Den 2. Bettvorleger ebenso häkeln.

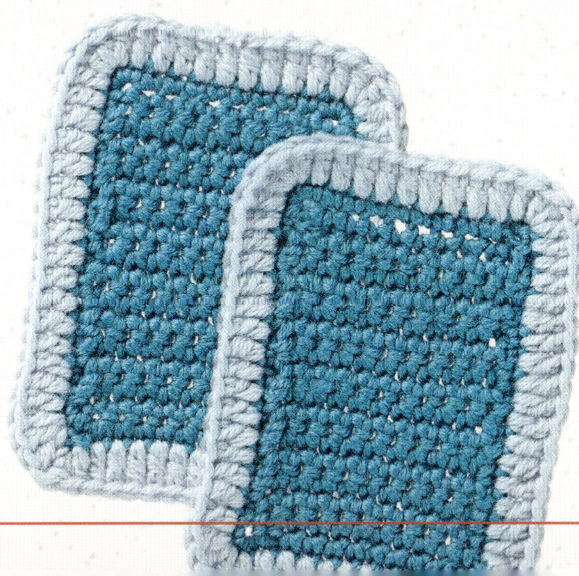

## Pantoffeln

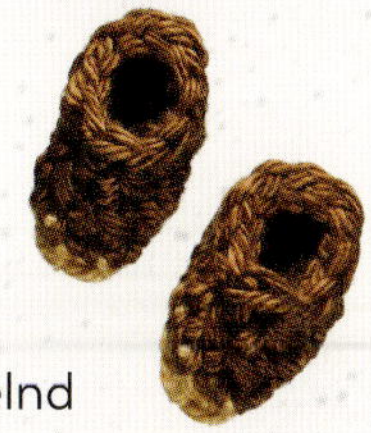

### PAPAS PANTOFFEL (2x)

In Camel mit Häkelnd 1,75 mm 6 Lm anschl.

**1. Rd:** Ab der 2. M von der Nd aus 4 fM, 3 fM in 1 M, weiter auf der anderen Seite der Lm-Kette: 4 fM, 3 fM in 1 M, 1 fM in die 1. M der nächsten Rd (= ab jetzt die letzte M der Rd) (= 14 M).

**2. Rd (Marone):** Nur in die hinteren M-Glieder 14 fM häkeln.

**3. Rd:** 3 fM, 2x 2 fM zusammen abmaschen, 7 fM (= 12 M).

**4. Rd:** 2 Km, 2x 2 fM zusammen abmaschen, 6 Km (= 10 M).

Das Garn abschneiden und vernähen.

Den 2. Pantoffel ebenso häkeln.

### MAMAS PANTOFFEL (2x)

Die 1.-4. Rd in Weiß wie Papas Pantoffeln häkeln. Das Garn abschneiden und vernähen. In Weiß 2 Schlaufen als Ohren aufsticken und diese mit ein paar Stichen verstärken. Für den Schwanz Schlaufen aufsticken und aufschneiden, die Enden etwas ausfransen.

Mit halbiertem Garn in Schwarz die Augen und eine Nase in Koralle aufsticken.

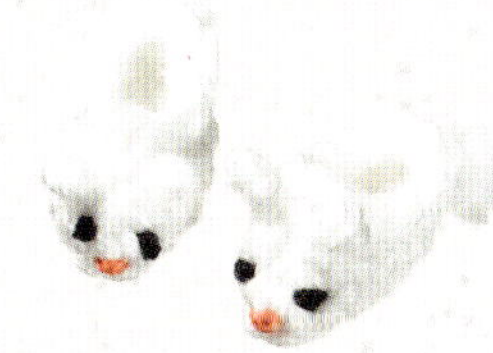

## Wärmflasche

### HÜLLE (2x)

In Koralle mit Häkelnd 1,75 mm 7 Lm anschl, weiter in R häkeln. Am Ende jeder R 1 Wende-Lm arb. Nach der letzten R keine Wende-Lm mehr arb.

**1. R:** Ab der 2. M von Nd aus 6 fM häkeln.

**2.-9. R:** Jeweils 6 fM häkeln.

**10. R:** 2 fM zusammen abmaschen, 2 fM, 2 fM zusammen abmaschen (= 4 M).

Das Garn abschneiden und vernähen.

Ein 2. Teil ebenso häkeln. Das Garn nicht abschneiden. Beide Teile gegengleich aufeinanderlegen und an 3 Seiten mit fM zusammenhäkeln, dabei an den Ecken 3 fM in 1 M arb. Für die Öffnung die 10. R rundum in Koralle behäkeln.

**1. Rd:** 8 fM häkeln und mit 1 Km zur Rd schließen (= 8 M).

**2.-3 Rd:** Jeweils 8 fM häkeln.

Mit 1 Km schließen, das Garn abschneiden und vernähen. Die Wärmflasche mit Füllwatte ausstopfen. In Creme ein Kreuz auf die Vorderseite sticken.

### VERSCHLUSS

In Creme einen Magic-Ring anfertigen und mit Häkelnd 1,75 mm 5 fM in den Ring häkeln (= 5 M). Das Garn mit 20 cm Länge abschneiden.

Den Verschluss in die Öffnung der Wärmflasche stecken und festnähen.

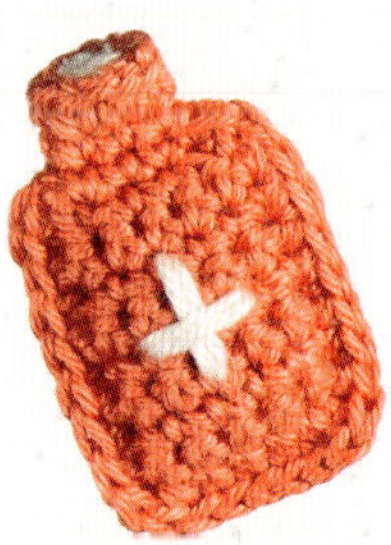

## Nachttisch-lampe (2x)

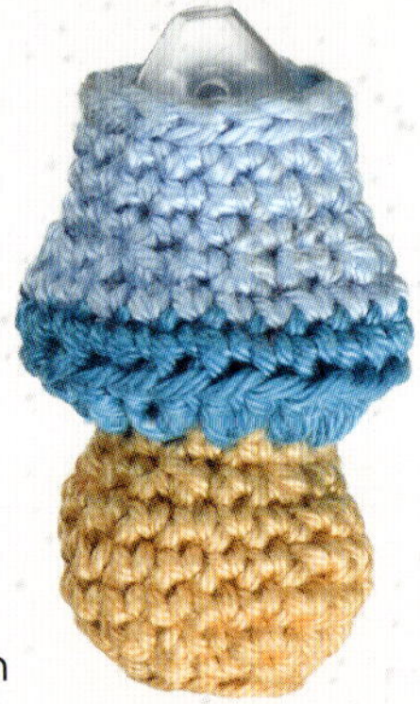

In Camel einen Magic-Ring anfertigen und in Spiralrd mit Häkelnd 2,0 mm weiterhäkeln.

**1. Rd:** 6 fM in den Ring häkeln (= 6 M).

**2. Rd:** Jede fM verdoppeln (= 12 M).

**3. Rd:** Nur in die hinteren M-Glieder 12 fM häkeln (= 12 M).

**4. Rd:** Jede 2. fM verdoppeln (= 18 M).

**5.-7. Rd:** Jeweils 18 fM häkeln.

**8. Rd:** Jede 2. und 3 fM zusammen abmaschen (12 M).

**9. Rd:** 12 fM häkeln.

**10. Rd (Pfau):** 3 Lm, in jede M 2 Stb häkeln (= 24 M).

**11. Rd:** Nur in die hinteren M-Glieder 24 fM häkeln.

**12. Rd (Serenity):** 24 fM häkeln.

**13. Rd:** Jede 3. und 4. fM zusammen abmaschen (= 18 M).

**14.-16. Rd:** Jeweils 18 fM häkeln (= 18 fM).

**17. Rd:** 18 Km häkeln.

Das Garn abschneiden und vernähen.

Das angeschaltete Ballonlicht in die Lampenöffnung schieben und zum Ausschalten wieder herausnehmen.

Die 2. Lampe ebenso häkeln.

# Omas Apfelkuchen

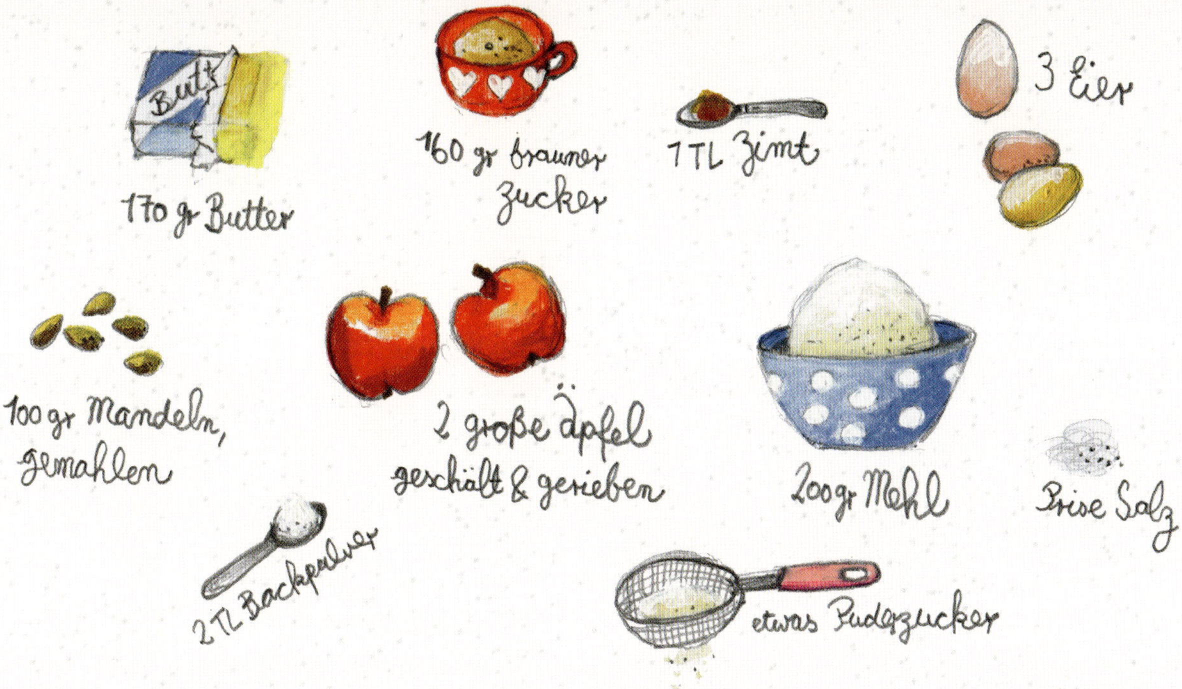


- Die Butter mit dem Zucker und Zimt schaumig schlagen.
- Nach und nach die Eier unterrühren.
- Mehl, geriebene Äpfel, Backpulver und das Salz hinzufügen.
- Eine Springform (26 cm Ø) einfetten und den Teig hineinfüllen.
- Im vorgeheizten Backofen bei 180 Grad etwa 30-35 Minuten backen.
- Wenn der Kuchen abgekühlt ist, mit etwas Puderzucker bestäuben.

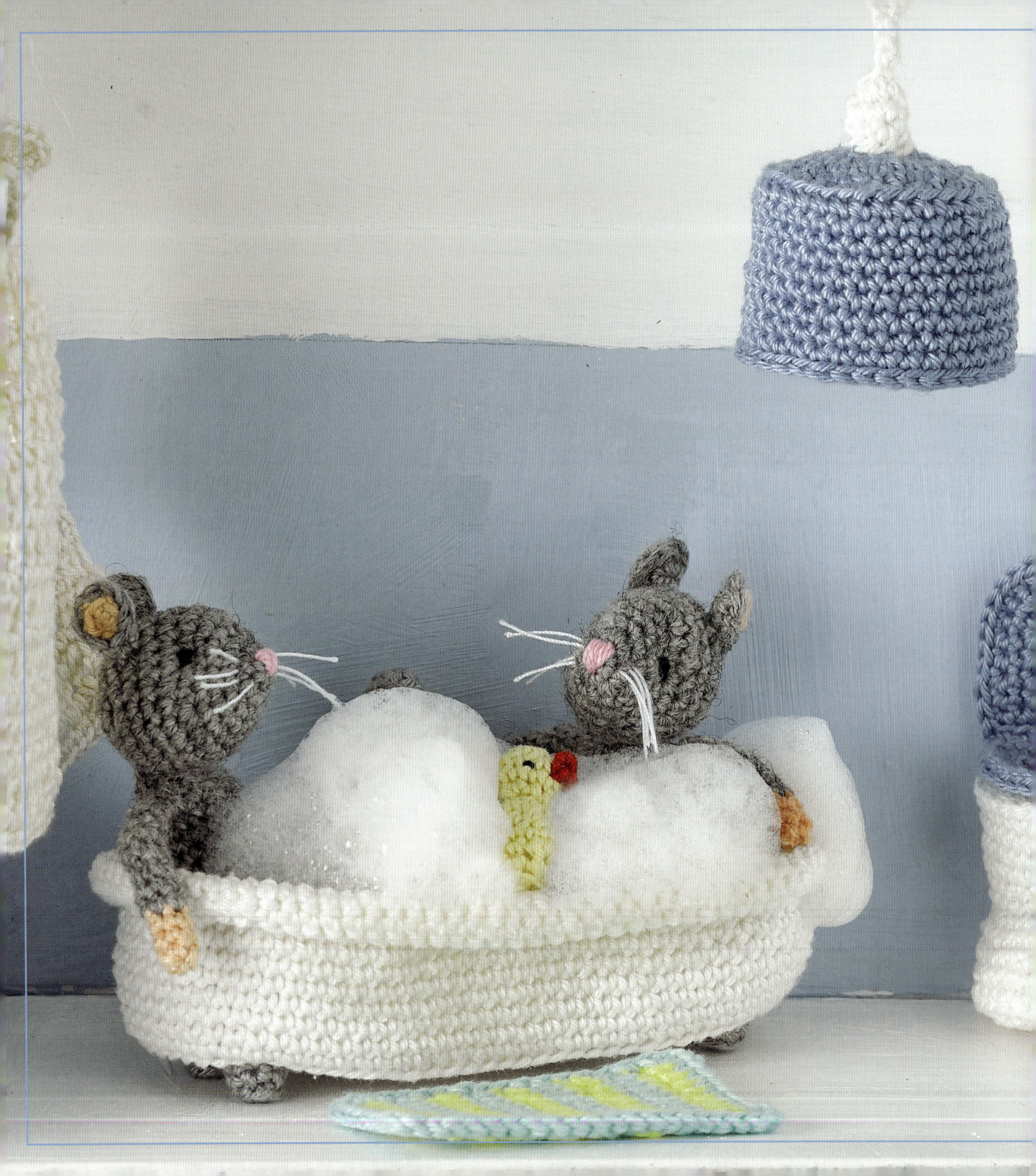

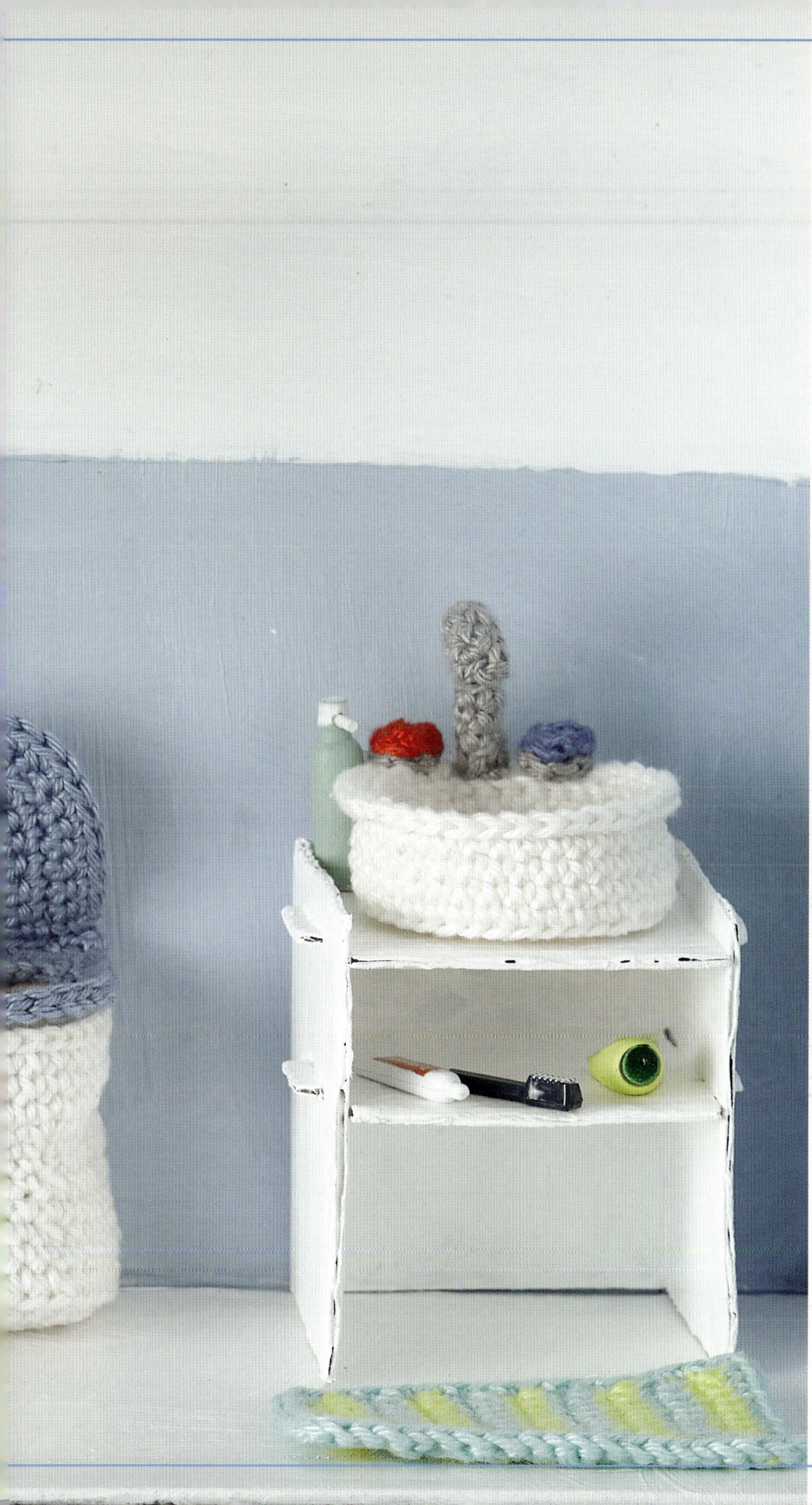

# BADE-ZIMMER

**SCHWIERIGKEITSGRAD 1**

Badematten, Waschlappen, Handtuch

**SCHWIERIGKEITSGRAD 2**

Quietsche-Ente, Waschbecken, Lampe

**SCHWIERIGKEITSGRAD 3**

Badewanne, Toilette, Bademantel

**GRÖSSEN**

Badewanne 13 cm lang, 4 cm hoch
Toilette ø 3,5 cm, 8 cm hoch
Badematten 6 cm x 4 cm
Quietsche-Ente 2,5 cm
Waschbecken ø 5 cm, 5 cm hoch
Waschlappen 2 cm x 1,5 cm
Handtuch 5 cm x 4 cm
Bademantel 8 cm x 5 cm
Lampe ø 4,5 cm, 3 cm hoch

**MATERIAL**

- Häkelnadeln 1,75 mm und 2,0 mm

**BADEWANNE**

- Schachenmayr Catania (LL 125 m/50 g) in Natur (Fb 105), 50 g, in Rauchgrau (Fb 435), Signalrot (Fb 115) und Royal (Fb 201), Reste
- Füllwatte, Rest

**QUIETSCHE-ENTE**

- Schachenmayr Catania Fine (LL 165 m/50 g) in Vanille (Fb 370), Tomate (Fb 1002) und Schwarz (Fb 1001), Reste
- Füllwatte, Rest

**BADEMATTE**

- Schachenmayr Catania (LL 125 m/50 g) in Löwenzahn (Fb 280) und Tiffany (Fb 432), je 50 g

**BADEMANTEL**

- Schachenmayr Catania (LL 125 m/50 g) in Hellblau (Fb 173), 50 g und in Regatta (Fb 261), Rest

**WASCHLAPPEN**

- Schachenmayr Catania Fine (LL 165 m/50 g) in Hellblau (Fb 173) und Weiß (Fb 1000), Reste

**HANDTUCH**

- Schachenmayr Catania Fine (LL 165 m/50 g) in Moos (Fb 371), Rest

**TOILETTE**

- Schachenmayr Catania (LL 125 m/50 g) in Natur (Fb 105), 50 g, in Wolke (Fb 247) und Hellblau (Fb 173), Reste
- Füllwatte, Rest

**WASCHBECKEN**

- Schachenmayr Catania (LL 125 m/50 g) in Natur (Fb 105), 50 g, in Rauchgrau (Fb 435), Signalrot (Fb 115) und Royal (Fb 201), Reste
- Waschtisch mit weißer Acrylfarbe lackiert
- Heißkleber

**LAMPE**

- Schachenmayr Catania (LL 125 m/50 g) in Wolke (Fb 247), 50 g und in Natur (Fb 105), Rest
- LED Mini-Ballonlicht, 3 cm x 1,5 cm x 1,5 cm
- Heißkleber

## Badewanne

### WANNE

In Natur mit Häkelnd 2,0 mm 25 Lm anschl.

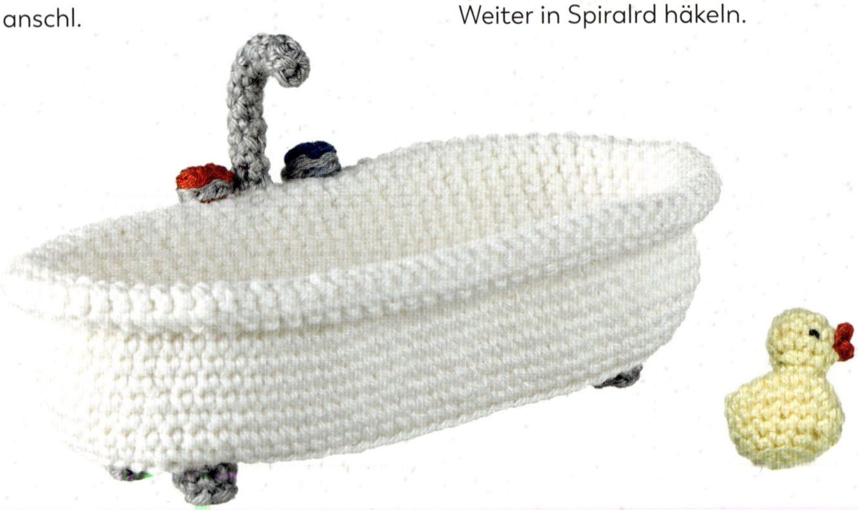

1. Rd: Ab der 2. M von der Nd aus 23 fM, 3 fM in 1 M, weiter die Lm-Kette von unten behäkeln: 23 fM, 3 fM in 1 M (= 52 M).
Weiter in Spiralrd häkeln.

2. Rd: 23 fM, 3 fM verdoppeln, 23 fM, 3 fM verdoppeln (= 58 M).
3. Rd: 23 fM, 3x (1 fM, 1 fM verdoppeln), 23 fM, 3x (1 fM, 1 fM verdoppeln) (= 64 M).
4. Rd: 23 fM, 3x (2 fM, 1 fM verdoppeln), 23 fM, 3x (2 fM, 1 fM verdoppeln) (= 70 M).
5. Rd: 23 fM, 3x (3 fM, 1 fM verdoppeln), 23 fM, 3x (3 fM, verdoppeln) (= 76 M).
6. Rd: 23 fM, 3x (4 fM, 1 fM verdoppeln), 23 fM, 3x (4 fM, verdoppeln) (= 82 M).
7. Rd: Nur in die hinteren M-Glieder 82 fM häkeln.
8.-15. Rd: Jeweils 82 fM häkeln.

**16. Rd:** 23 fM, 3x (5 fM, 1 fM verdoppeln), 23 fM, 3x (5 fM, 1 fM verdoppeln) (= 88 M).
**17. Rd:** 88 fM häkeln.
**18. Rd:** 23 fM, 3x (5 fM, 2 fM zusammen abmaschen), 23 fM, 3x (5 fM, 2 fM zusammen abmaschen) (= 82 M).
Mit 1 Km schließen, das Garn abschneiden und vernähen. Den Rand der Badewanne etwas nach außen rollen.

### FUSS (4x)

In Rauchgrau einen Magic-Ring anfertigen und in Spiralrd mit Häkelnd 2,0 mm weiterhäkeln.
**1. Rd:** 6 fM in den Ring häkeln (= 6 M).
**2. Rd:** Nur in die hinteren M-Glieder 6 fM häkeln.
**3. Rd:** 6 fM häkeln.
Mit 1 Km schließen. Das Garn mit 20 cm Länge abschneiden. Den Fuß mit Füllwatte ausstopfen und mit der Öffnung nach oben unter der Badewanne annähen.
Noch 3 weitere Füße ebenso häkeln und annähen.

### WASSERHAHN

In Rauchgrau einen Magic-Ring anfertigen und in Spiralrd mit Häkelnd 2,0 mm weiterhäkeln.
**1. Rd:** 4 fM in den Ring häkeln (= 4 M).
**2.-14. Rd:** Jeweils 4 fM häkeln.
Das Garn mit 20 cm Länge abschneiden, in eine Nd fädeln und diese durch die Öffnung des Wasserhahnes schieben. So lange am Garn ziehen, bis sich der Wasserhahn leicht krümmt. Dann mittig am Badewannenrand festnähen.

### GRIFF (2x)

In Rauchgrau einen Magic-Ring anfertigen.
**1. Rd:** 6 fM in den Ring häkeln (= 6 M).
Mit 1 Km schließen. Das Garn abschneiden und vernähen.
Den 2. Griff ebenso häkeln.

### KALTWASSER

In Royal einen Magic-Ring anfertigen.
**1. Rd:** 5 fM in den Ring häkeln (= 5 M).
Mit 1 Km schließen. Das Garn mit 20 cm Länge abschneiden. Auf dem einen Griff festnähen und dann rechts neben dem Wasserhahn am Badewannenrand festnähen.

### WARMWASSER

In Signalrot wie das Kaltwasser häkeln, auf den 2. Griff nähen und links neben dem Wasserhahn festnähen.

## Quietsche-Ente

In Vanille einen Magic-Ring anfertigen und in Spiralrd mit Häkelnd 1,75 mm zuerst den Kopf häkeln.
**1. Rd:** 6 fM in den Ring häkeln (= 6 M).
**2. Rd:** Jede 2. fM verdoppeln (= 9 M).
**3.+4. Rd:** Jeweils 9 fM häkeln.
**5. Rd:** Jede 2. und 3. fM zusammen abmaschen (= 6 M).
Den Kopf mit Füllwatte ausstopfen.
**6. Rd:** 4 Lm anschl, wenden und auf der Lm-Kette ab der 2. M von der Nd aus 3 fM zurückhäkeln. Weiter am Körper 2 fM, 2 fM verdoppeln, 2 fM, weiter die Lm-Kette von unten behäkeln: 3 fM (= 14 M).
Weiter in Spiralrd häkeln.

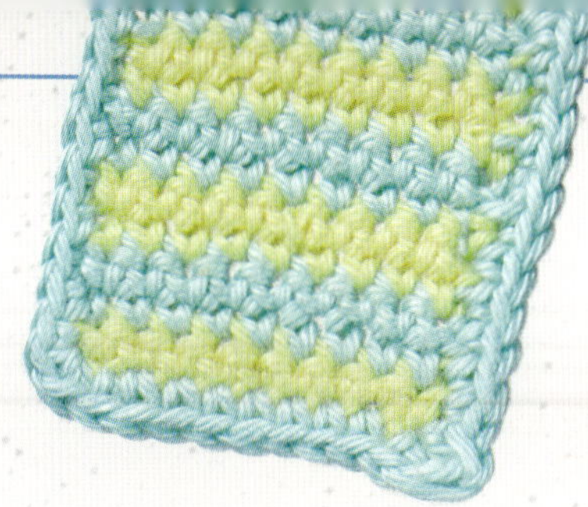

**7. Rd:** 14 fM häkeln.
**8. Rd:** 6 fM, 2 fM verdoppeln, 6 fM (= 16 M).
**9. Rd:** 16 fM häkeln.
**10. Rd:** 6 fM, 2x 2 fM zusammen abmaschen, 6 fM (= 14 M).
**11. Rd:** 2 fM zusammen abmaschen, 3 fM, 2x 2 fM zusammen abmaschen, 3 fM, 2 fM zusammen abmaschen (= 10 fM).
Den Körper mit Füllwatte ausstopfen.
**12. Rd:** Nur in die hinteren M-Glieder arb: Immer 2 fM zusammen abmaschen (= 5 M).
Das Garn abschneiden, in eine Nd fädeln und damit alle 5 vorderen M-Glieder zusammenziehen und vernähen.
Für den Schnabel in Tomate zwei Schlaufen aufsticken und diese mit einigen Stichen verstärken. In Schwarz die Augen aufsticken. Alle Fäden vernähen.

## Badematte (2x)

In Löwenzahn mit Häkelnd 2,0 mm 10 Lm anschl, weiter in R häkeln. Am Ende jeder R 1 Wende-Lm arb. Nach der letzten R keine Wende-Lm mehr arb.
**1. R:** Ab der 2. M von der Nd aus 9 fM häkeln (= 9 M).
**2. R:** 9 fM häkeln.
**3.+4. R (Tiffany):** Jeweils 9 fM häkeln.
**5.-16. R:** Die 1.-4. R noch 3x wdh.

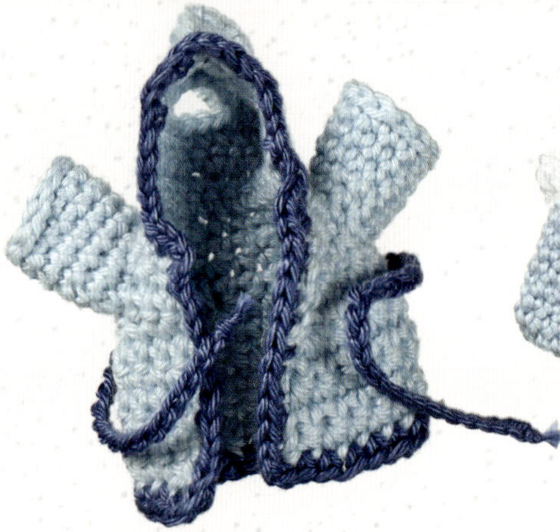

17.+18. R: Die 1.-2. R wdh.
In Tiffany mit 1 Steige-Lm beginnend die Badematte mit fM umhäkeln, dabei an den Ecken 3 fM in 1 M arb. Das Garn abschneiden und vernähen.
Die 2. Badematte ebenso häkeln.

## Bademantel

Den Bademantel in Hellblau mit Häkelnd 2,0 mm wie den Regenmantel, aber ohne Taschen häkeln (siehe Seite 45). Den Bademantel mit fM in Regatta umhäkeln und in Regatta für den Gürtel 50 Lm anschl. Das Garn abschneiden und die Enden verknoten. Den Gürtel auf der Rückseite des Bademantels an zwei Stellen mit ein paar Stichen in Hellblau fixieren.

## Waschlappen

In Hellblau mit Häkelnd 1,75 mm 5 Lm anschl.
Ab der 2. M von der Nd aus 3 fM, 3 fM in 1 M häkeln und weiter die Lm-Kette von unten behäkeln: 3 fM, 3 fM in 1 M (= 12 M).
Weiter in Spiralrd häkeln.
1.-5. Rd: Jeweils 12 fM häkeln.
6. Rd (Weiß): 12 Km, 6 Lm, 1 Km in die 1. M der Rd.
Das Garn abschneiden und vernähen.

## Handtuch

In Moos mit Häkelnd 1,75 mm das Handtuch wie das Geschirrhandtuch (siehe Seite 55) häkeln.

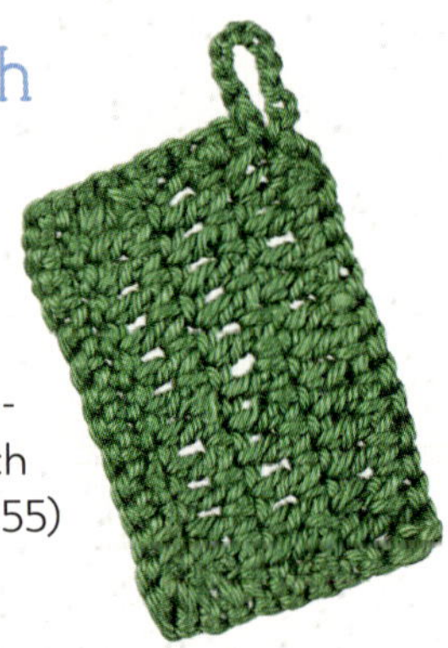

## Toilette

### TOILETTENSCHÜSSEL

Für den Boden in Natur mit Häkelnd 2,0 mm 6 Lm anschl.
1. R: Ab der 2. M von der Nd aus 4 fM, 3 fM in 1 M, weiter die Unterseite der Lm-Kette behäkeln: 4 fM (= 11 M). Nun mit 1 Wende-Lm wenden. Weiter in R häkeln. Am Ende jeder R 1 Wende-Lm arb. Nach der letzten R keine Wende-Lm mehr arb.
2. R: 4 fM, 3 fM verdoppeln, 4 fM (= 14 M).
3. R: 4 fM, 3x (1 fM, 1 fM verdoppeln), 4 fM (= 17 M).
4. R: 4 fM, 3x (2 fM, 1 fM verdoppeln), 4 fM (= 20 M).
5. R: 4 fM, 3x (3 fM, 1 fM verdoppeln), 4 fM (= 23 M).
Weiter 10 fM auf die gerade Kante häkeln.

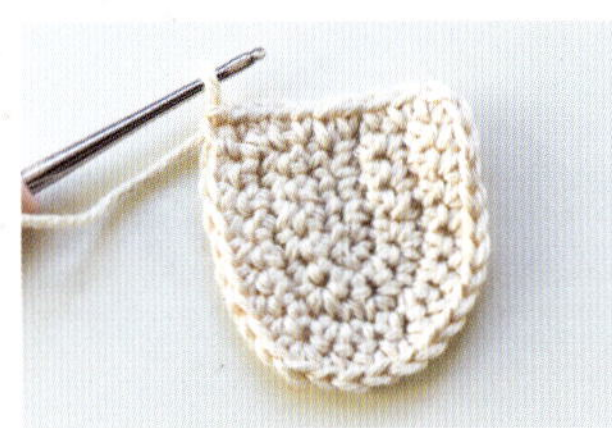

Weiter in Spiralrd häkeln.
1. Rd: Nur in die hinteren M-Glieder 33 fM häkeln (= 33 M).
2. Rd: 33 fM häkeln.
3. Rd: 4 fM, 3x (3 fM, 2 fM zusammen abmaschen), 14 fM (= 30 M).
4. Rd: 30 fM häkeln.
5. Rd: 4 fM, 3x (2 fM, 2 fM zusammen abmaschen), 14 fM (= 27 M).

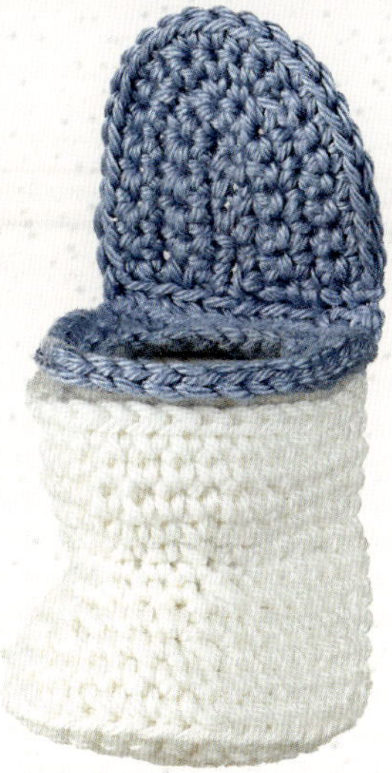

6. Rd: 27 fM häkeln.
7. Rd: 4 fM, 3x (2 fM, 1 fM verdoppeln), 14 fM häkeln (= 30 M).
8. Rd: 4 fM, 3x (3 fM, 1 fM verdoppeln), 14 fM (= 33 M).
9.-11. Rd: Jeweils 33 fM häkeln.
12. Rd: 33 Km häkeln.
Das Garn abschneiden und vernähen. Zum Stabilisieren den unteren Teil der Toilettenschüssel mit Füllwatte ausstopfen.

### TOILETTENBRILLE

In Wolke mit Häkelnd 2,0 mm 11 Lm anschl. Ab der 2. M von der Nd aus 10 fM häkeln. Das Garn abschneiden und vernähen.
In Wolke 18 Lm anschl, ab der 2. M von der Nd aus 5 fM, 1 fM verdoppeln, 2 fM, 1 fM verdoppeln, 2 fM, 1 fM verdoppeln, 5 fM häkeln (= 20 M).

Das Garn ca. 20 cm lang abschneiden und wie abgebildet die beiden kurzen Seiten des 2. Teils an die 1. und 2. M sowie die 9. und 10. M des 1. Teils annähen.
Mit 1 Steige-Lm beginnend den äußeren Rand der Toilettenbrille einmal mit Km umhäkeln. Das Garn mit 20 cm Länge abschneiden die Brille an die Toilettenschüssel nähen.

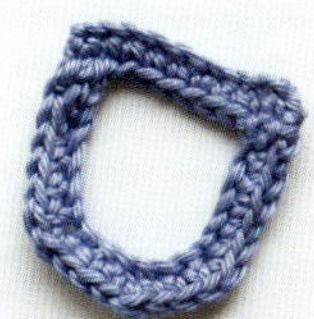

### TOILETTENDECKEL

In Wolke den Deckel wie die 1.-5. R der Toilettenschüssel häkeln.
Weiter 10 fM auf die gerade Kante häkeln, 1 Wende-Lm.
Nochmals 10 fM häkeln.
Das Garn mit 20 cm Länge abschneiden und Deckel und Brille an den geraden Kanten an den vorderen M-Glieder zusammennähen, so dass man den Deckel auf- und zuklappen kann.

### WASSER

In Hellblau wie die 1.-3. R der Toilettenschüssel häkeln und das Wasser in der Toilettenschüssel über der Füllwatte festnähen.

## Waschbecken

In Natur einen Magic-Ring anfertigen und in Spiralrd mit Häkelnd 2,0 mm weiterhäkeln.
1. Rd: 6 fM in den Ring häkeln (= 6 M).
2. Rd: Jede fM verdoppeln (= 12 M).
3. Rd: Jede 2. fM verdoppeln (= 18 M).
4. Rd: * 1 fM, 1 fM verdoppeln, 1 fM, ab * noch 5x wdh (= 24 M).
5. Rd: * 1 fM verdoppeln, 3 fM, ab * noch 5x wdh (= 30 M).
6. Rd: * 2 fM, 1 fM verdoppeln, 2 fM, ab * noch 5x wdh (= 36 M).
7. Rd: Nur in die hinteren M-Glieder 36 fM häkeln.
8.-10. Rd: Jeweils 36 fM häkeln.
11. Rd: Nur in die vorderen M-Glieder 36 fM häkeln.

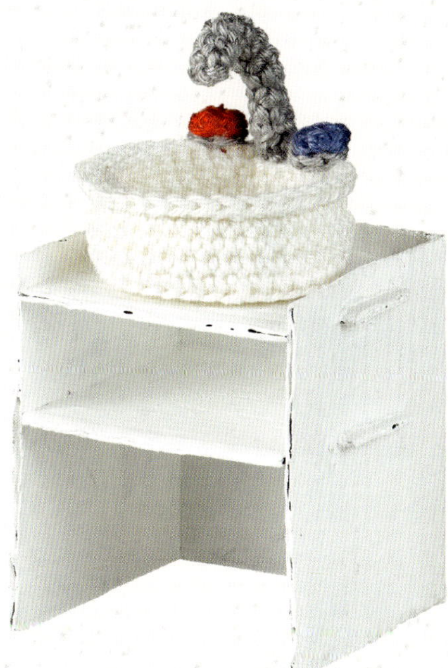

Mit 1 Km schließen, das Garn abschneiden und vernähen.
Wasserhahn, Griffe, Kalt- und Warmwasser wie bei der Badewanne (siehe Seite 95) häkeln und am Rand des Waschbeckens festnähen. Das Waschbecken mit Heißkleber auf dem Waschtisch festkleben.

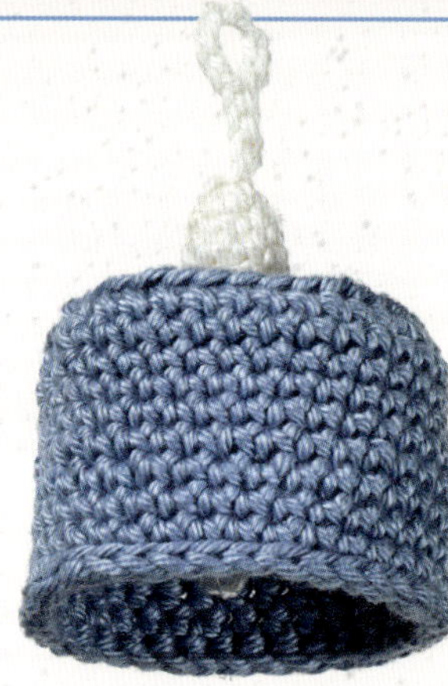

## Lampe

### LAMPENSCHIRM

In Wolke einen Magic-Ring anfertigen und in Spiralrd mit Häkelnd 2,0 mm weiterhäkeln.
1. Rd: 6 fM in den Ring häkeln (= 6 M).
Den Magic-Ring nicht ganz zusammenziehen, hier wird später das Ballonlicht befestigt.
2. Rd: Jede fM verdoppeln (= 12 M).
3. Rd: Jede 2. fM verdoppeln (= 18 M).
4. Rd: * 1 fM, 1 fM verdoppeln, 1 fM, ab * noch 5x wdh (= 24 M).
5. Rd: * 1 fM verdoppeln, 3 fM, ab * noch 5x wdh (= 30 M).
6. Rd: * 2 fM, 1 fM verdoppeln, 2 fM, ab * noch 5x wdh (= 36 M).
7. Rd: Nur in die hinteren M-Glieder 36 fM häkeln.
8.-15. Rd: Jeweils 36 fM häkeln.
16. Rd: 36 Km häkeln.
Das Garn abschneiden und vernähen. Das Ballonlicht in die Öffnung des Magic-Rings schieben, mit etwas Heißkleber fixieren und das Garnende vernähen.

### AUFHÄNGUNG

In Natur einen Magic-Ring anfertigen und in Spiralrd mit Häkelnd 2,0 mm weiterhäkeln.
1. Rd: 6 fM in den Ring häkeln (= 6 M).
2. Rd: Jede 3. fM verdoppeln (= 8 M).
3. Rd: 8 fM häkeln (= 8 M).
Mit 1 Km schließen. Das Garn mit 20 cm Länge abschneiden und die Aufhängung mit der 3. Rd an der 1. Rd des Lampenschirmes festnähen.
Für das Lampenkabel in Natur im Magic-Ring der Aufhängung 20 Lm anschl. Ab der 7. M von der Nd aus auf der Lm-Kette 3 Km zurückhäkeln. Das Garn abschneiden und vernähen.

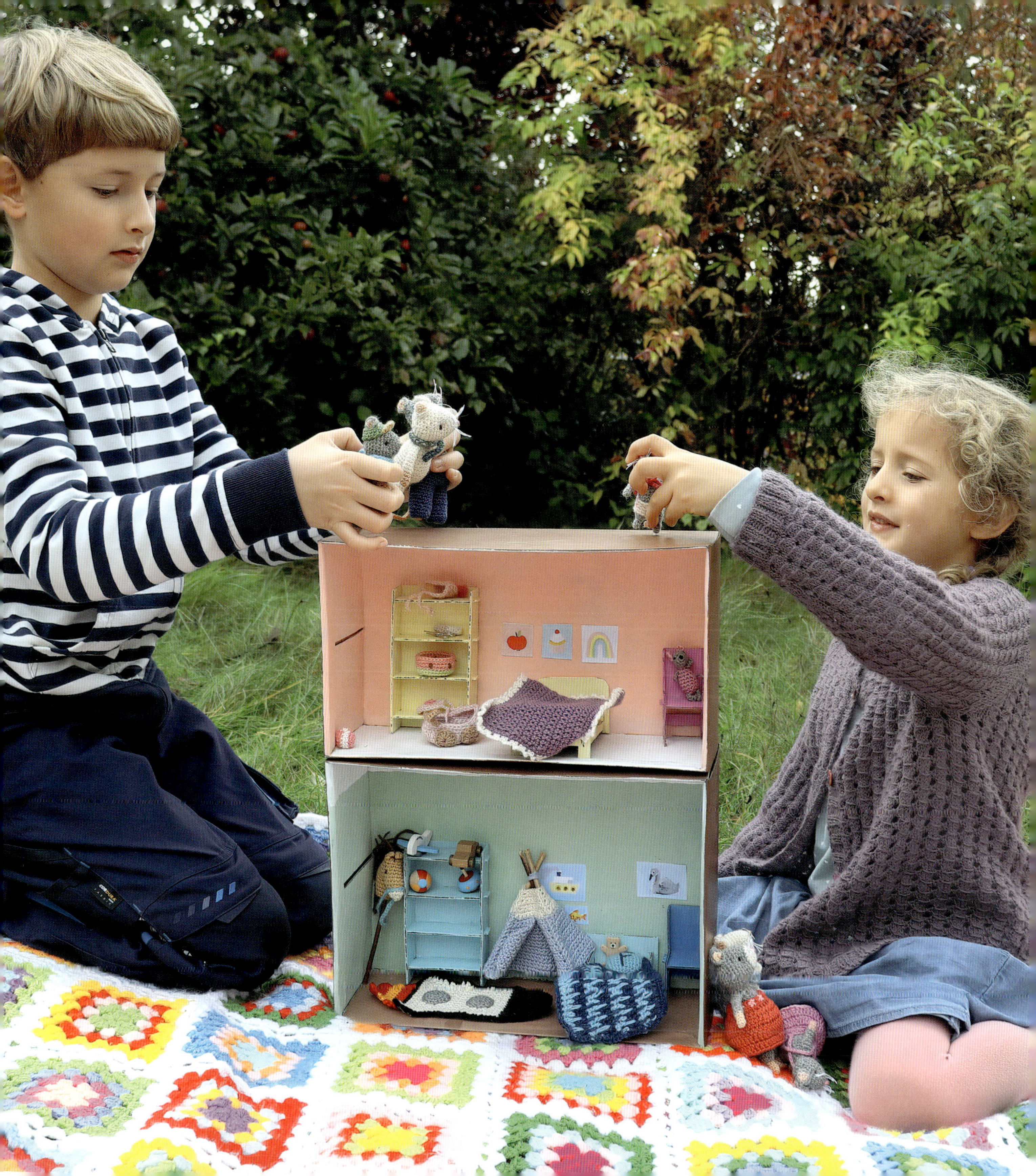

# FENSTERDEKORATION

**SCHWIERIGKEITSGRAD 2**

Gardine, Blumenkasten

**GRÖSSEN**

Gardine 12 cm x 11 cm
Blumenkasten 6 cm lang, 2 cm hoch

**MATERIAL**

- Häkelnadel 2,0 mm

**GARDINEN**

- Schachenmayr Catania Fine (LL 165 m/50 g) in Creme (Fb 1005), 50 g
- Schaschlikspieß aus Holz

**BLUMENKASTEN**

- Schachenmayr Catania (LL 125 g/ 50 g) in Gelbgrün (Fb 392) und Deep Amber (Fb 438), je 50 g, in Apfel (Fb 205) und Azalee (Fb 398), Reste
- Schachenmayr Catania Fine (LL 165 m/50 g) in Moos (Fb 371), Rest
- Füllwatte, xx g
- Blumendraht, 10 cm lang

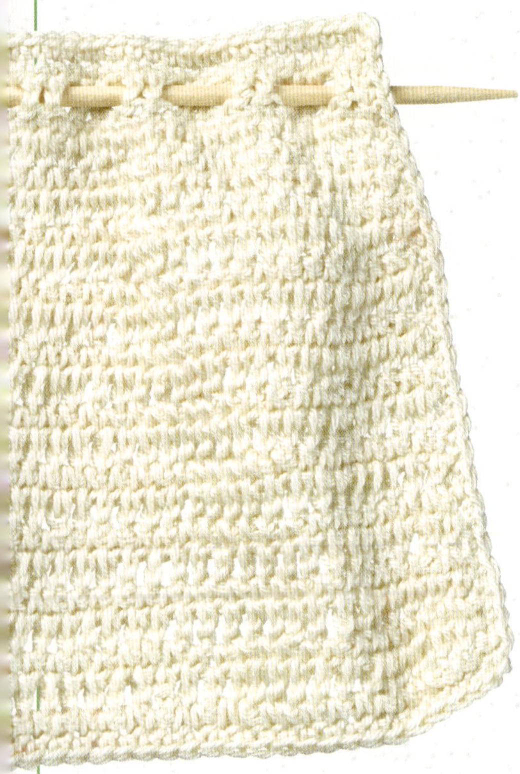

## Gardine

In Creme mit Häkelnd 2,0 mm 27 Lm anschl, weiter in R häkeln. Am Ende jeder R die angegebenen Wende-Lm arb. Nach der letzten R keine Wende-Lm mehr arb.

**1. R:** Ab der 2. M von der Nd aus 26 fM, 3 Wende-Lm häkeln (= 26 M).
**2. R:** * 2 Stb, 1 Lm, 1 M überspringen, ab * fortlaufend wdh, mit 2 Stb enden. 1 Wende-Lm (= 26 M).
**3. R:** 26 fM häkeln, 3 Wende-Lm (= 26 M).
**4. R:** 26 Stb häkeln, 1 Wende-Lm (= 26 M).
**5. R:** 26 tiefergestochene fM, 3 Wende-Lm (= 26 M).
**6.-25. R:** Die 4. und 5. R fortlaufend wdh.

Mit 1 Steige-Lm beginnend die ganze Gardine mit fM umhäkeln, dabei an den Ecken 3 fM in 1 M arb. Das Garn abschneiden und vernähen.

An das Fenster die Vorrichtung für die Gardine ankleben (siehe Bogen zum Abpausen), die Gardine auf den Schaschlikspieß fädeln und das andere Ende des Spießes durch die zweite Vorrichtung schieben.

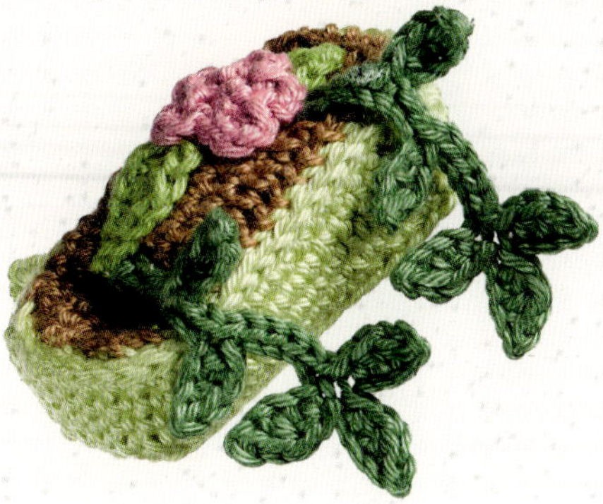

## Blumenkasten

### KASTEN

Für den Boden in Gelbgrün mit Häkelnd 2,0 mm 16 Lm anschl, weiter in R häkeln. Am Ende jeder R 1 Wende-Lm arb. Nach der letzten R keine Wende-Lm mehr arb.

**1. R:** Ab der 2. M von der Nd aus 15 fM häkeln (= 15 M).

**2.-5. R:** Jeweils 15 fM häkeln.

Mit 1 Steige-Lm beginnend den Boden rundum behäkeln: auf die kurzen Seiten je 3 fM, auf die langen Seiten je 13 fM und in die Ecken je 3 fM häkeln (= 44 M).

Weiter in Spiralrd arb.

**1.-4. Rd:** 44 fM häkeln.

**5. Rd:** 44 Km häkeln.

Das Garn abschneiden und vernähen.

### ERDE

In Deep Amber wie die 1.-4. R des Kastens häkeln. Das Garn mit 30 cm Länge abschneiden.

### BLATTRANKE (2x)

In Moos mit Häkelnd 2,0 mm 12 Lm anschl. Ab der 2. M von der Nd aus 1 Km, 2 hStb, 1 Km, 10 Lm häkeln. Auf der Lm-Kette ab der 2. M von der Nd aus 1 Km, 2 hStb, 1 Km, 5 Lm häkeln. Auf der Lm-Kette ab der 2. M von der Nd aus 1 Km, 2 hStb, 1 Km, 5 Lm häkeln. Auf der Lm-Kette ab der 2. M von der Nd aus 1 Km, 2 hStb, 1 Km häkeln. Weiter die Lm-Kette von unten behäkeln: 8 Km, 5 Lm. Auf der Lm-Kette ab der 2. M von der Nd aus 1 Km, 2 hStb, 7 Km arb.

Das Garn mit 20 cm Länge abschneiden.

Die 2. Blattranke ebenso häkeln.

### BLÜTE

In Azalee einen Magic-Ring anfertigen.

**1. Rd:** Mit Häkelnd 2,0 mm 5 fM in den Ring häkeln (= 5 M).

**2. Rd:** * (1 Km, 1 Lm, 1 hStb, 1 Lm, 1 Km) in 1 M, ab * noch 4x wdh.

Das Garn mit 20 cm Länge abschneiden.

### BLATT (2x)

In Apfel mit Häkelnd 2,0 mm 6 Lm anschl. Ab der 2. M von der Nd aus 1 Km, 1 fM, 1 hStb, 1 fM, 3 fM in 1 M, weiter die Lm-Kette von unten behäkeln: 1 fM, 1 hStb, 1 fM, 1 Km. Mit 1 Km schließen und das Garn mit 20 cm Länge abschneiden.

Das 2. Blatt ebenso häkeln.

### FERTIGSTELLEN

Zuerst die beiden rankenden Blätter etwas versetzt auf die Blumenerde nähen. Dann die Blätter in Apfel und darauf mittig die Blüte annähen. Den Kasten leicht mit Füllwatte ausstopfen. Die Blumenerde darauf legen und rundherum festnähen. Eventuell noch etwas Füllwatte nachstopfen.

Den Blumendraht auf der Rückseite zwischen der 4. und 5. Rd einschieben, so dass beidseitig noch 3 cm Draht herausragen. Den Draht so biegen, dass man den Blumenkasten am Fenster aufhängen kann und fest mit Garn in Gelbgrün umwickeln und vernähen, darauf achten, dass die Enden nicht pieksen.

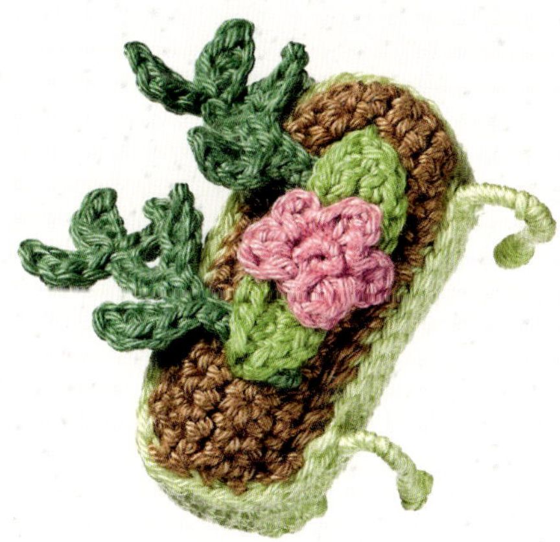

# PARTY-ACCESSOIRES

**SCHWIERIGKEITSGRAD 2**

Girlande, Hut

**GRÖSSEN**

Girlande 28 cm lang
Hut 2 cm hoch

**MATERIAL**

- Häkelnadel 1,75 mm

**GIRLANDE**

- Schachenmayr Catania (LL 125 m/50 g) in Orange (Fb 281), Pink (Fb 225), Flieder (Fb 226), Signalrot (Fb 115), Greenery (Fb 418), Türkis (Fb 397), Regatta (Fb 261) und Weiß (Fb 106), Reste

**HUT**

- Schachenmayr Catania (LL 125 m/50 g) in Orange (Fb 281), Pink (Fb 225), Flieder (Fb 226), Signalrot (Fb 115), Greenery (Fb 418), Türkis (Fb 397) und Regatta (Fb 261), Reste
- 7 Bastelpompons (farblich passend zum Garn), ø 5 mm

## Girlande

### WIMPEL (7x)

In Orange mit Häkelnd 1,75 mm 2 Lm anschl, weiter in R häkeln. Am Ende jeder R 1 Wende-Lm arb. Nach der letzten R keine Wende-Lm mehr arb.

**1. R:** In die 2. M von der Nd aus 1 fM häkeln (= 1 M).
**2. R:** 1 fM verdoppeln (= 2 M).
**3. R:** 1 fM verdoppeln, 1 fM (= 3 M).
**4. R:** 1 fM verdoppeln, 2 fM (= 4 M).
**5. R:** 1 fM verdoppeln, 3 fM (= 5 M).

Mit 1 Steige-Lm beginnend die Längsseiten mit fM umhäkeln, dabei an der Spitze 3 fM in 1 M arb. Das Garn abschneiden und vernähen.
Noch 6 weitere Wimpel in Pink, Flieder, Signalrot, Greenery, Türkis und Regatta ebenso häkeln.

### FERTIGSTELLEN

Für die Aufhängung in Weiß 25 Lm anschl und nacheinander jeweils 5 fM auf die 5. R der Wimpel häkeln. Zwischen den Wimpeln 4 Lm arb. Nach dem letzten Wimpel wieder 25 Lm anschl.
Die Enden verknoten und das Garn abschneiden.

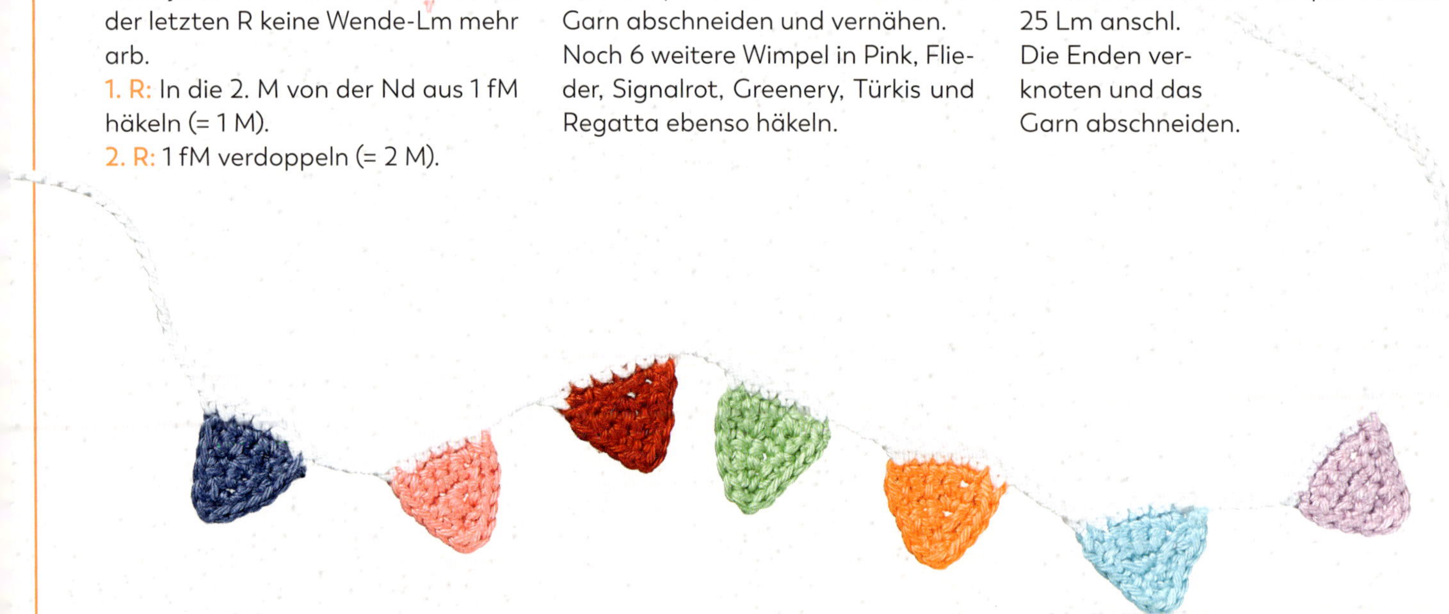

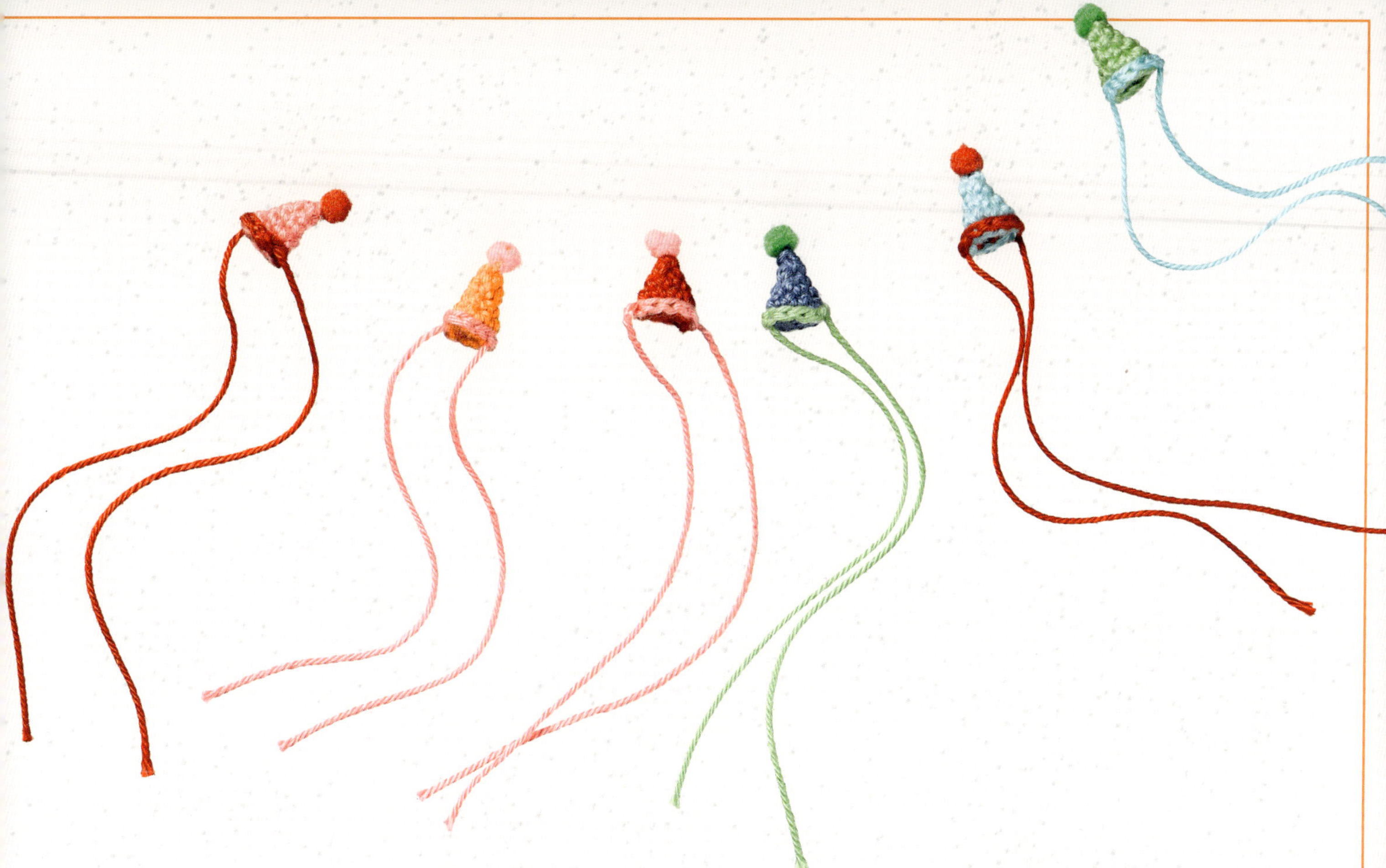

## Hut (7x)

In Fb 1 einen Magic-Ring anfertigen und in Spiralrd mit Häkelnd 1,75 mm weiterhäkeln.

1. Rd: 4 fM in den Ring häkeln (= 4 M).

2. Rd: Jede 2. verdoppeln (= 6 M).

3. Rd: Jede 3. fM verdoppeln (= 8 M).

4. Rd: Jede 4. fM verdoppeln (= 10 M).

5. Rd (Fb 2): 10 Km häkeln.

Das Garn abschneiden und vernähen.

Einen Pompon an die Spitze nähen und in Fb 2 beidseitig 10 cm lange Bänder annähen.

7 Hüte in folgenden Kombinationen (= Fb 1/Fb 2) anfertigen: Orange/Pink, Greenery/Türkis, Rot/Pink, Flieder/Greenerey, Türkis/Signalrot, Regatta/Greenery und Pink/Signalrot.

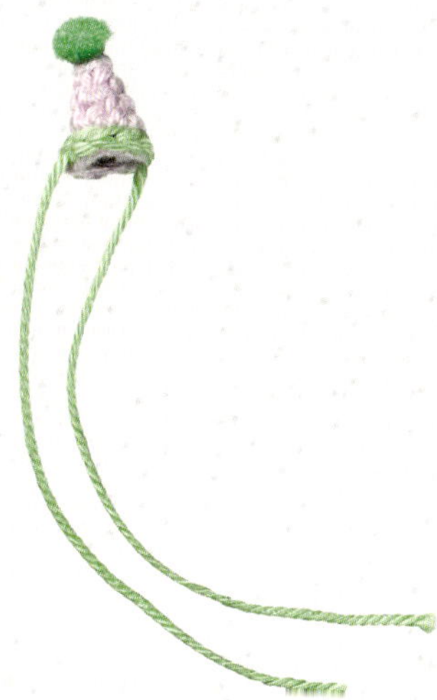

# HAUS UND MÖBEL

**MATERIAL**

- stabile Schuhkartons samt Deckel aus Wellpappe, 2 mm stark
- Bleistift
- Cutter
- Metalllineal
- Geodreieck
- Stricknadel, 2,0 mm
- Transparentpapier
- Tonkarton
- Deko-Clips aus transparentem Kunststoff, 1,8 cm x 1,4 cm (im Handel mit doppelseitigem Klebeband erhältlich)
- Flachpinsel
- Acrylfarben

## ZIMMER

Die Zimmer werden aus stabilen Schuhkartons gestaltet. Je nach Wunsch können Fenster (ca. 8,5 cm hoch, 6,5 cm breit) in einer Höhe von ca. 6 cm mit dem Cutter eingeschnitten werden. Das Fenster am besten mit Hilfe des Geo-Dreiecks vorzeichnen.

Je nach Wunsch können die Räume bemalt werden. Ein zweimaliger Farbauftrag empfiehlt sich, damit die Farbe gut deckt.

Deko-Clips eignen sich gut als Halterung für Deckenleuchten. Sie werden in der Mitte des als Decke genutzten Seitenteils des Schuhkartons aufgeklebt.

Die beigelegten Sticker können ganz nach Wunsch an die Wände geklebt werden.

Mit starkem doppelseitigem Klebeband können die Zimmer nach Wunsch zu einem Haus zusammengeklebt werden.

**MEIN TIPP: Bewahren Sie die Deckel auf. So können einzelne Zimmer samt Zubehör auch verschlossen und mitgenommen werden.**

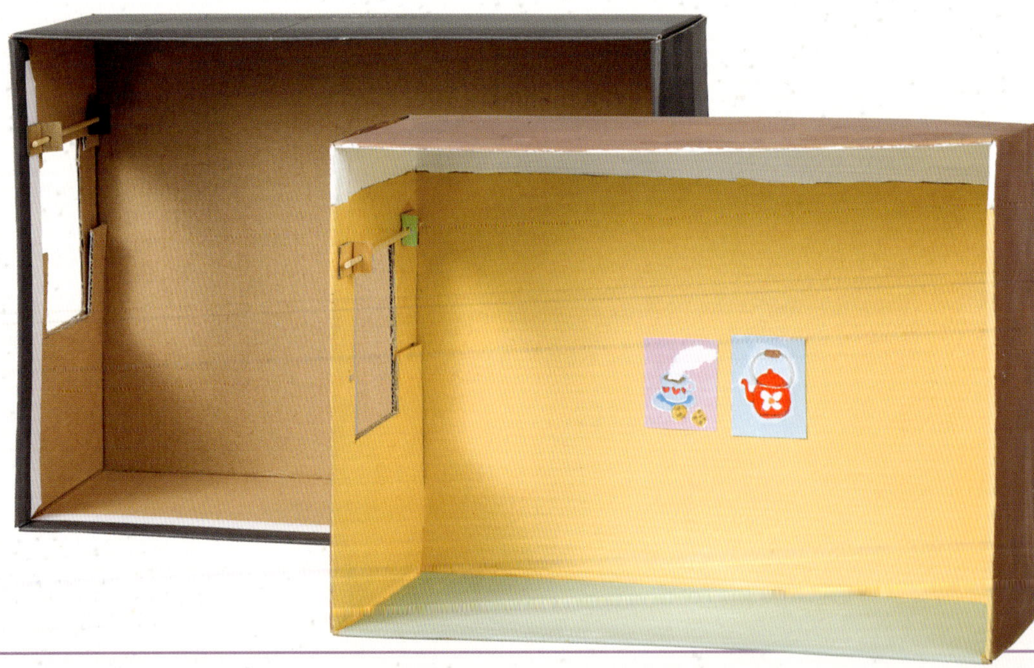

# MÖBEL

Alle Möbel werden aus den Deckeln der Schachteln gebaut. Sie bestehen aus Elementen mit Schlitzen und Laschen, die ineinandergesteckt werden.

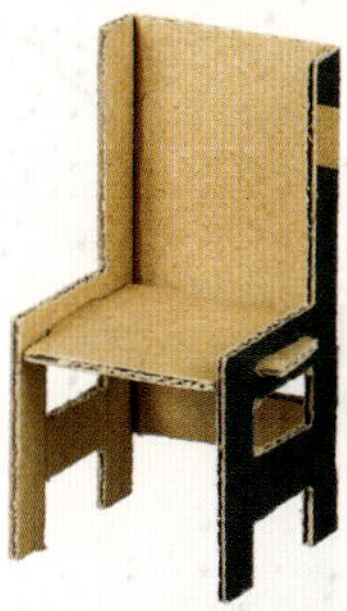

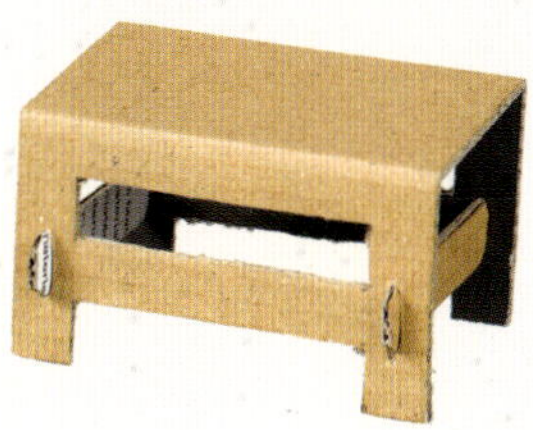

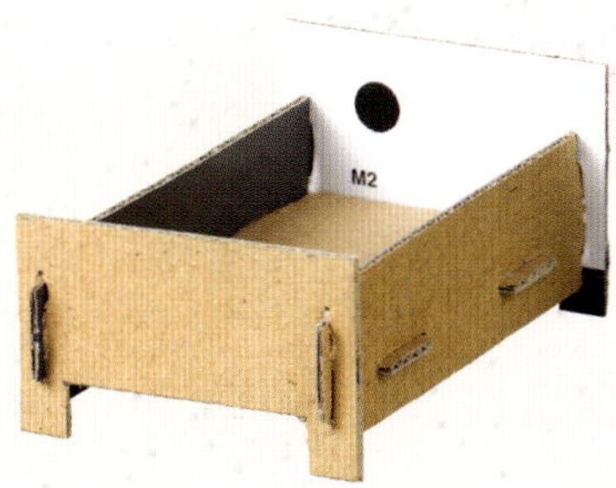

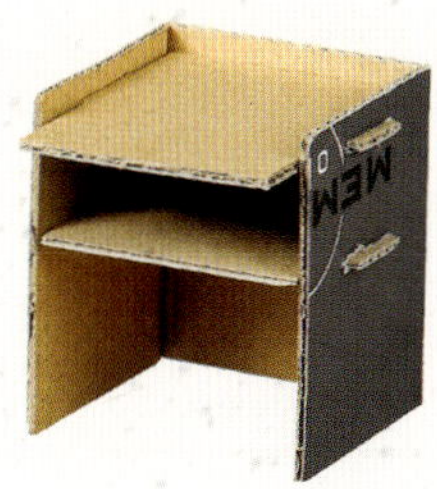

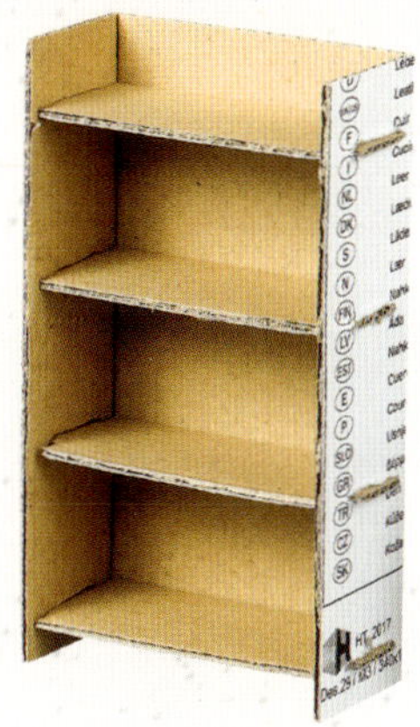

Zum Übertragen der Vorlagen Transparentpapier auflegen, die Linien durchpausen, das Transparentpapier auf Tonkarton kleben und ausschneiden.
Diese Schablone auf den Schuhkarton legen und alles übertragen. Dabei unbedingt den eingezeichneten Verlauf der Wellpappe beachten. Falzlinien müssen immer parallel zu den Wellpapperillen liegen. Sie werden vor dem Falzen leicht angeritzt.
Dann die einzelnen Teile mit dem Cutter und mit Hilfe eines Metalllineals exakt ausschneiden. Die Schlitze werden mit dem Cutter vorgeschnitten und anschließend mit der Stricknadel auf die angegebene Breite (1,5-2,0 mm) ausgeweitet.
Nun die Teile zusammenstecken und bemalen. Zuerst eine Farbschicht auftragen, diese gut trocknen lassen, dann nochmals bemalen und trocknen lassen.

## Elternbett

Kopfteil (A), Fußteil (B) und Liegefläche (D) je einmal, das Seitenteil (C) zweimal zuschneiden.
Dann zusammenstecken und zweimal bemalen. Gut trocknen lassen.

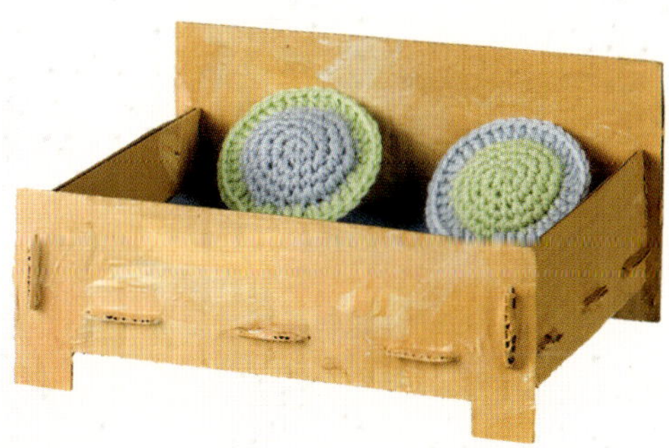

## Kinderbett

Kopfteil (A) und Fußteil (B) je einmal ausschneiden, anschließend können die oberen Seiten an den beiden Ecken abgerundet werden. Die Liegefläche (D) einmal, das Seitenteil (C) zweimal ausschneiden, dann alles zusammenstecken und zweimal bemalen.

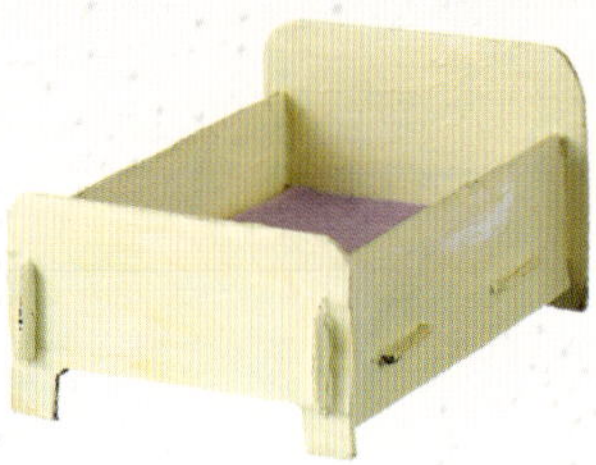

## Hochbett

Kopf- und Fußteil (A) und Liegefläche (C) je zweimal, Seitenteil (B) viermal ausschneiden. Dann zusammenstecken und gemäß der Abbildung oder nach eigenem Wunsch zweimal bemalen. Gut trocknen lassen.

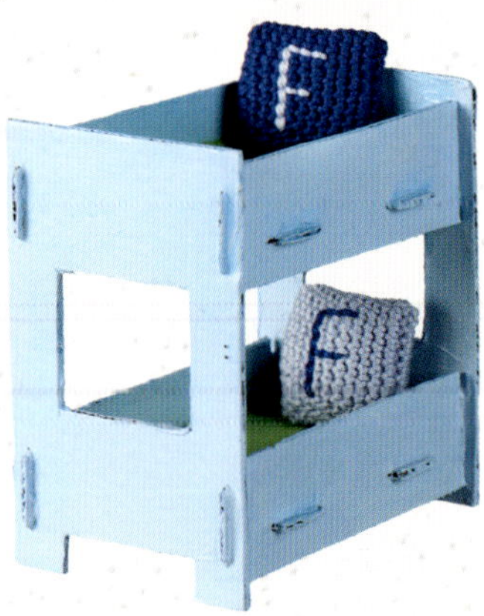

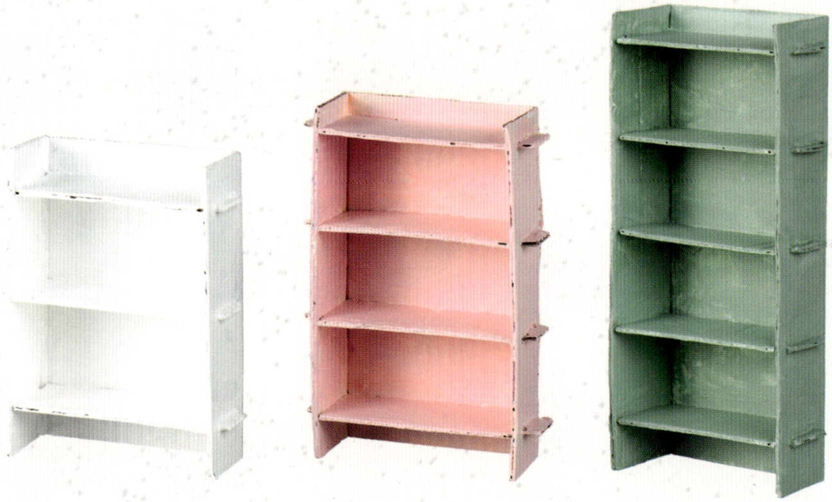

## Regale

Die Regale können mit drei, vier und fünf Böden hergestellt werden. Dazu den Korpus (A) in der gewünschten Höhe einmal ausschneiden. Die Längslinien der Wellpappe müssen unbedingt parallel zur langen Seite (17 cm) verlaufen, damit nachher gefalzt werden kann, ohne dass die Pappe bricht. Den Regalboden (B) drei-, vier- oder fünfmal ausschneiden. Die Teile zusammenstecken und zweimal bemalen.

## Herd

Den Korpus (A) einmal zuschneiden und falzen. Beim oberen Boden (C) beim Zuschnitt den parallelen Verlauf der Rillen zur Falzlinie beachten, dann falzen. Den unteren Boden (B) ausschneiden, alle Teile zusammenstecken und zweimal bemalen.

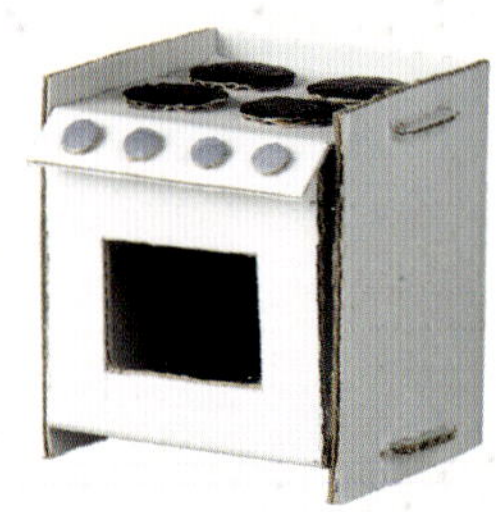

## Nachttisch/Waschtisch/ Wickelkommode

Korpus (A, Grundform für alle Möbel) einmal ausschneiden und falzen. Dabei müssen die Rillen der Wellpappe parallel zu den Falzlinien verlaufen. Den Boden (B) zweimal ausschneiden, für die Wickelkommode wie eingezeichnet mit größerer Tiefe. Auch hier den Verlauf der Rillen beachten. Die Teile zusammenstecken und zweimal bemalen.

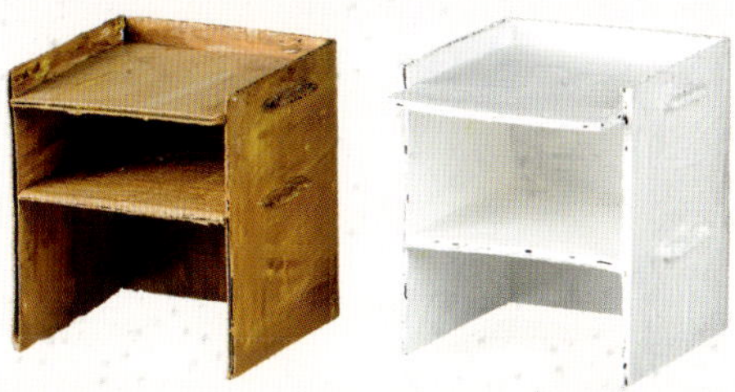

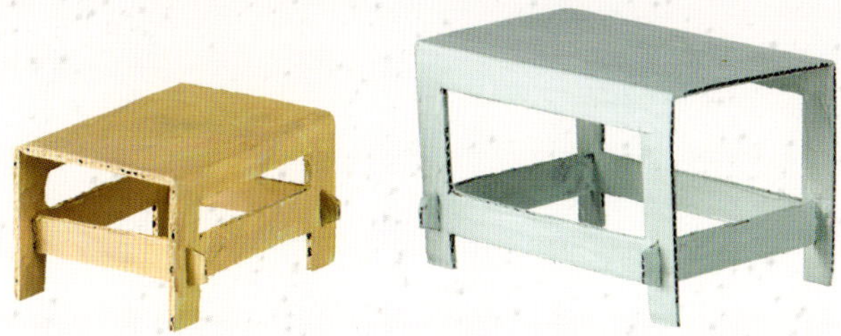

## Esstisch/Couchtisch

Den Korpus (A1 für den Esstisch, A2 für den Couchtisch) je einmal ausschneiden. Der Verlauf der Rillen muss parallel zu den Falzlinien verlaufen.
Je zwei Streben (Teil B) ausschneiden. Dann alles zusammenstecken und zweimal bemalen.

## Stuhl

Den Korpus (A) einmal ausscheiden, dabei den Verlauf der Wellpappe beachten. Die Streifen müssen parallel zu den Falzlinien verlaufen. Das Teil falzen. Die Sitzfläche (B) ausschneiden, dann die Teile zusammenstecken und zweimal bemalen.

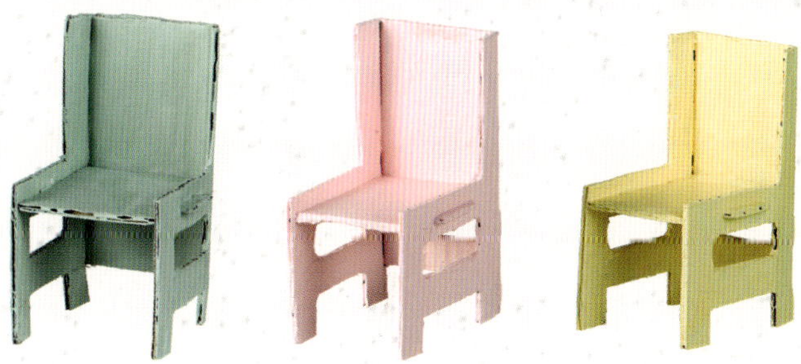

## Halter für Gardinenstangen

Den Halter für die Gardinenstangen zweimal zuschneiden, an der Linie falzen, sodass ein 1 cm langes Stück als Klebefläche entsteht. In das 2 cm lange Stück mittig ein Loch (Durchmesser 3 mm) bohren. Die Halterungen über die Fenster kleben.

## Elternbett

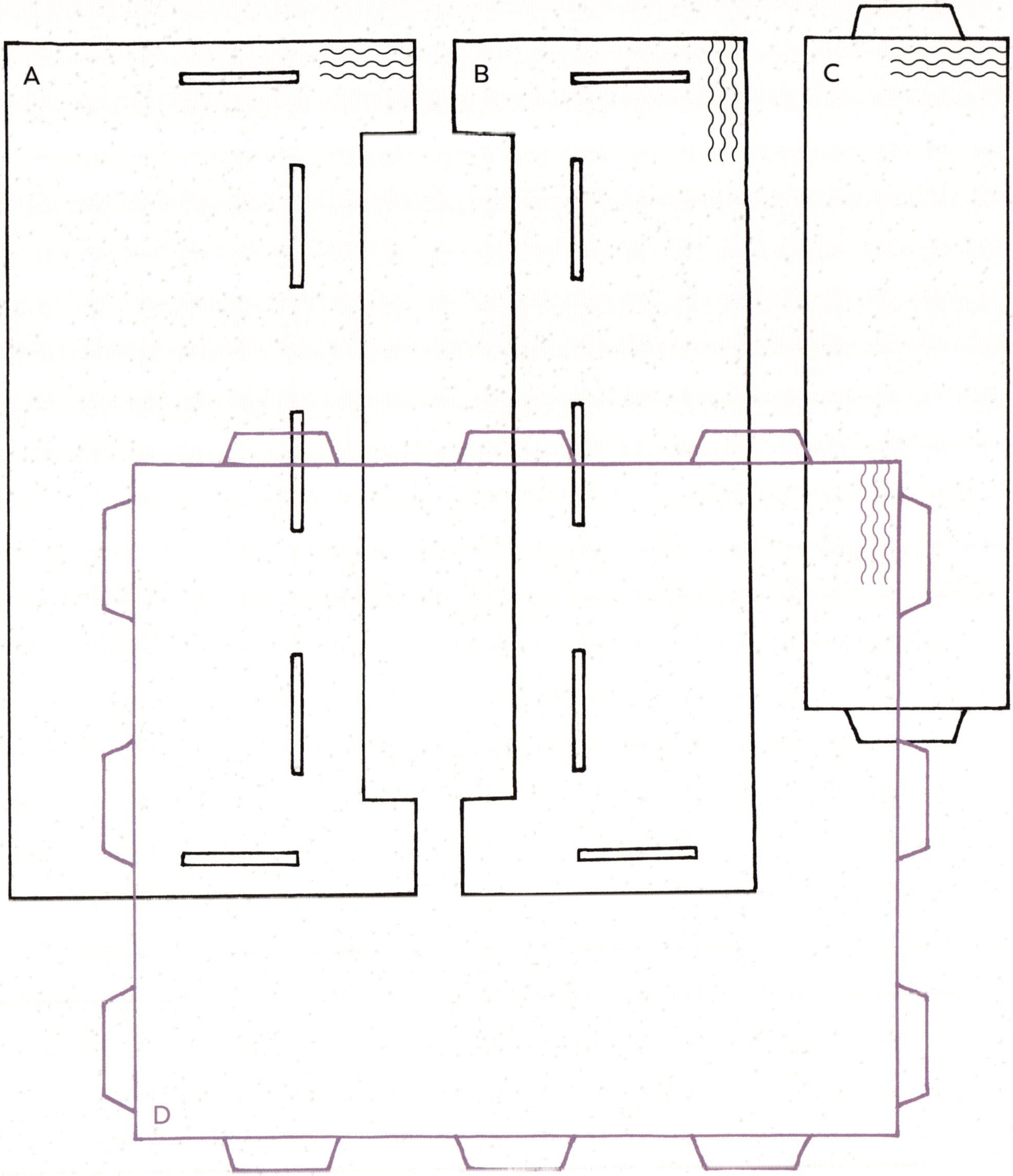

# Kinderbett

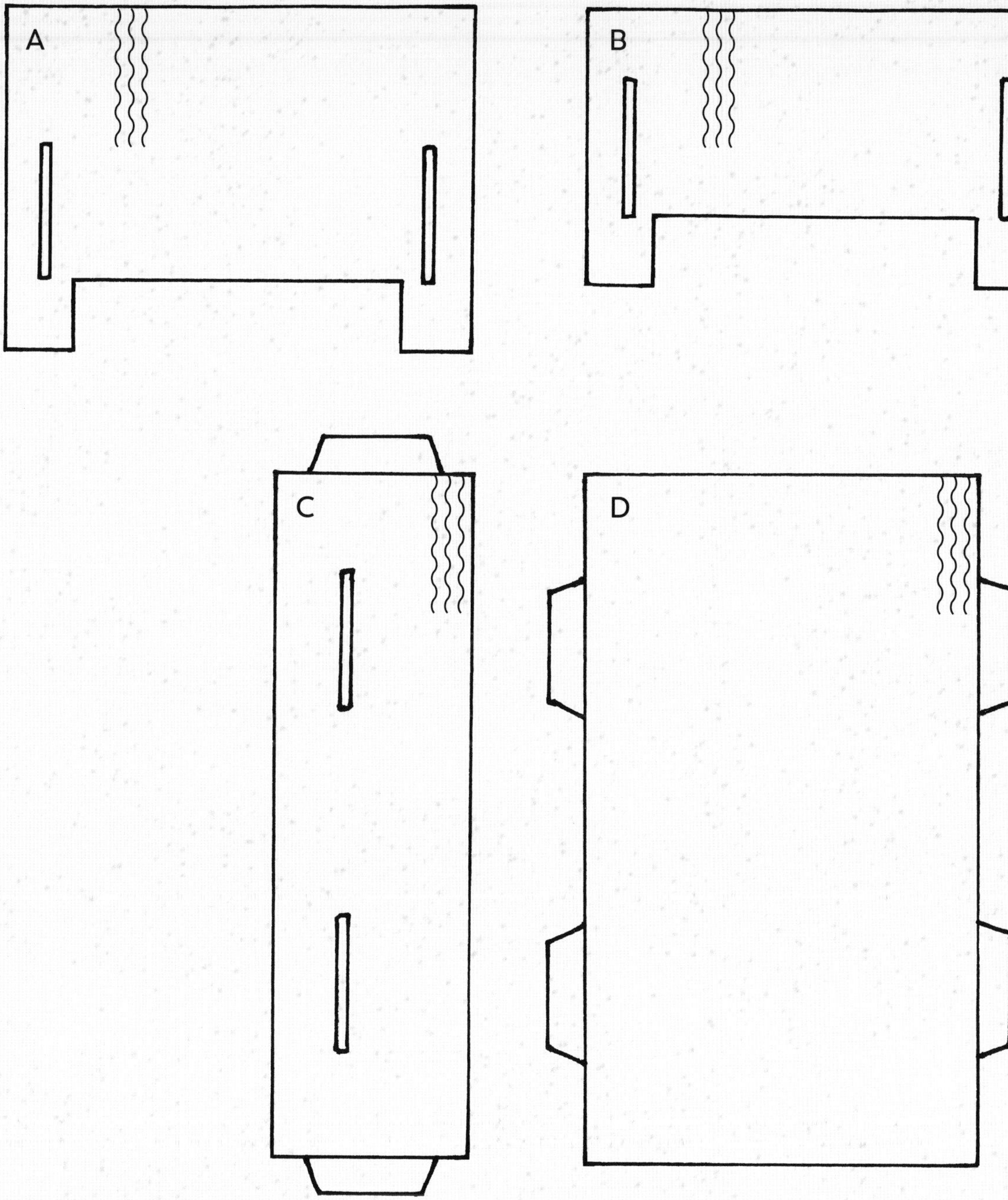

# Hochbett

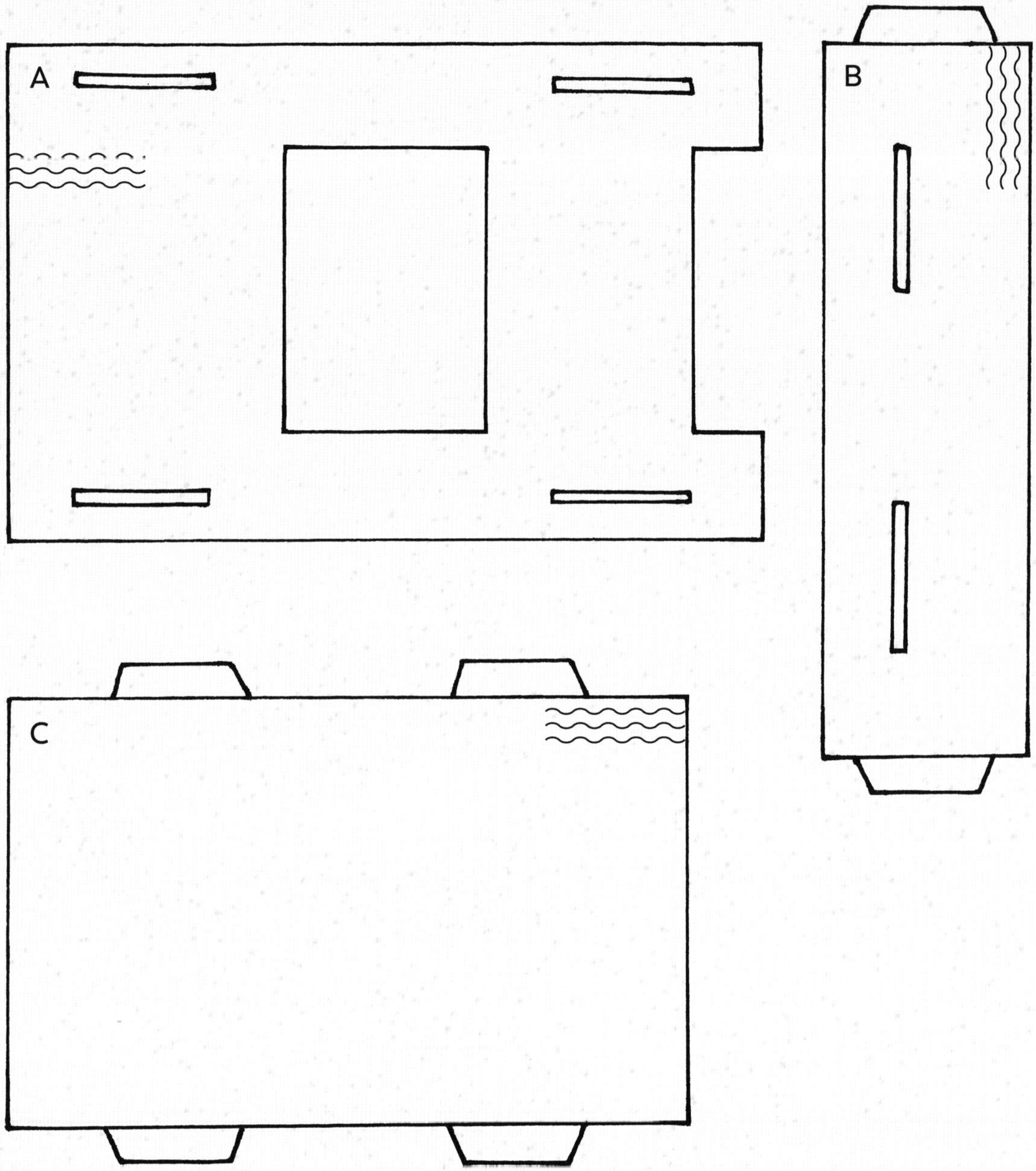

## Regale

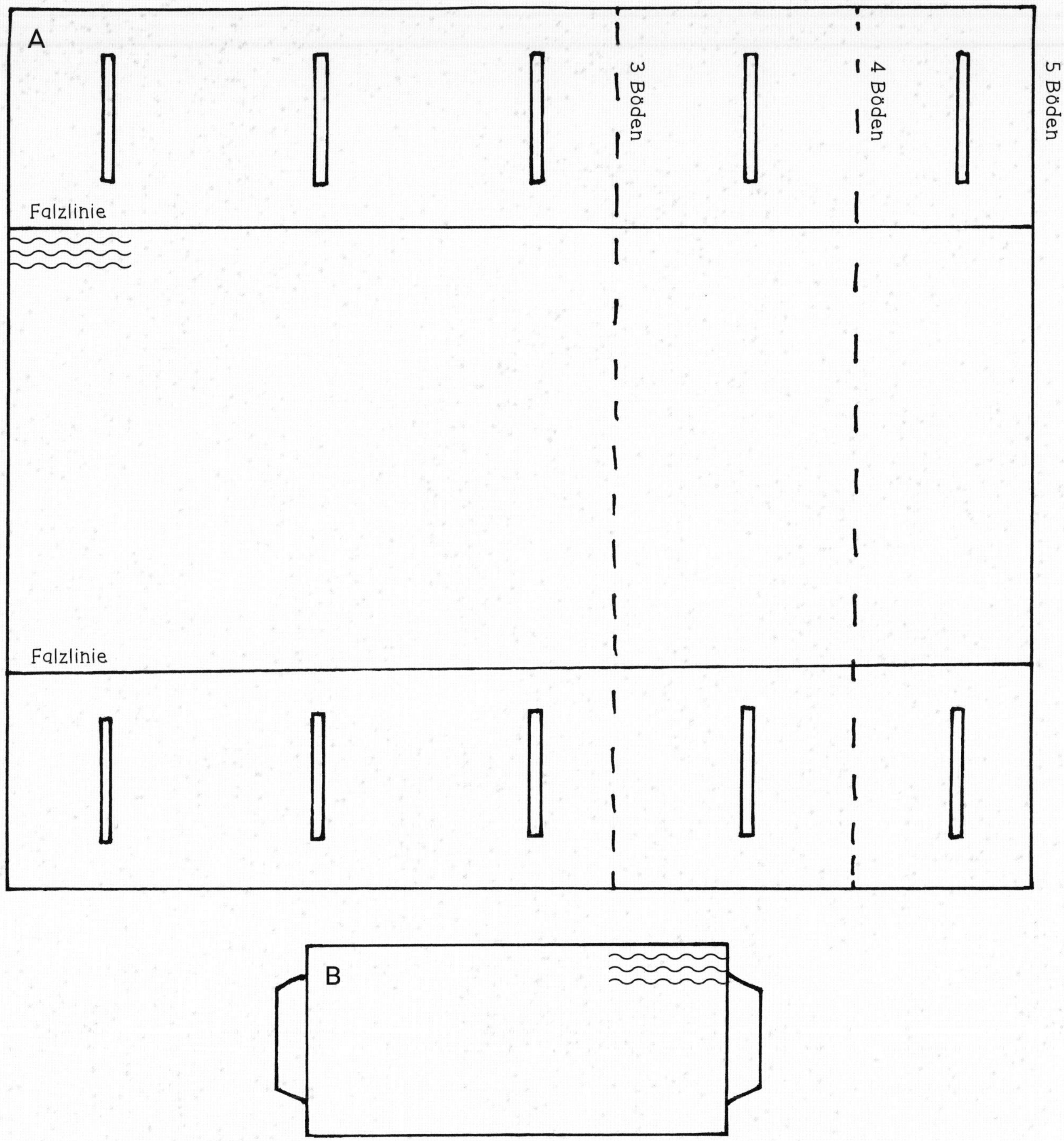

# Herd

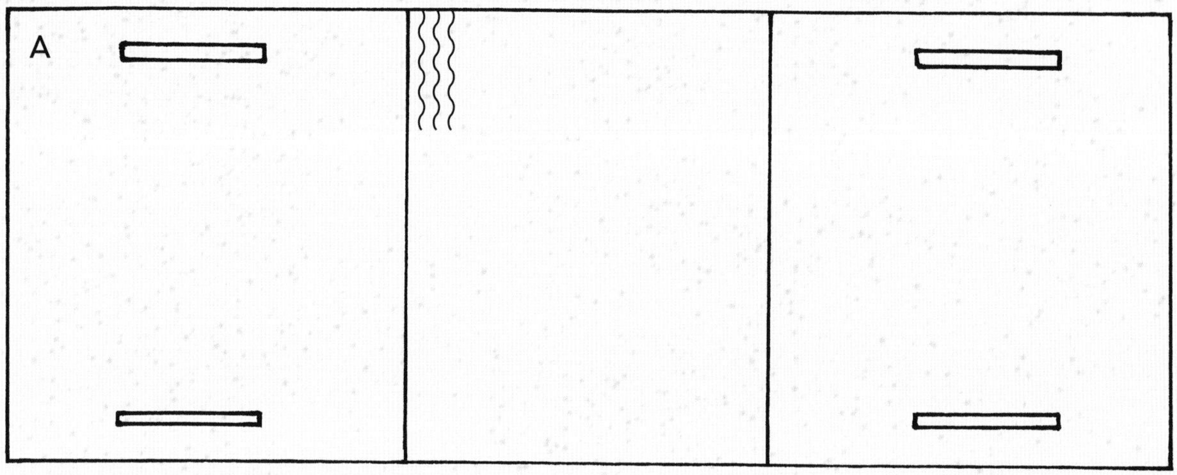


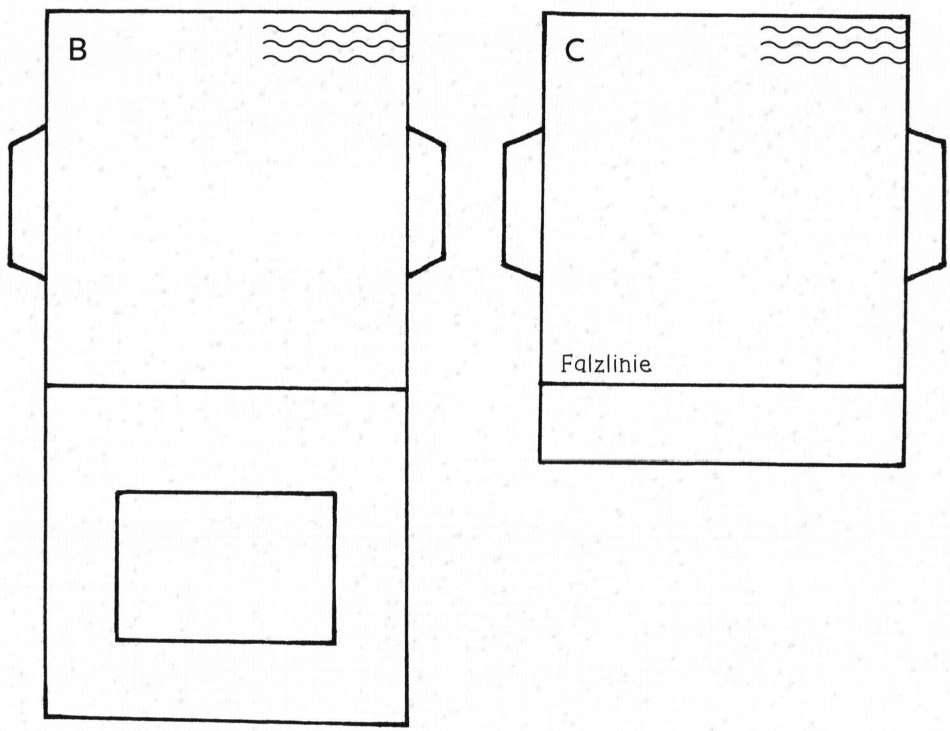

# Nachttisch/Waschtisch/Wickelkommode

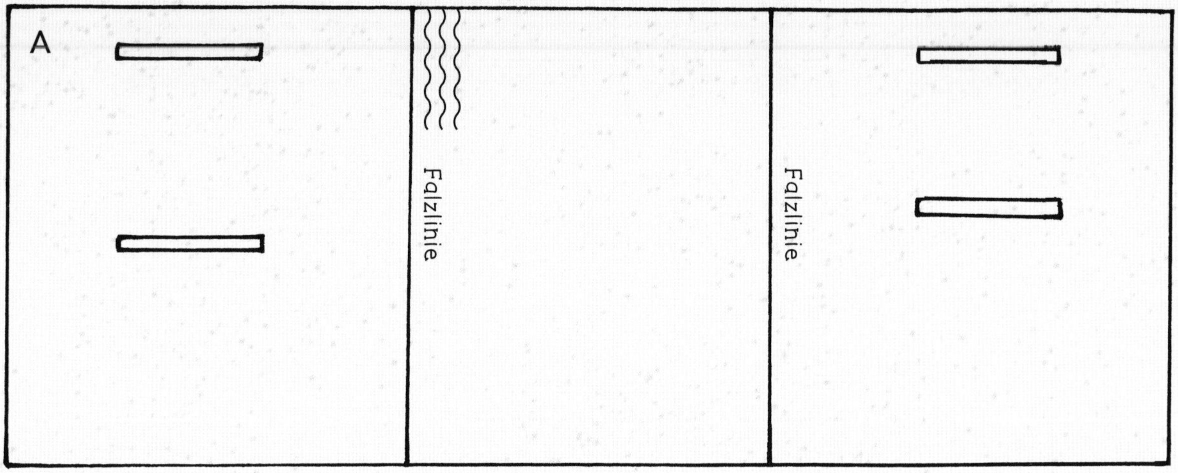


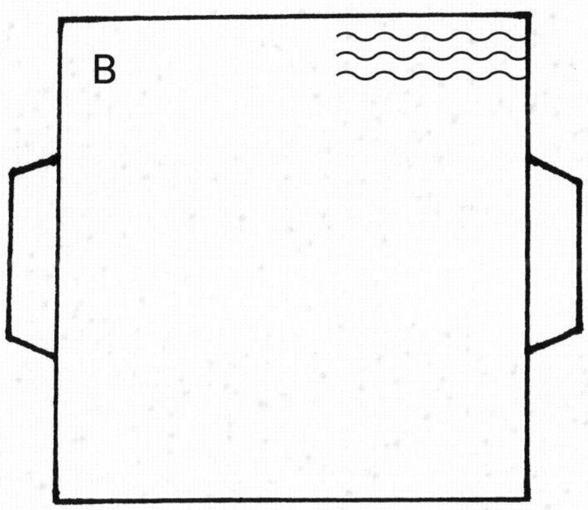


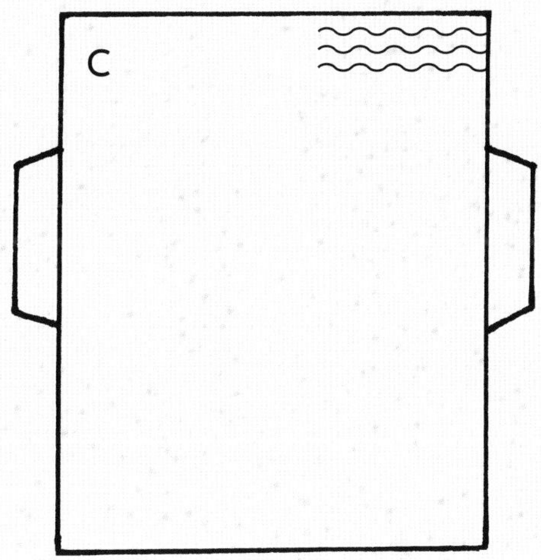

# Esstisch

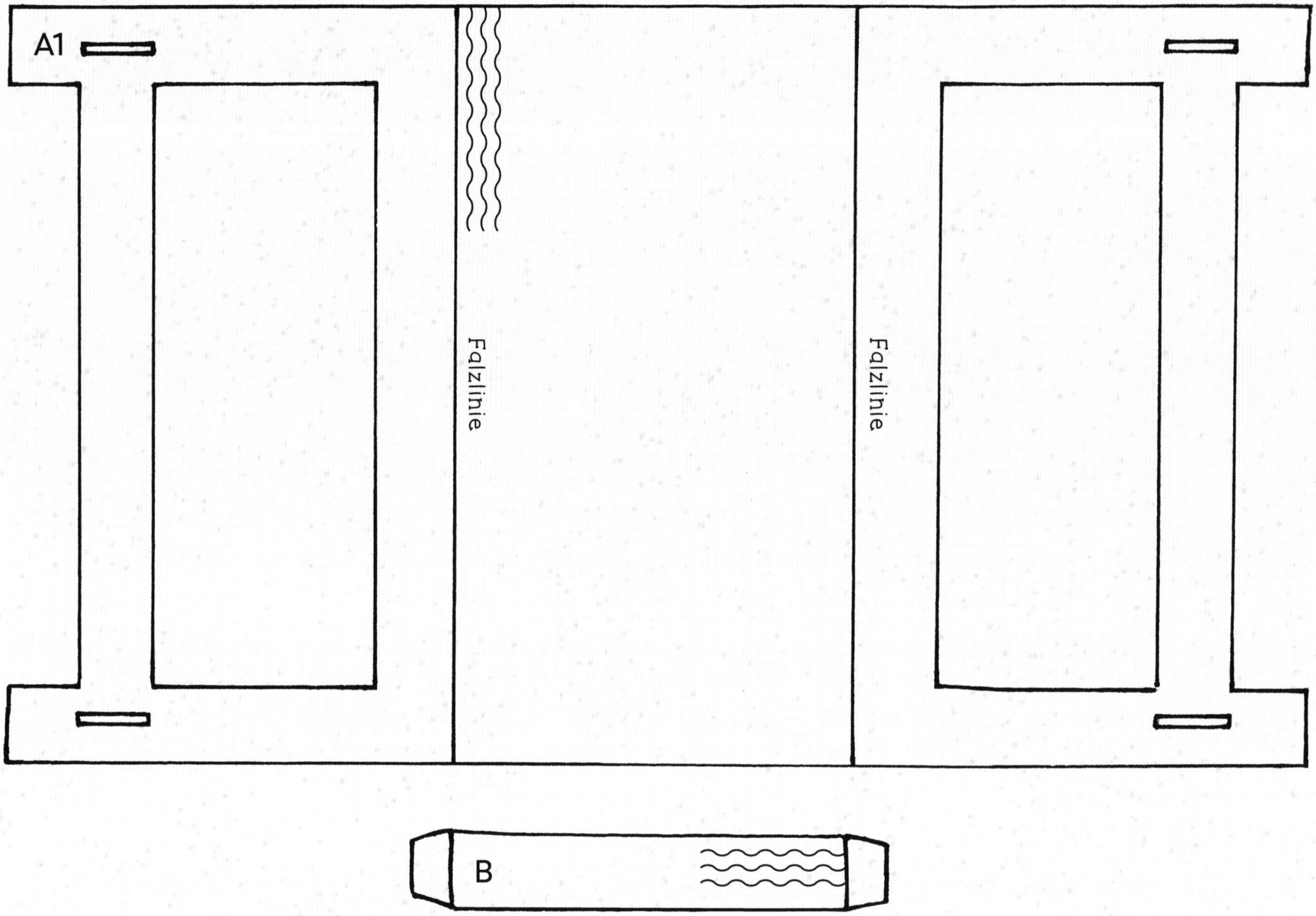


# Gardinenstangenhalter

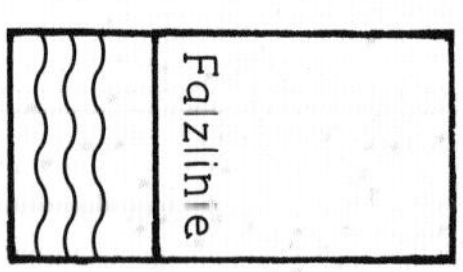

## Couchtisch

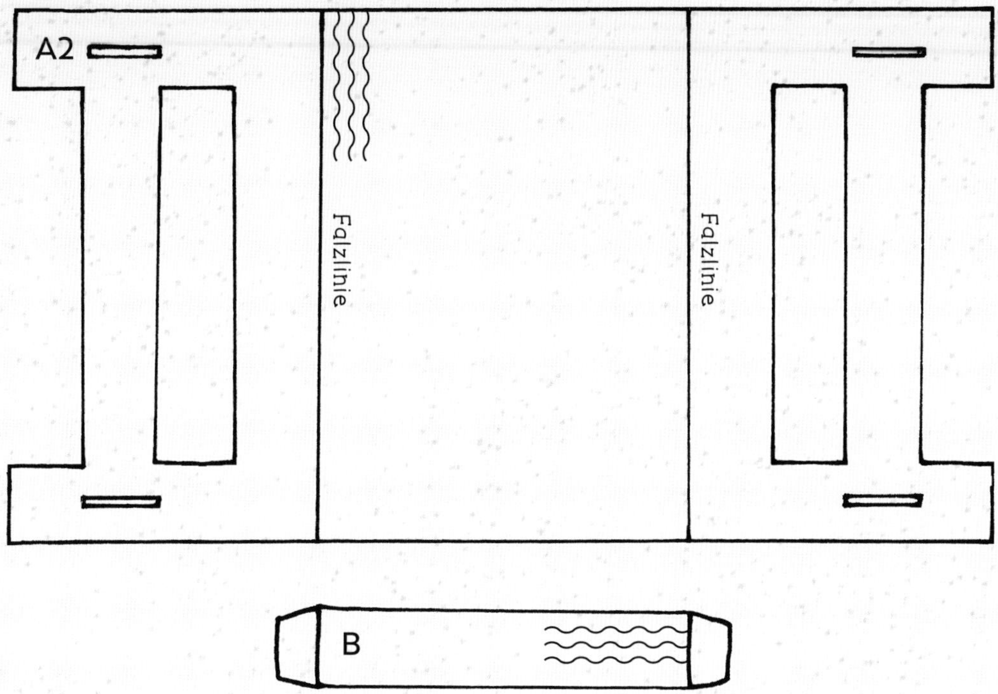


## Stuhl

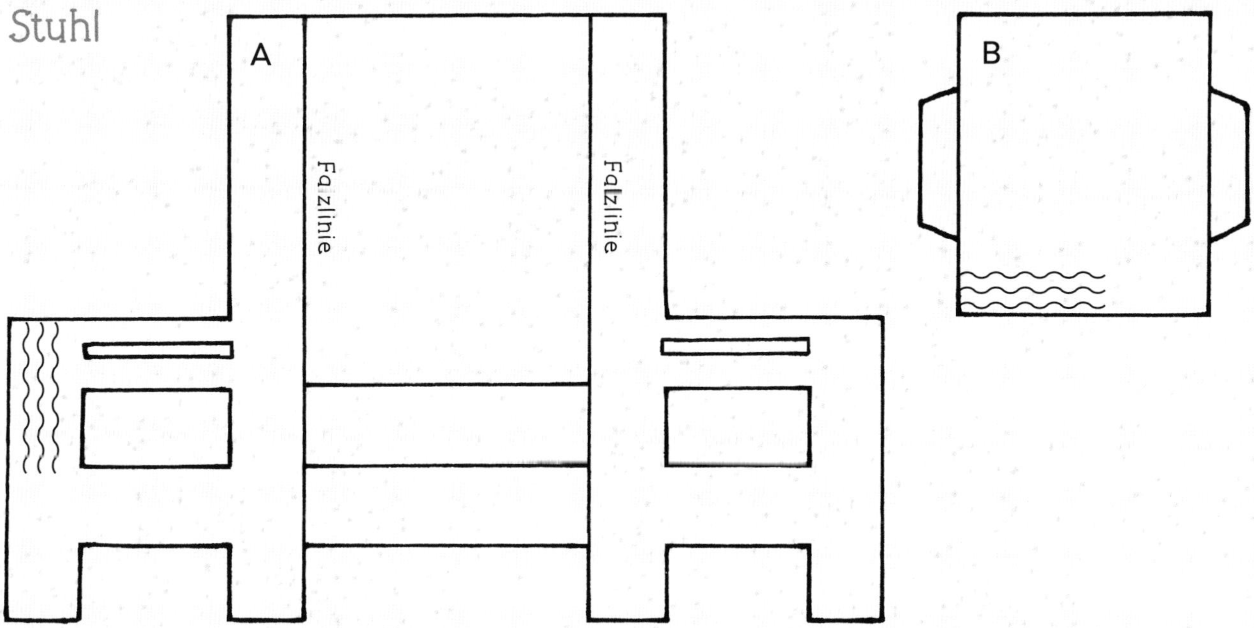

# SO GEHT'S

## LUFTMASCHEN ANSCHLAGEN

1 Bevor Sie mit dem Häkeln beginnen, bilden Sie eine Anfangsschlinge: Klemmen Sie den Faden zwischen kleinen und Ringfinger und führen Sie ihn hinter dem Mittelfinger entlang. Nun den Faden um den Zeigefinger legen …

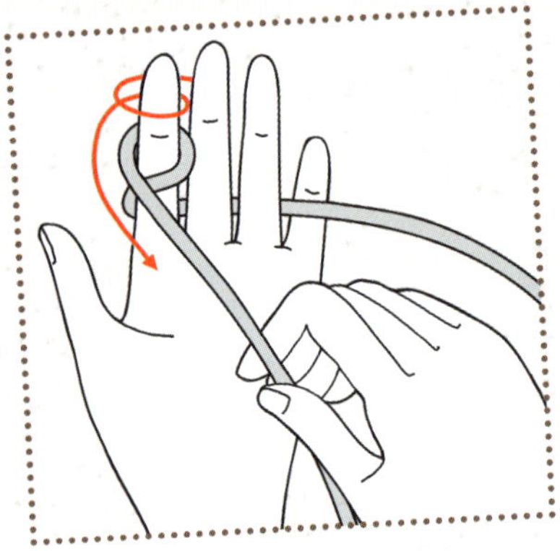

2 … und um den Daumen schlingen. Das Fadenende liegt in der Hand.

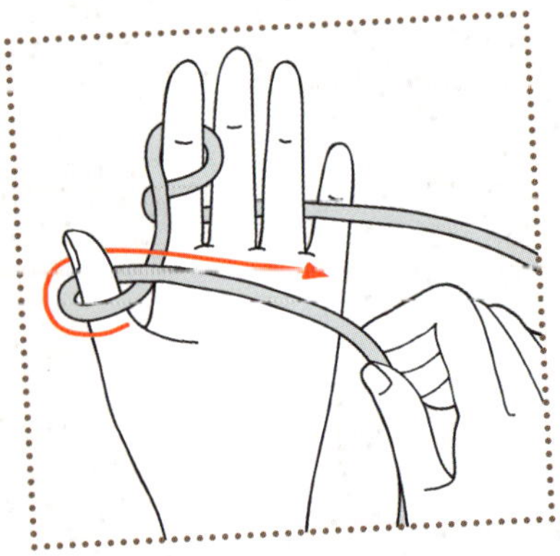

3 Nun nehmen Sie die Nadel und holen den Faden vom Zeigefinger durch die Daumenschlinge. Dann den Daumen aus der Schlinge nehmen.

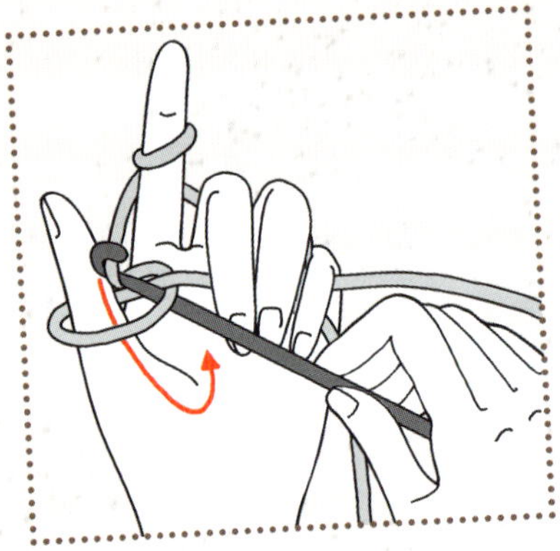

4 Schieben Sie den Daumen unter das Fadenende, welches Sie mit dem Mittel-, Ring- und dem kleinen Finger festhalten.

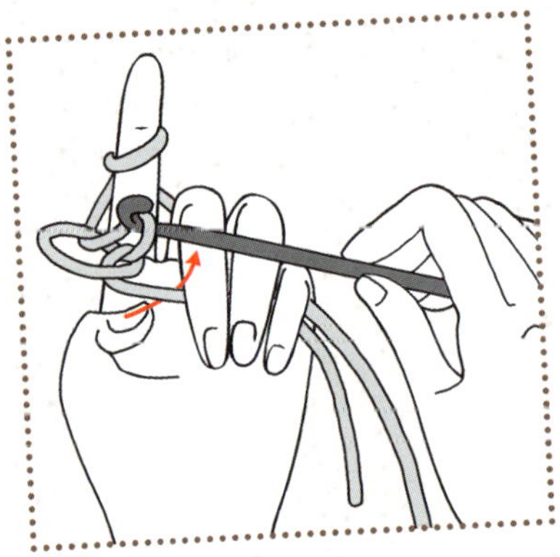

5 Dann Daumen und Zeigefinger spreizen und die Anfangsschlinge auf der Nadel festziehen. Sie sollte beweglich auf der Nadel liegen, jedoch nicht herunterrutschen.

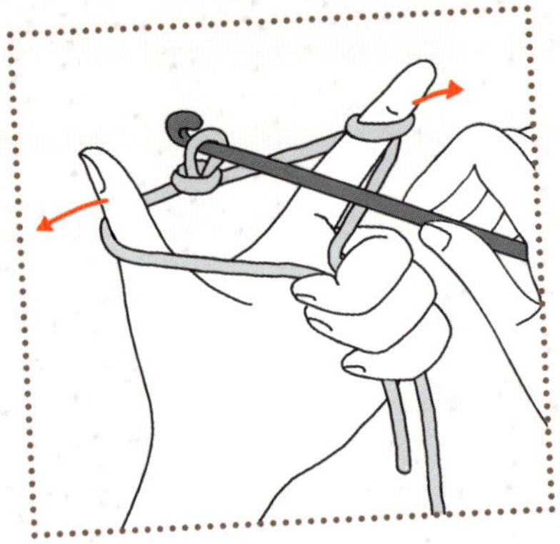

6 Um nun weitere Luftmaschen anzuschlagen, holen Sie mit der Nadel den Faden, der vom Zeigefinger kommt, und ziehen ihn durch die Schlinge auf der Nadel. So entsteht eine Luftmaschenkette.

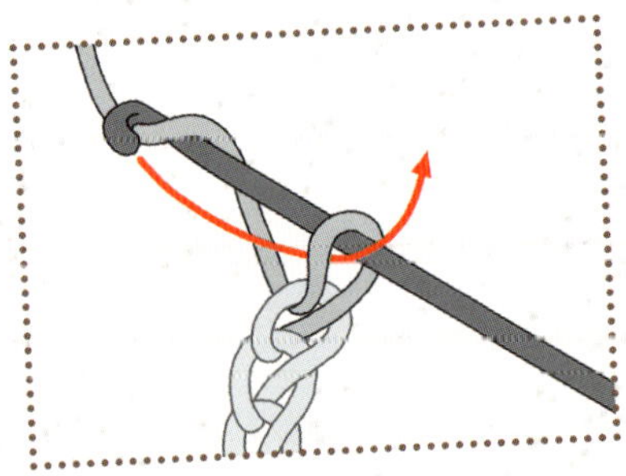

## WENDELUFT-MASCHEN

Werden feste Maschen in Reihen gehäkelt, muss die Arbeit nach jeder Reihe gewendet werden. Am Reihenanfang immer zunächst 1 Wende-Luftmasche häkeln. Dann in die nächste Masche der vorangegangenen Reihe einstechen und weiter feste Maschen häkeln.

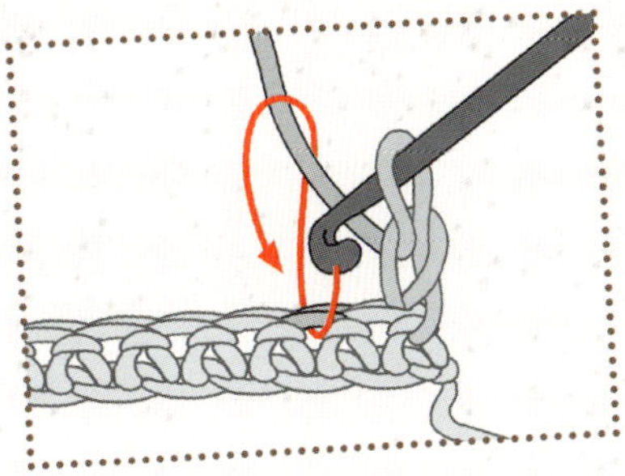

## MAGIC-RING

1 Den Faden von rechts einmal um den Zeigefinger und weiter einmal um den Daumen der linken Hand wickeln. Zwischen Daumen und Zeigefinger ist der Faden gespannt.

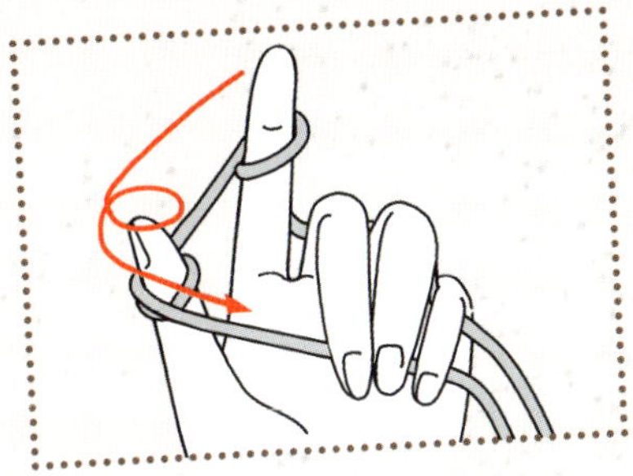

2 Mit der Häkelnadel unter den Faden am Daumen stechen und den Faden, der zum Zeigefinger führt, als Schlaufe durchziehen.

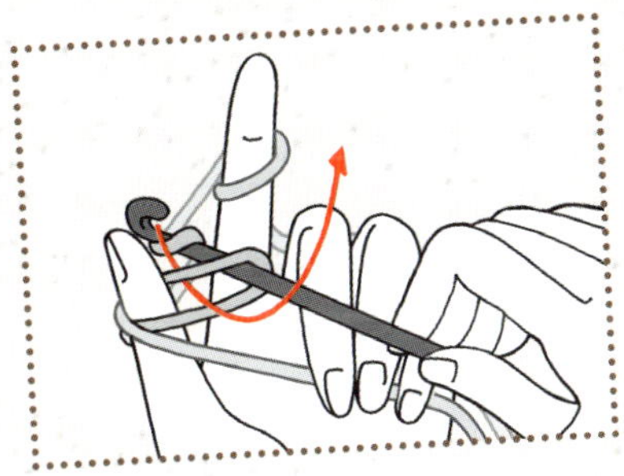

3 Aus der Schlaufe 1 Luftmasche häkeln.

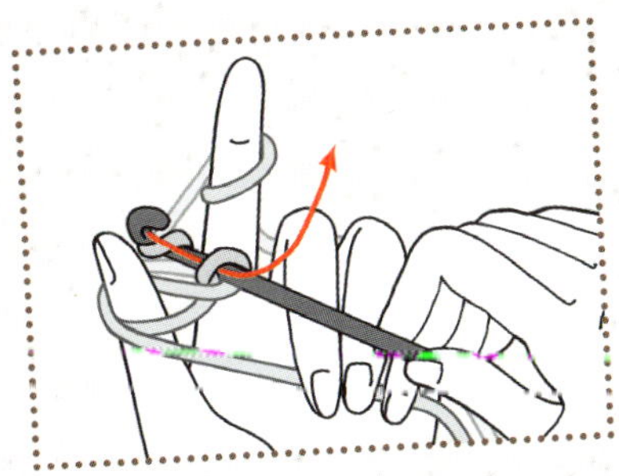

4 Um feste Maschen in den Magic-Ring zu häkeln, den Faden erneut als Schlaufe durchziehen ...

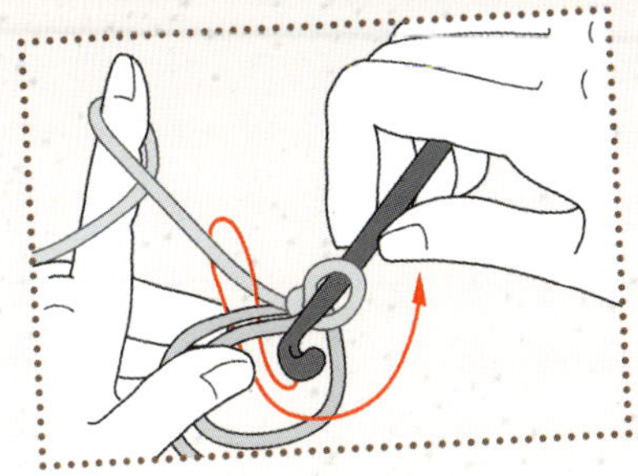

5 ... und aus beiden Schlaufen 1 feste Masche häkeln. Werden Stäbchen in den Ring gehäkelt, aus der Schlaufe 3 Luftmaschen häkeln und anschließend die benötigte Anzahl der Stäbchen in den Ring arbeiten.

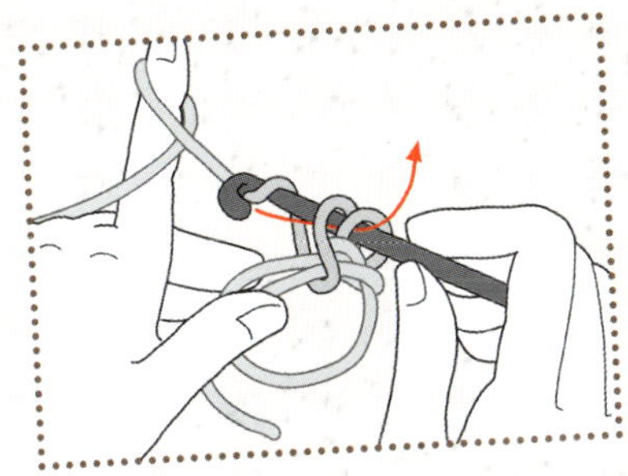

6 Haben Sie die benötigte Anzahl an Maschen gehäkelt, am losen Faden ziehen, um den Ring zusammenzuziehen. Danach den Magic Ring mit 1 Kettmasche schließen.

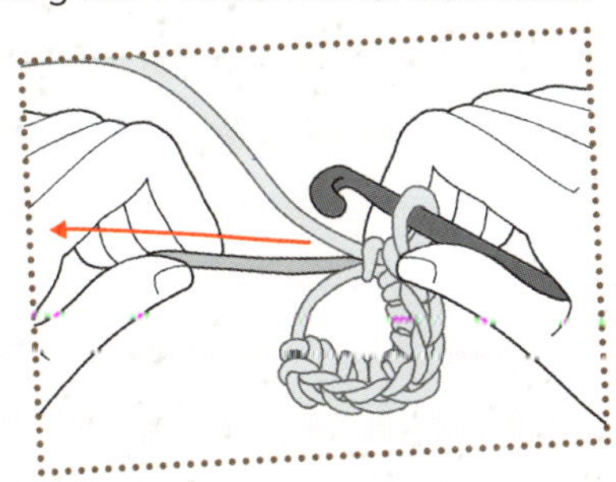

## SPIRALRUNDEN

1 Den Magic-Ring mit 1 Kettmasche schließen. Dazu den Faden durch die erste Masche holen ...

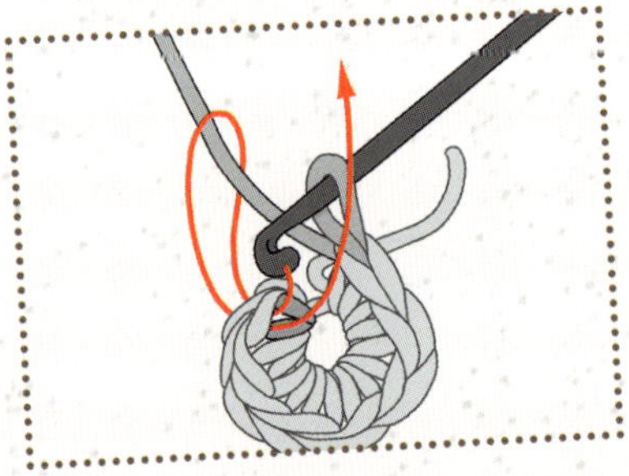

2 ... und durch die Masche auf der Nadel ziehen. Nun ist der Ring geschlossen. Um den Rundenanfang sichtbar zu machen, zunächst zwischen die erste und die letzte Masche der ersten Runden einen Kontrastfaden legen.

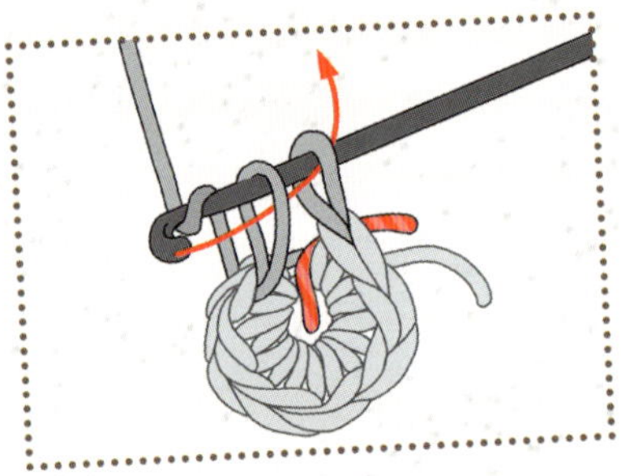

**HINWEIS:** Es empfiehlt sich, in regelmäßigen Abständen weitere Kontrastfäden einzulegen. Dies erleichtert das Abzählen der Runden.

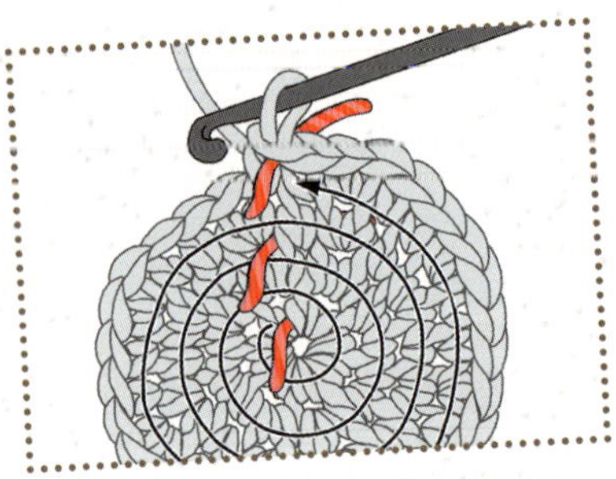

## GESCHLOSSENE RUNDEN

1 Feste Maschen in den Fadenring häkeln.

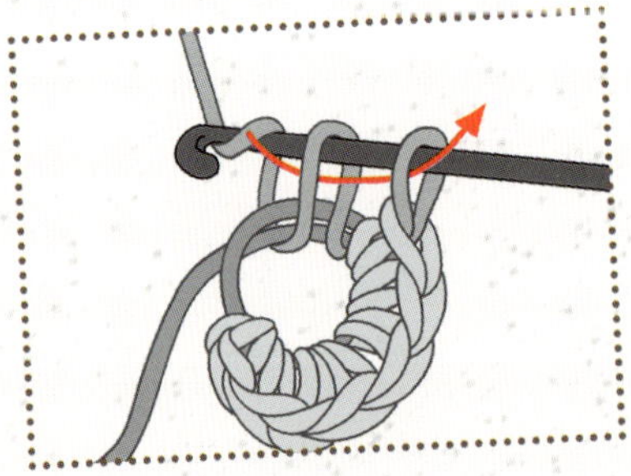

2 In die 1. Masche der nächsten Runde einstechen und die Runde mit 1 Kettmasche schließen.

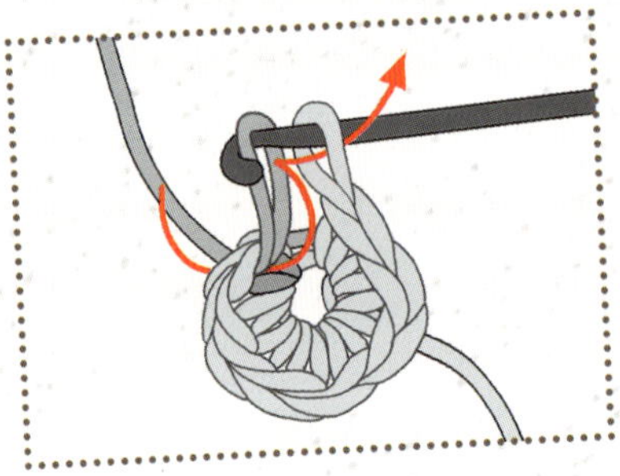

3 1 Steigeluftmasche häkeln. Diese Steigeluftmasche dient dazu, die richtige Häkelhöhe für die nächste Reihe zu erreichen. Jede Maschenart hat ihre eigene Anzahl an Steigeluftmaschen. Wenn nicht anders angegeben, wird die Steigeluftmasche nicht mitgezählt.

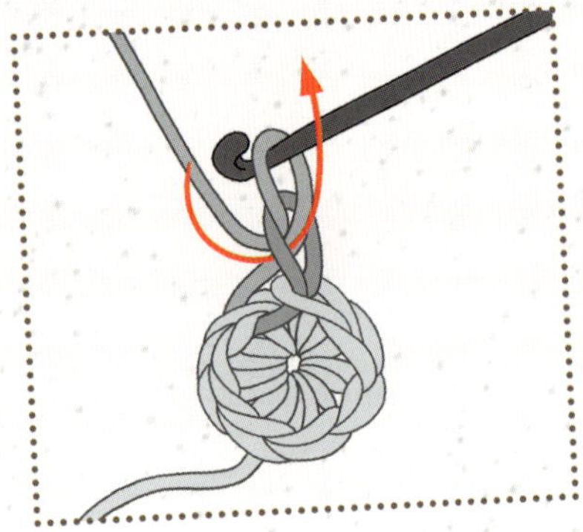

## FESTE MASCHEN

1 Mit der Häkelnadel in die zweite Luftmasche von der Nadel aus einstechen, den Faden von hinten nach vorne mit der Nadel erfassen …

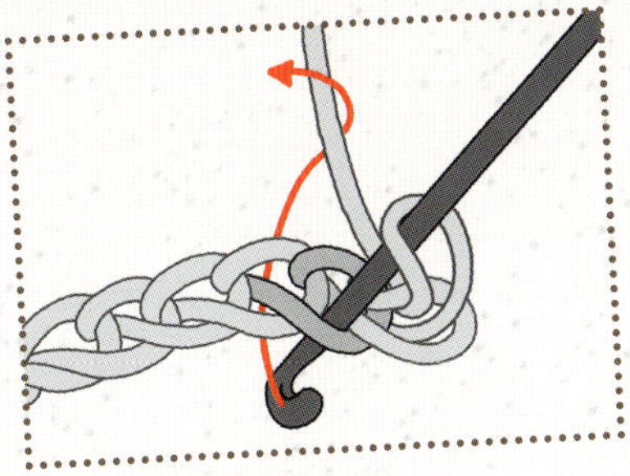

2 … und durch die Luftmasche ziehen. Jetzt liegen 2 Schlingen auf der Nadel.

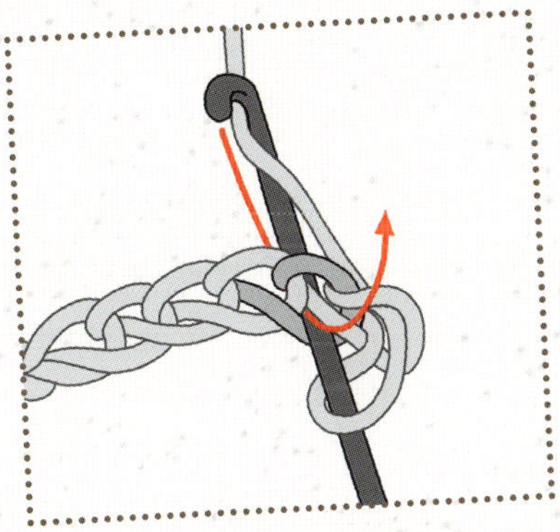

3 Noch einmal den Faden von hinten nach vorne und durch beide Schlingen ziehen.

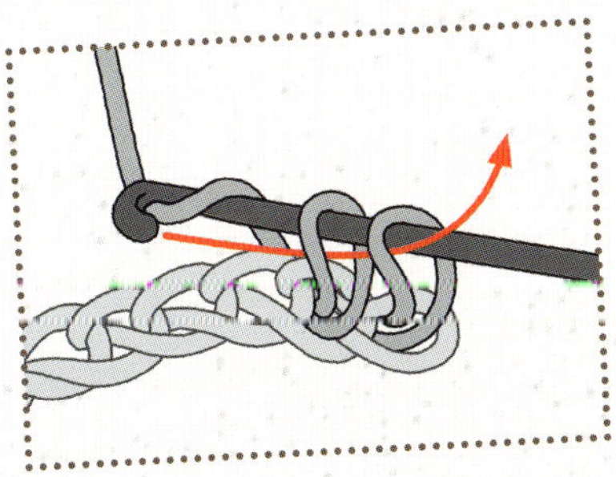

4 Nun in die nächste Luftmasche stechen und die Schritte wiederholen.

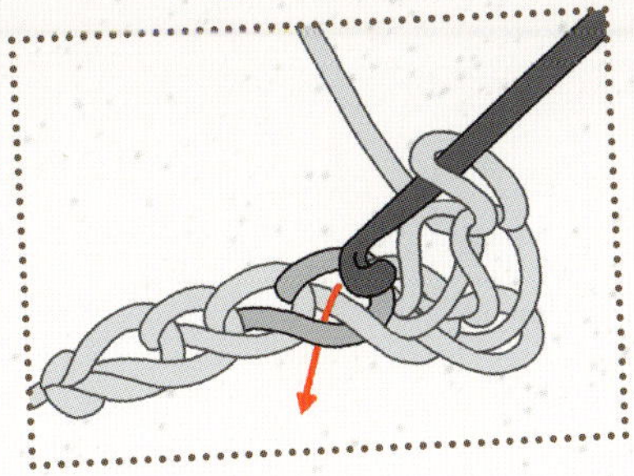

5 Werden feste Maschen in Reihen gehäkelt, muss die Arbeit nach jeder Reihe gewendet werden. Am Reihenanfang immer zunächst 1 Steige-Luftmasche häkeln. Dann in die nächste Masche der vorangegangenen Reihe einstechen und weiter feste Maschen häkeln.

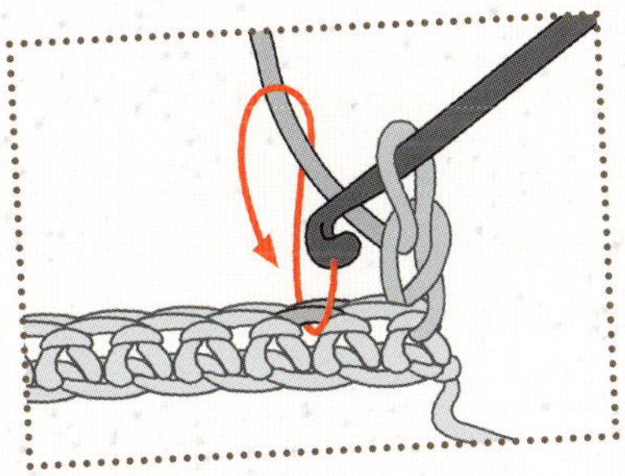

## KETTMASCHEN

Die Nadel in die folgende Masche einstechen und das Garn um die Nadel legen. Das Garn durch beide Umschläge auf der Nadel ziehen.

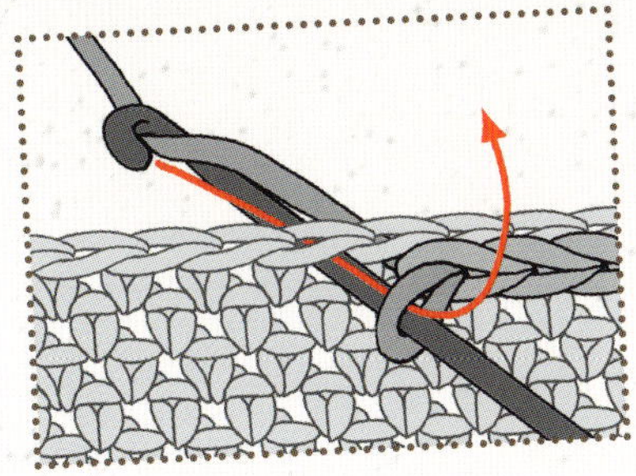

## HALBE STÄBCHEN

1 Für ein halbes Stäbchen zunächst den Faden einmal um die Nadel schlingen, dann in die nächste Masche einstechen und den Faden durchholen.

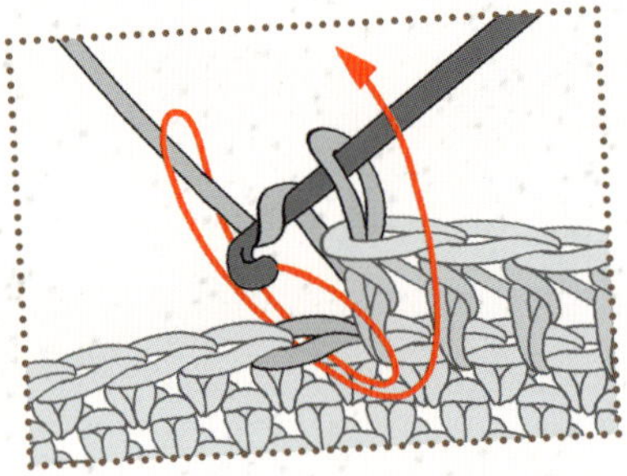

2 Es liegen nun 3 Schlingen auf der Nadel. Den Faden erneut holen und durch alle 3 Schlingen ziehen.

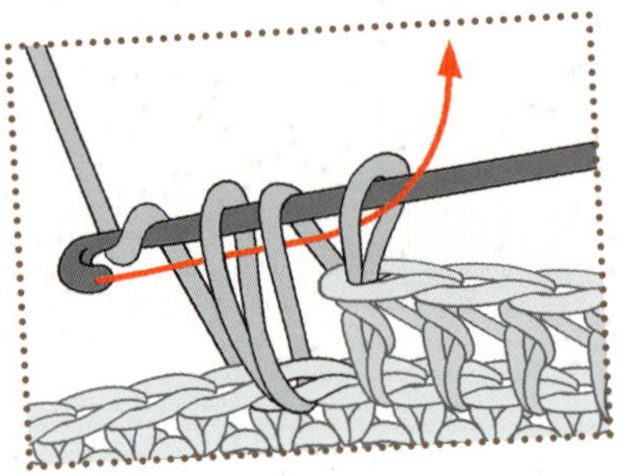

3 Für weitere halbe Stäbchen den Vorgang wiederholen.

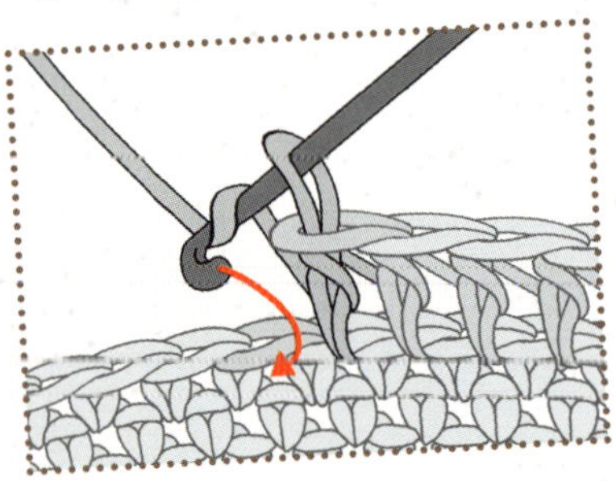

## STÄBCHEN

1 Um ein Stäbchen zu häkeln, den Faden um die Nadel legen und in die nächste Masche der Vorreihe einstechen. Nun den Faden durch die Masche holen. Es befinden sich jetzt 3 Schlingen auf der Nadel.

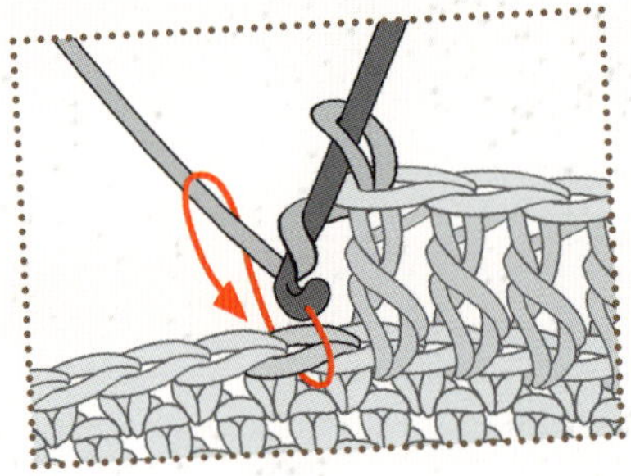

2 Den Faden durch 2 der 3 Schlingen ziehen.

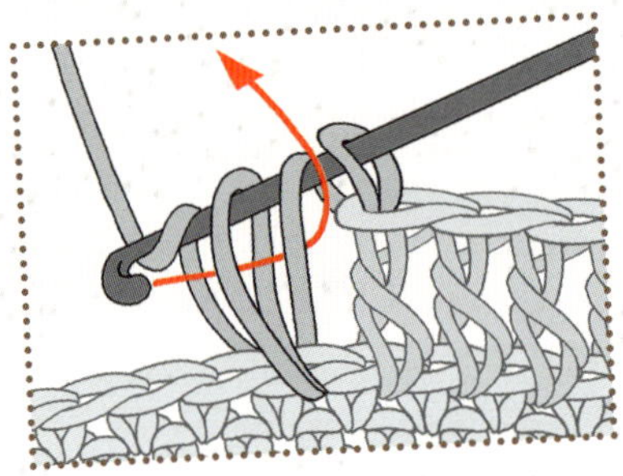

3 Es liegen jetzt 2 Schlingen auf der Nadel. Nun den Faden wieder holen und durch die beiden Schlingen ziehen.

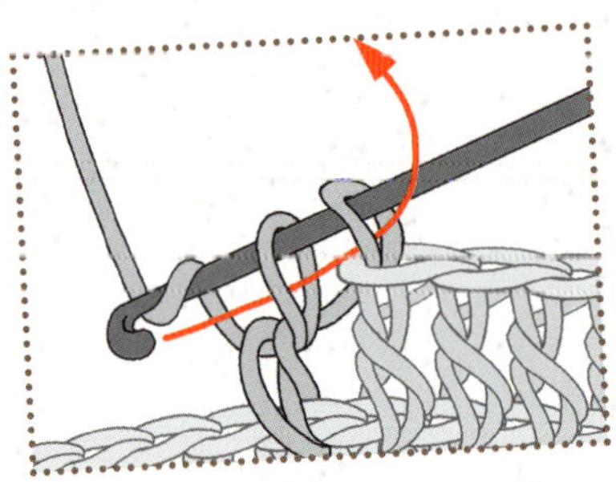

## DOPPELSTÄBCHEN

1 Den Faden zweimal um die Nadel legen (statt wie beim einfachen Stäbchen nur einmal) und durch die nächste Masche der Vorreihe ziehen.

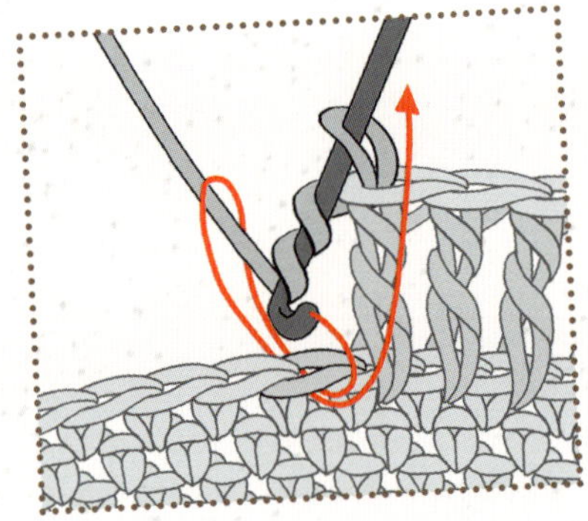

2 Es liegen nun 4 Schlingen auf der Nadel. Den Faden wieder holen und durch die ersten beiden Schlingen ziehen.

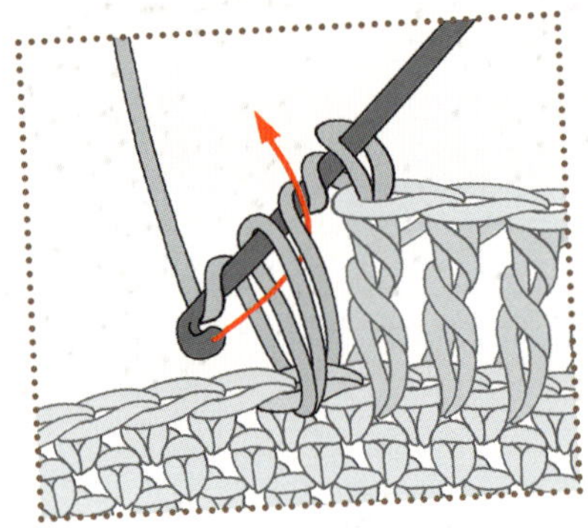

3 Es liegen noch 3 Schlingen auf der Nadel. Den Faden erneut holen und durch 2 der 3 Schlingen ziehen.

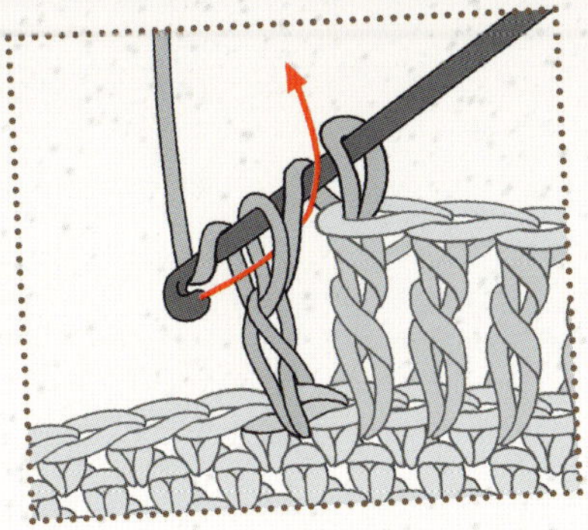

4 Es liegen nun noch 2 Schlingen auf der Nadel. Nun zuletzt den Faden holen und durch diese letzten beiden Schlingen ziehen.

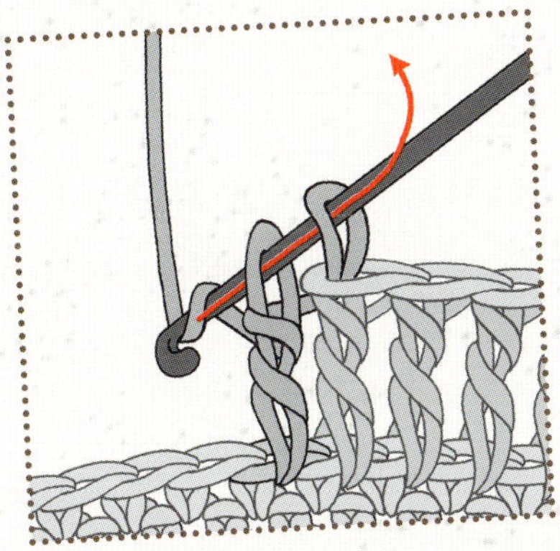

# TIEFER GESTOCHENE MASCHEN

Für tiefer gestochene Maschen wird nicht in die Masche der Vorreihe, sondern in die Masche der darunterliegenden Reihe (2, 3, oder 4) eingestochen.

## Tiefer gestochene feste Maschen

1 Für eine feste Masche, die 2 Reihen tiefer eingestochen werden soll, an der folgenden Masche beginnend von der Vorreihe 2 Reihen nach unten zählen und in diese Masche einstechen.

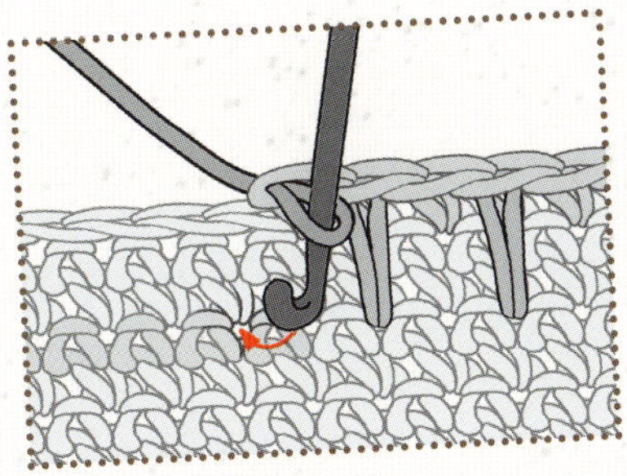

2 Den Faden hochholen.

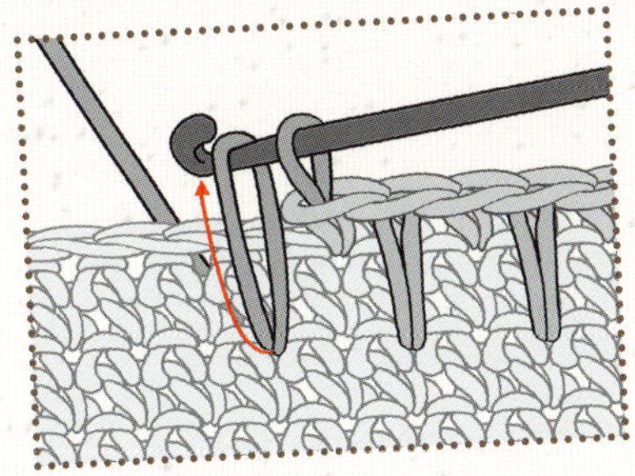

3 Die Schlinge bis zur Kante nach oben ziehen. Die feste Masche abmaschen.

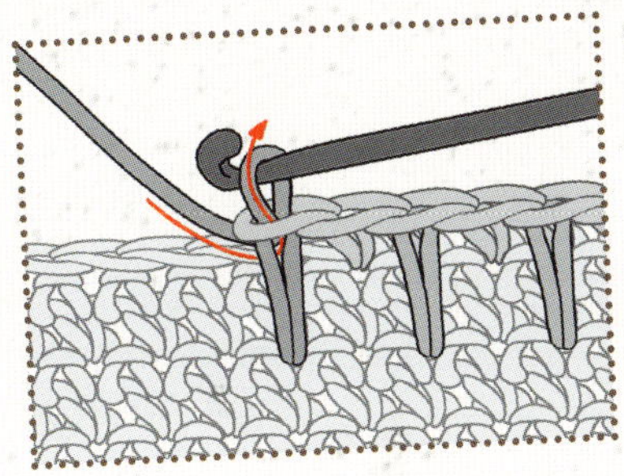

## Tiefer gestochene Stäbchen

Bei Stäbchen zuerst 1 Umschlag auf die Nadel legen und erst dann in die gewünschte tiefer liegende Masche einstechen, den Faden holen und die Schlinge bis zur oberen Häkelkante nach oben ziehen. Danach das Stäbchen wie gewohnt abmaschen. Die Schlinge der tiefer gearbeiteten Masche liegt auf der Vorder- und auf der Rückseite.

# FESTE MASCHEN VERDOPPELN

Sollen einzelne Maschen zugenommen werden, wird eine bereits gehäkelte Masche „verdoppelt", d.h. in die Einstichstelle der zuletzt gehäkelten Masche wird eine 2. Masche gehäkelt. Alle Arten von Maschen können so zugenommen werden. Diese Zunahme kann in Runden und in Reihen erfolgen. Die Maschenzahl vergrößert sich um 1 Masche.

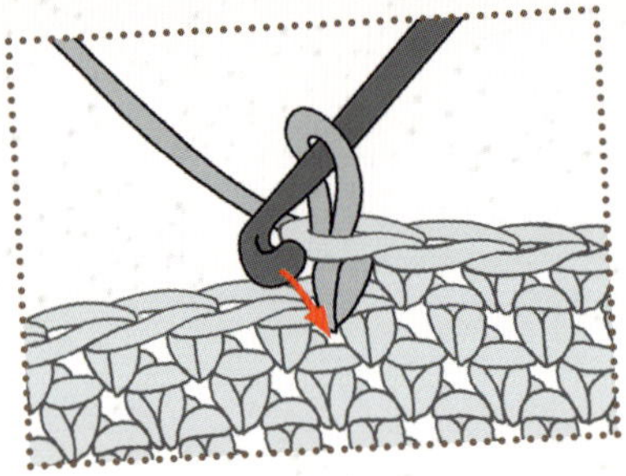

# MASCHEN ZUSAMMEN ABMASCHEN

Soll die Häkelarbeit kleiner oder enger werden, müssen Maschen abgenommen werden.

## Feste Maschen zusammen abmaschen

1 Sollen 2 feste Maschen zusammen abgemascht werden, für jede feste Masche je 1 Schlinge auf die Nadel holen.

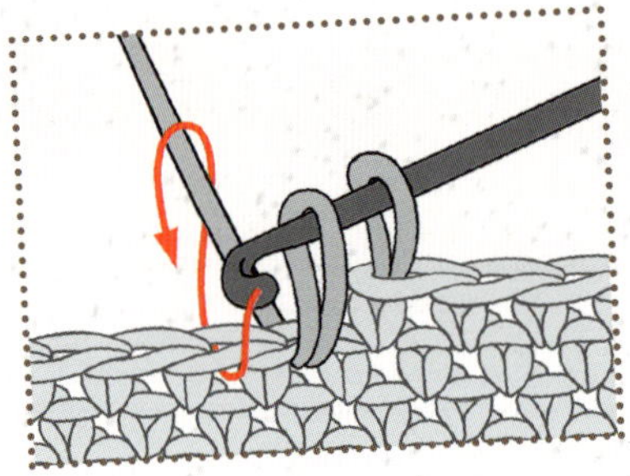

2 Anschließend den Faden holen und durch alle auf der Nadel befindlichen Schlingen ziehen. Die Maschenzahl verringert sich um 1 Masche.

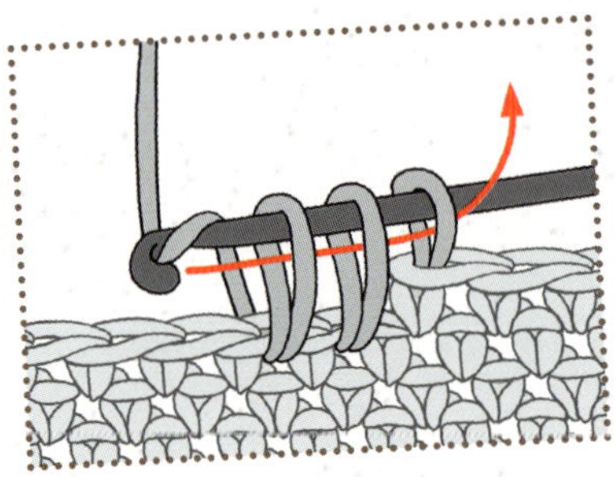

## Stäbchen zusammen abmaschen

Zuerst das 1. Stäbchen zur Hälfte abmaschen. Es liegen 2 Schlingen auf der Nadel. Anschließend das zweite Stäbchen häkeln und dieses ebenfalls nur zur Hälfte abmaschen. Es liegen 3 Schlingen auf der Nadel. Nun mit einem neuen Umschlag alle 3 Schlingen abmaschen. Auf diese Weise verringert sich die Maschenzahl um 1 Masche.

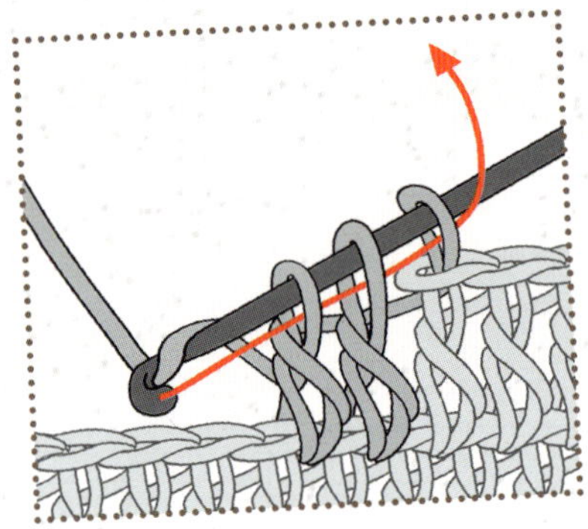

# NOPPEN AUS 4 STÄBCHEN

1 Noppen in Rückreihen häkeln, so liegen sie später auf der Vorderseite. Pro Stäbchen einen Umschlag arbeiten, in dieselbe Masche einstechen, den Faden durchholen, die ersten 2 Schlingen abmaschen. Nun liegen 1 Schlinge pro Stäbchen und die Arbeitsschlinge auf der Nadel.

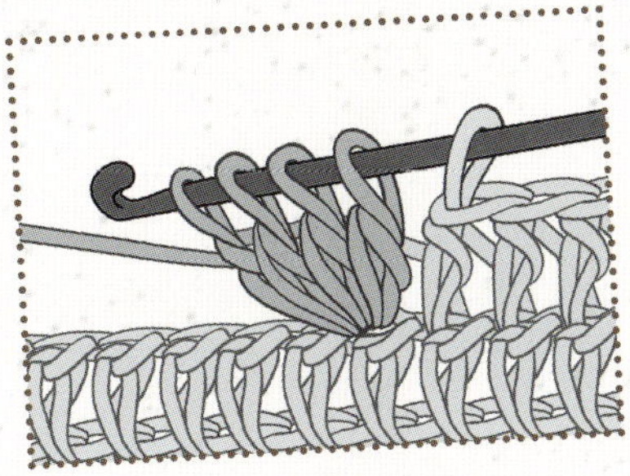

2 Den Faden nochmals holen und nun durch alle Schlingen ziehen.

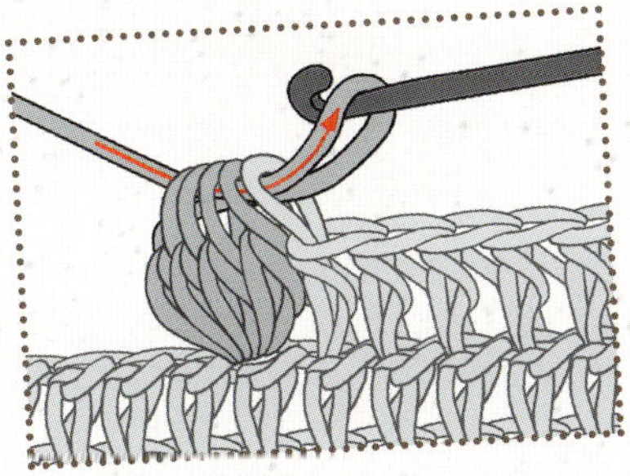

3 Den Faden anziehen damit sich die Noppe nach hinten wölbt.

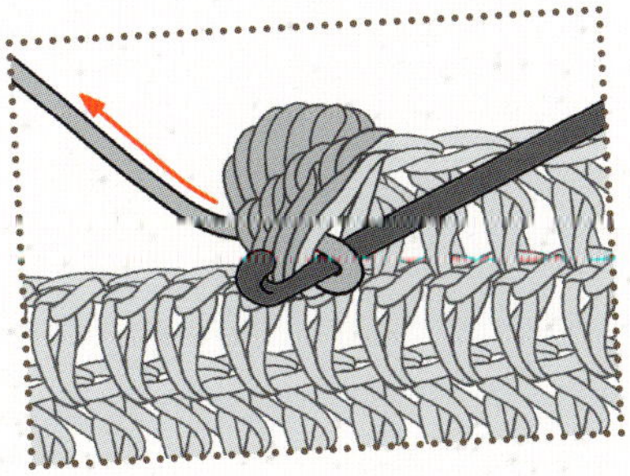

# TEILE MIT FESTEN MASCHEN ZUSAMMENHÄKELN

Die Häkelteile aufeinanderlegen. In die Maschenglieder beider Teile gleichzeitig einstechen und mit festen Maschen zusammenhäkeln.

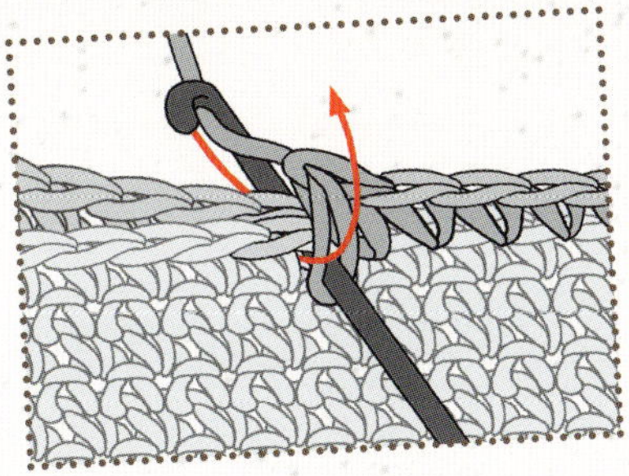

# ABKÜRZUNGEN

anschl = anschlagen
arb = arb
DStb = Doppelstäbchen
Fb = Farbe(n)
fM = feste Masche(n)
Häkelnd = Häkelnadel(n)
hStb = halbe(s) Stäbchen
Km = Kettmasche(n)
LL = Lauflänge
Lm = Luftmasche(n)
M = Masche(n)
Nd = Nadel(n)
R = Reihe(n)
Rd = Runde(n)
Stb = Stäbchen
wdh = wiederholen

# Buchempfehlungen für Dich

Noch mehr kreative Bücher zum gleichen Thema gesucht?

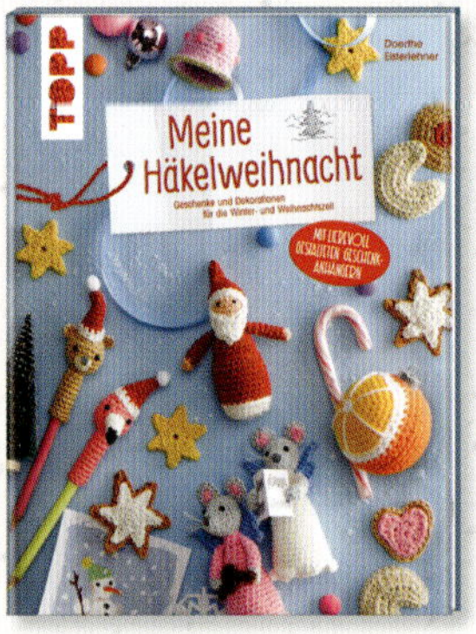


ISBN 978-3-7724-8138-3

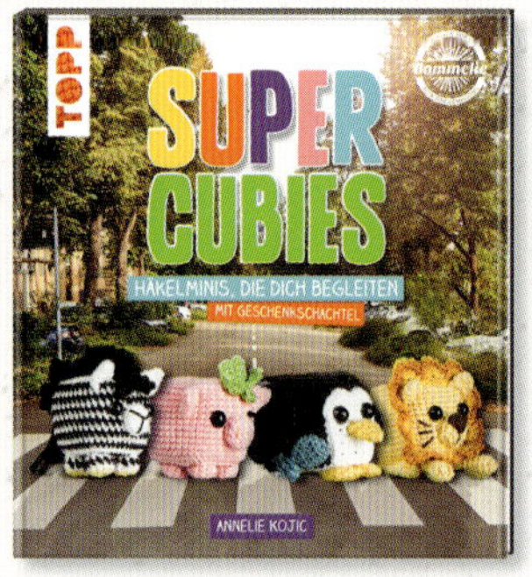


ISBN 978-3-7724-4804-1

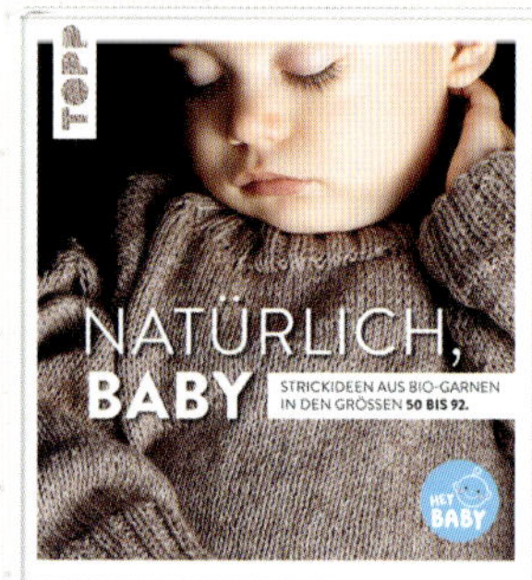


ISBN 978-3-7724-4825-6

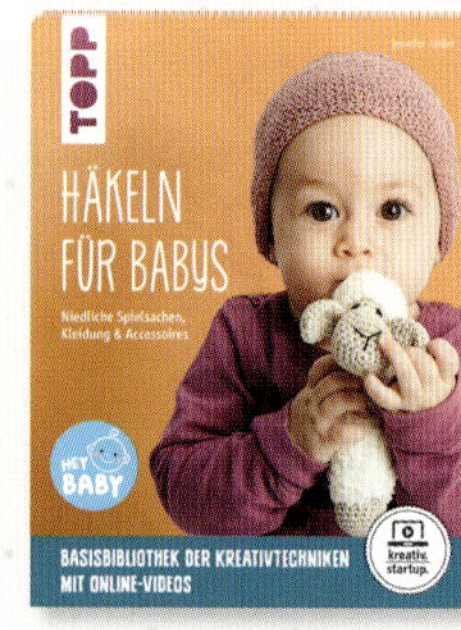


ISBN 978-3-7724-6840-7

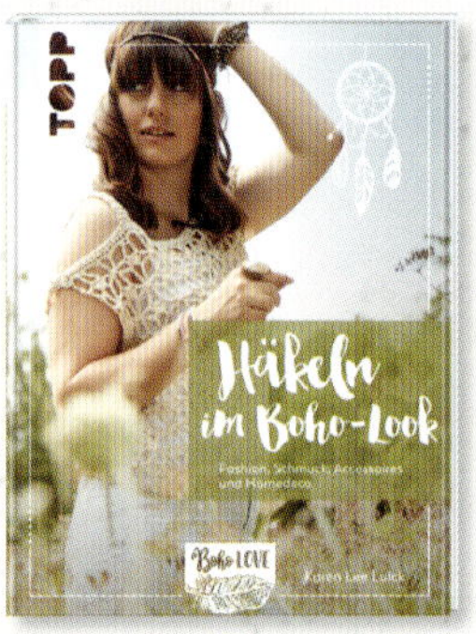


ISBN 978-3-7724-4817-1

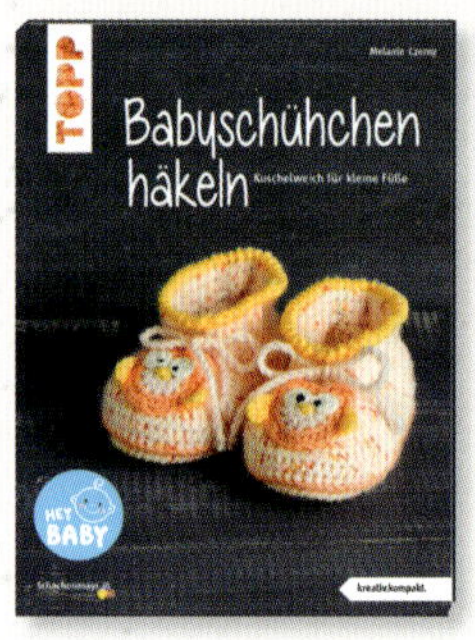


ISBN 978-3-7724-6841-4

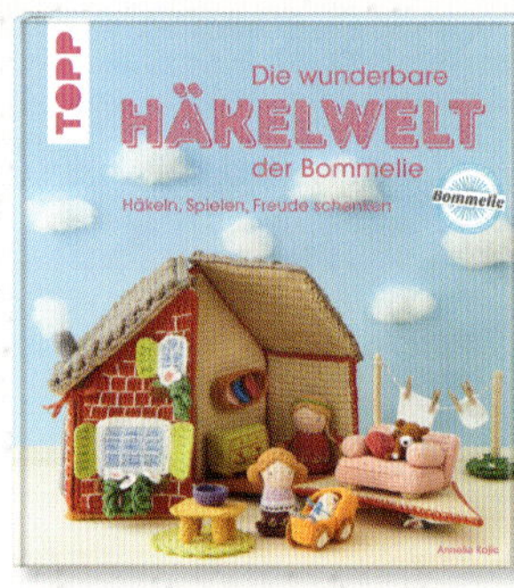


ISBN 978-3-7724-4805-8

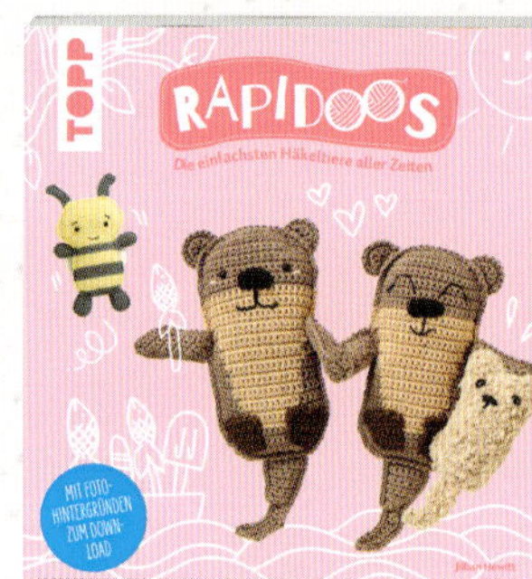


ISBN 978-3-7724-8171-0

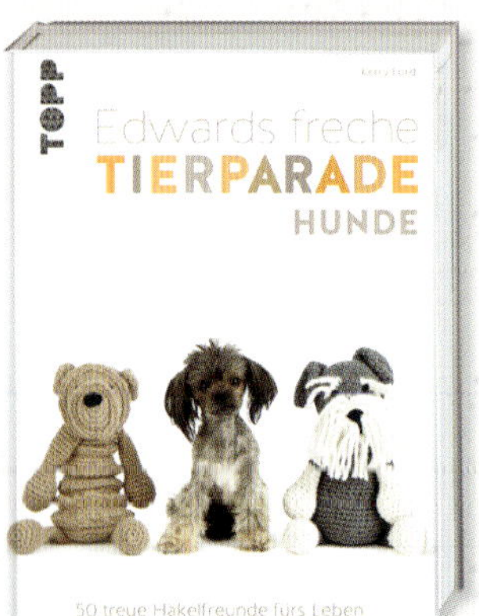


ISBN 978-3-7724-8164-2

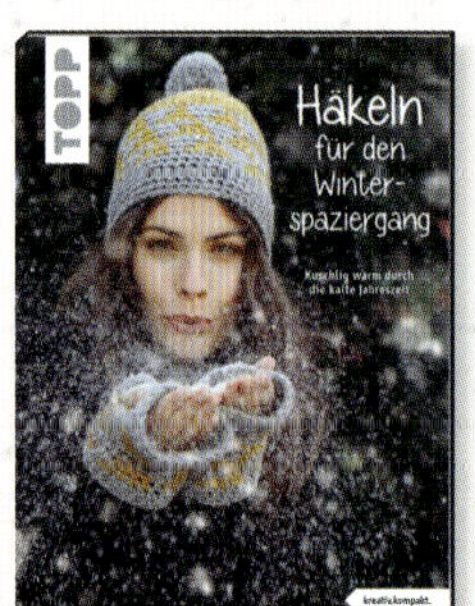


ISBN 978-3-7724-6835-3

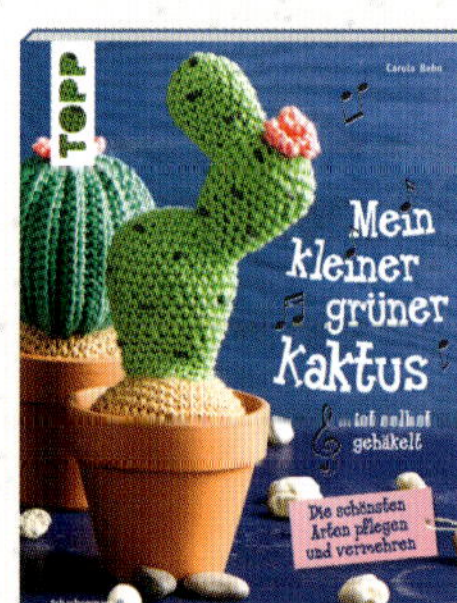


ISBN 978-3-7724-6833-9

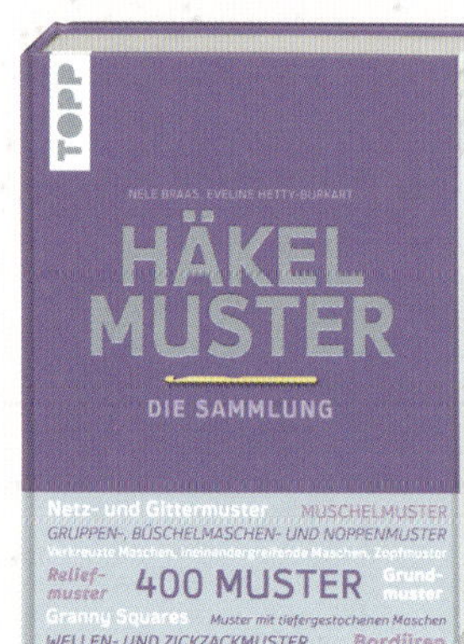


ISBN 978-3-7724-6481-2

# Du möchtest weitere Kreativtechniken entdecken?

Wenn du Lust hast, andere kreative Techniken auszuprobieren, dann schau dir doch mal folgende Titel an. Wir haben dir eine Auswahl zusammengestellt:

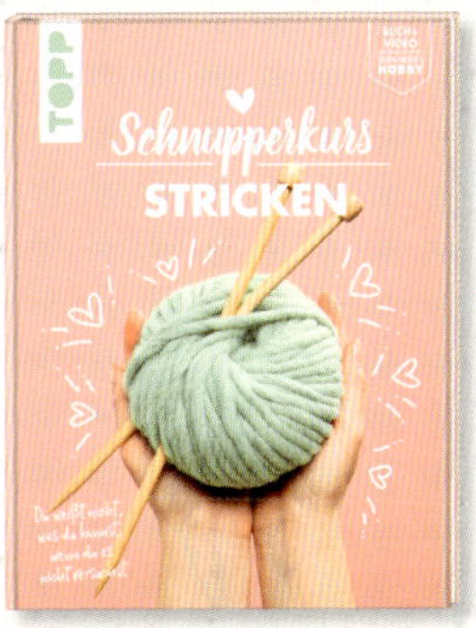


ISBN 978-3-7724-4801-0

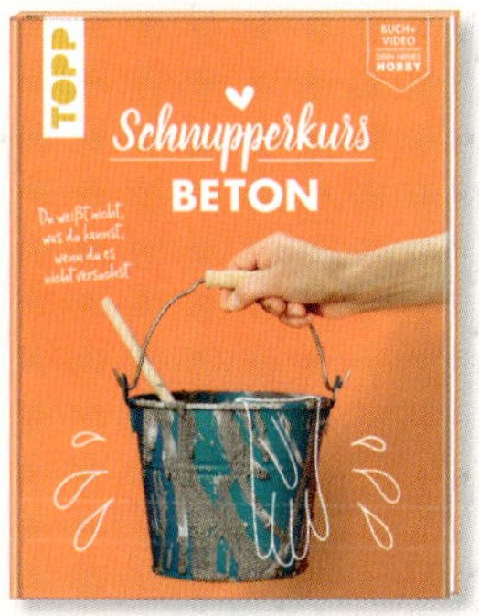


ISBN 978-3-7724-5089-1

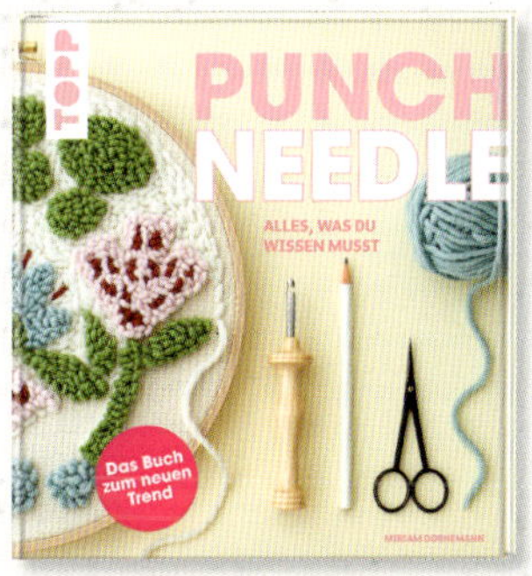


ISBN 978-3-7724-4810-2

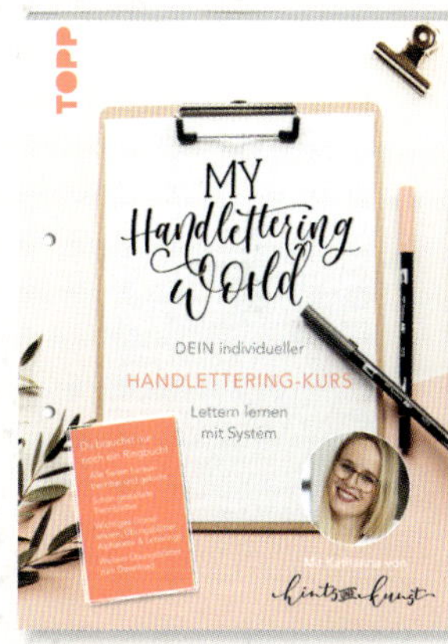


ISBN 978-3-7724-8382-0

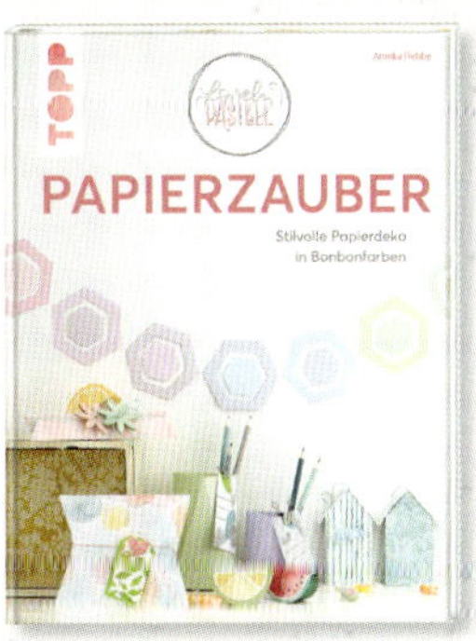


ISBN 978-3-7724-5301-4

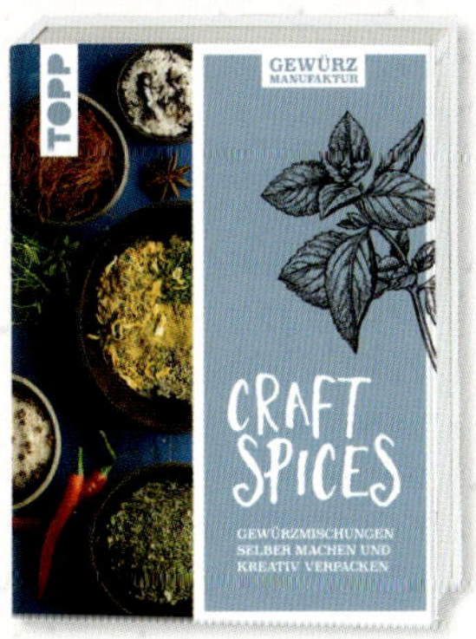


ISBN 978-3-7724-8063-

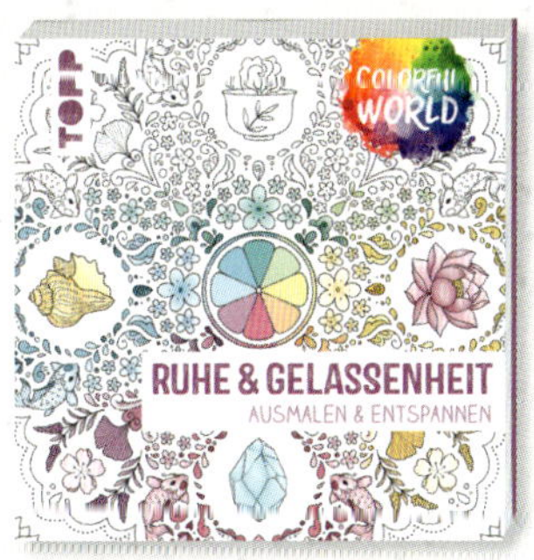


ISBN 978-3-7724-8362-2

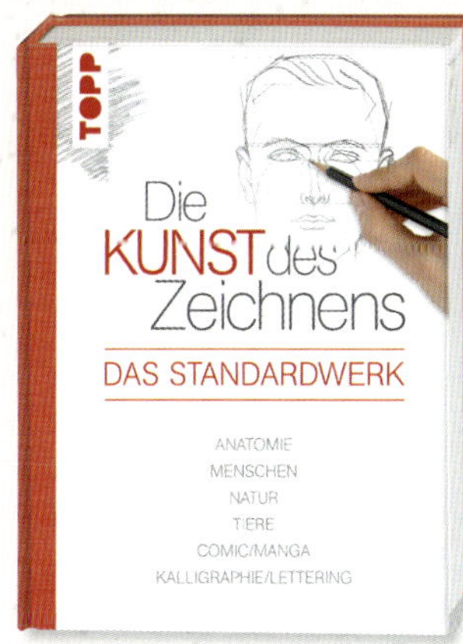


ISBN 978-3-7724-8269-4

# Immer informiert, immer inspiriert – die ganze Welt von TOPP auch im Netz

## Webseite

**Die neuesten Trends, die schönsten Kreativbücher und die aktuellsten Informationen auf unserer Webseite**
Schau mal vorbei und stöbere in unserem riesigen Angebot von mehr als 1000 Kreativbüchern, Sets und mehr:

**www.TOPP-kreativ.de**

## Newsletter

**Bunt, überraschend und immer aktuell – immer auf dem Laufenden mit unserem Newsletter**
Noch heute anmelden und regelmäßig Informationen, Tipps und Neuheiten erhalten:

**www.TOPP-kreativ.de/Newsletter**

## Facebook

Werde Teil unserer Communitys Mitstrickzentrale fürs Handarbeiten und Bastelzentrale für die Themen Basteln, Bauen, Dekorieren & DIY. Du findest uns unter:

**www.facebook.com/Mitstrickzentrale**
**www.facebook.com/Bastelzentrale**

## Pinterest

**Neue Bücher, neue Ideen und die Menschen, die sie machen**
Du bist auf der Jagd nach den neuesten Ideen und aktuellen Trends im DIY-Bereich? All das gibt es auf den Pinnwänden des frechverlags unter:

**www.Pinterest.com/frechverlag**

## Instagram

**Live dabei mit ständig aktuellen News aus dem frechverlag**
Willst Du wissen, was bei uns gerade passiert und woran wir arbeiten? Dann folge uns auf Instagram. Möchtest Du uns an Deinen Kreativprojekten teilhaben lassen? Dann poste doch gleich ein Foto mit dem Hashtag #frechverlag und wir stellen Dein Werk gerne der Community vor:

**www.Instagram.com/frechverlag**

## Digitale Bibliothek

**Tutorial-Videos, Plotter-Dateien, Vorlagen zum Ausdrucken, Übungsblätter etc.**
Zu vielen TOPP-Büchern gibt es digitale Extras. Schau im Impressum nach (die letzte Seite des Buches): Wenn dort ein Freischaltcode abgedruckt ist, dann besuche die Digitale Bibliothek auf unserer Webseite, registriere Dich einmalig und schalte Deine Zusatzmaterialien frei:

**www.TOPP-kreativ.de/DigiBib**

## Youtube

**Ein Video sagt oft mehr als tausend Worte**
Du möchtest neue Techniken ausprobieren, Autoren kennenlernen oder einmal hinter die Kulissen unserer Buchproduktionen schauen? Dann abonniere den Kanal des frechverlags unter:

**www.YouTube.com/frechverlag**

# Wer wir sind, wie wir arbeiten, was wir lieben ...

Folge uns auf Instagram, Facebook und Pinterest, um mehr über uns und unsere Arbeit zu erfahren und immer mit den neuesten Informationen versorgt zu sein.

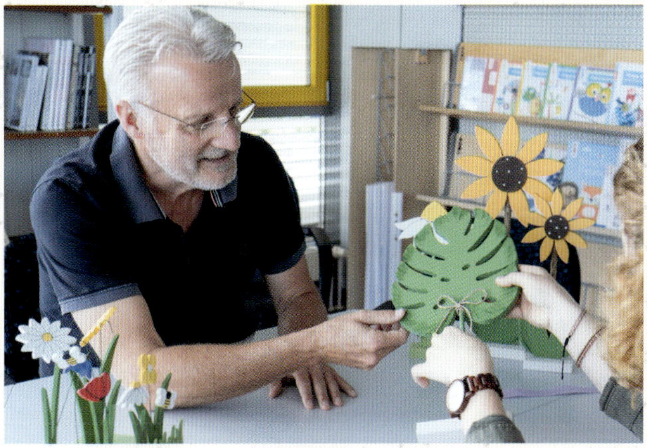

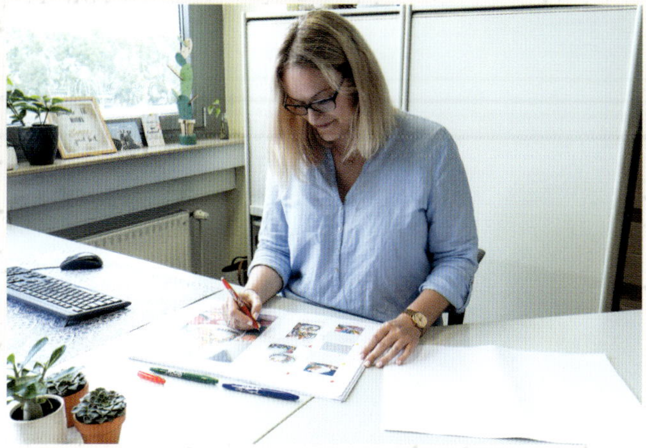

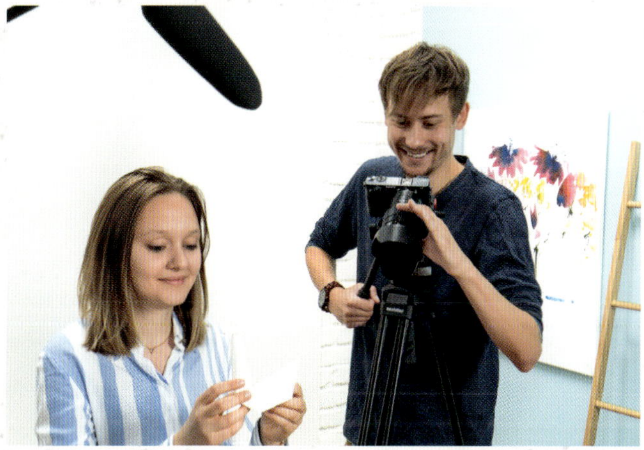

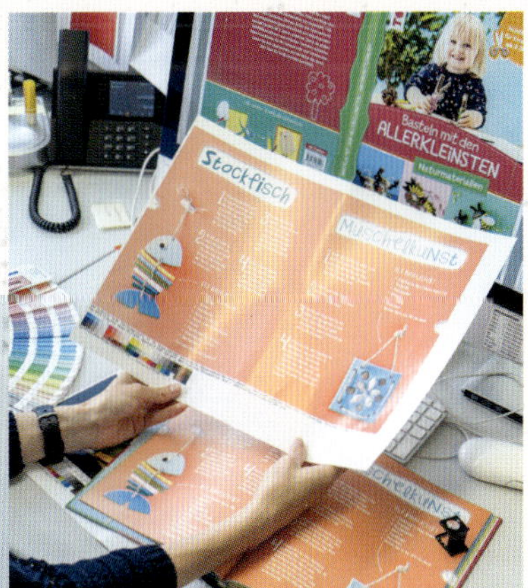


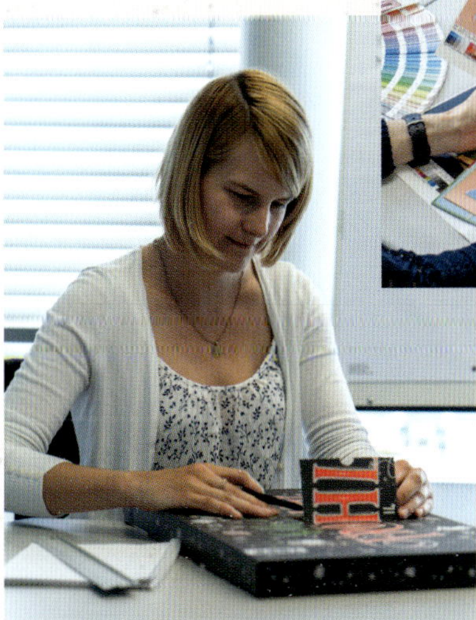

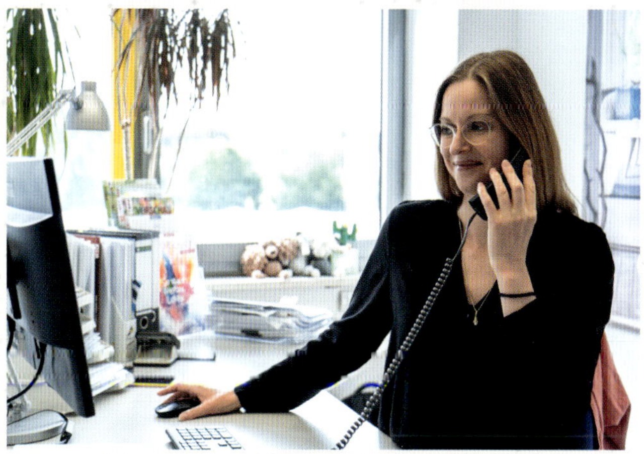

Alle News, alle Infos und alle Links findest Du auf www.TOPP-kreativ.de

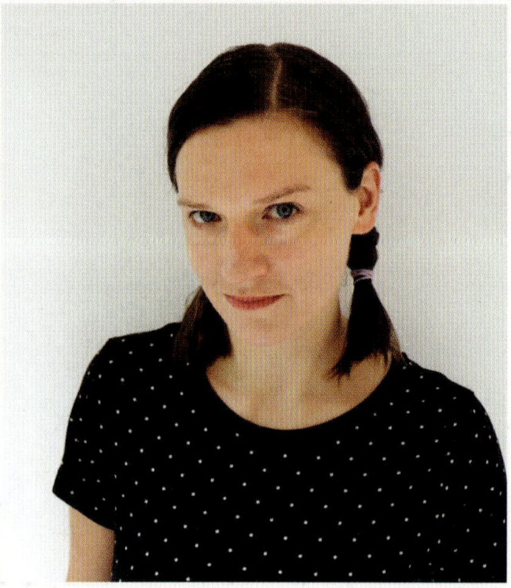

Doerthe Eisterlehner ist in Tübingen geboren und in der grünen Nähe von Hamburg aufgewachsen. Sie hat in Hamburg an der HAW Kinderbuchillustration studiert. Nach dem Studium ist sie nach Berlin gezogen, um dort als freischaffende Künstlerin zu arbeiten. Schon als Kind hat sie mit dem Häkeln begonnen, das auch immer ein Teil ihrer künstlerischen Arbeit war. Seit der Geburt ihrer Kinder sind ein großer Wollkorb und ein paar Häkelnadeln ihre ständigen Begleiter. Ihr allerliebster Platz zum Häkeln ist das rote Gartensofa, das unter einem wunderschönen Apfelbaum steht. Unter dem Namen frau_apfelkern zeigt sie bei Instagram Ausschnitte aus ihrem kunterbunten Häkelleben. Sie lebt mit ihrer Familie in Lübeck.

Hilfestellung zu allen Fragen, die Materialien und Kreativbücher betreffen:
Frau Erika Noll berät Sie. Rufen Sie an oder schreiben Sie eine E-Mail!
Telefon: 0 50 52/91 18 58* *normale Telefongebühren
E-Mail: mail@kreativ-service.info

FOTOS: frechverlag GmbH, 70499 Stuttgart; Dörthe Eisterlehner (S. 4, 34/35, 71, 79, 99 und alle Arbeitsschritte); lichtpunkt, Michael Ruder, Stuttgart (alle übrigen)

TECHNISCHE ZEICHNUNGEN: Jan Ole Jöhnk (Seite 108-115)

ILLUSTRATIONEN: Atelier Schwab, Handewitt (Seite 116-123)

PRODUKTMANAGEMENT: Claudia Mack

LEKTORAT: Petra Puster, Niederpöcking

LAYOUT UND GESTALTUNG: Petra Theilfarth

DRUCK UND BINDUNG: Livonia Print SIA, Lettland



2. Auflage 2020

ISBN 978-3-7724-4822-5 • Best.-Nr. 4822

## Ein riesengroßes Dankeschön

- vor allem an meine beiden Apfelkernchen, die während der Entstehung dieses Buches vor allem Wollknäule und Häkelnadeln zu sehen bekamen, aber kaum ihre Mama. Jetzt bin ich wieder für euch da.
- an meinen Mann, der mir den Rücken frei gehalten hat (und sogar mal wieder den Kochlöffel geschwungen hat).
- an meine Mutter, die viel Zeit mit Vorlesen und versecktem Apfelkernchen-Suchen verbracht hat.
- an meine Tante, die das Häkeln auch immer schon so geliebt hat wie ich.
- an den frechverlag, der mich bei diesem Buch so großartig unterstützt hat.
- und an die Firma Schachenmayr, deren Wollpakete immer ein bisschen wie Weihnachten waren.

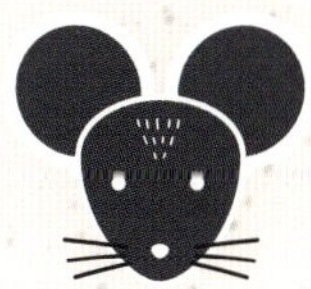

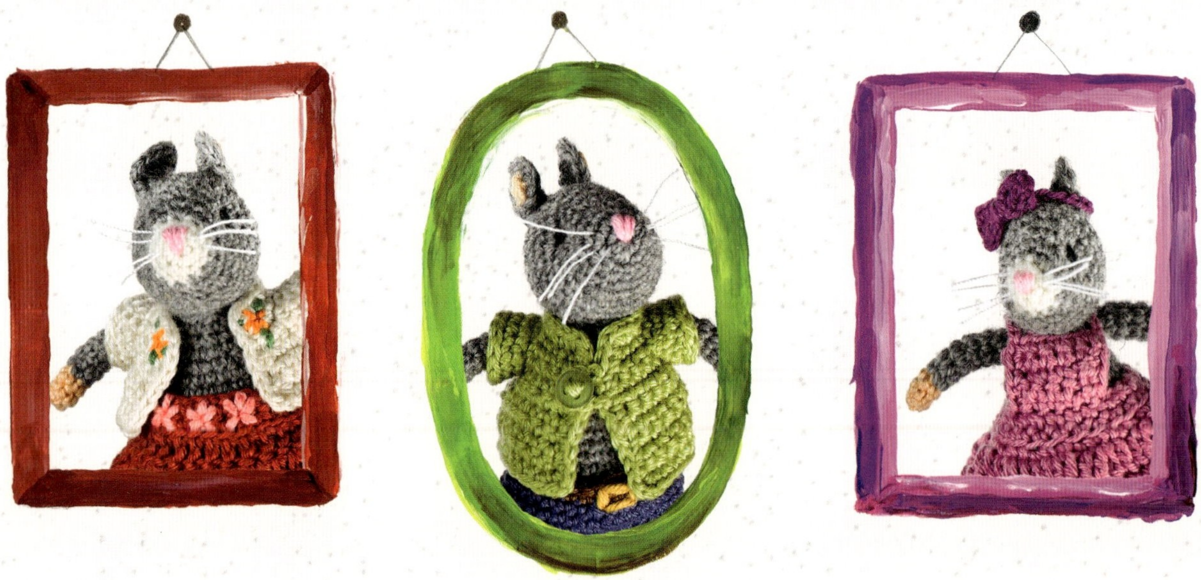